I0599297

Book of Lamentations

Gregory of Narek

ՄԱՏՅԱՆ ՈՂԲԵՐԳՈՒԹՅԱՆ

ԳՐԻԳՈՐ ՆԱՐԵԿԱՑԻ

Book of Lamentations

Copyright © 2015, Indo-European Publishing

All rights reserved.

Contact:
IndoEuropeanPublishing@gmail.com

ISNB: 978-1-60444-827-6

Մատյան ողբերգության

© Հնդեվրոպական Հրատարակչություն, 2015

Հրատարակված է Ամերիկայի Միացյալ Նահանգներում:

Կապ՝
IndoEuropeanPublishing@gmail.com

ISNB: 978-1-60444-827-6

ԲԱՆ Ա

Ի խորոց սրտի խոսք Աստծո հետ

Ա

Սրտիս դառնահեծ հառաչանքների
Վայն ու ողբաձայն աղաղակները
Վերընծայում եմ քեզ, ո՜վ գաղտնատես.
Եվ իմ սասանված մտքի ճենճերող
Իղձերի պտուղ նվերն այս դրած
Անձս տոչորող թախծի կրակին՝
Կամքիս բուրվառով առաքում եմ քեզ:
Սակայն կնայես նրան, ո՜վ գթած,
Ու կհոտոտես ավելի սիրով,
Քան պատարագն այն բոլորանվեր,
Որ մատուցվում էր ծխով թանձրաբարդ.
Ընդունի՛ր հյուսվածքն իմ այս կարճառոտ ու սեղմ խոսքերի
Բարեհաճորեն, ոչ թե բարկությամբ:
Մտքիս խոհածուփ սենյակի խորքից
Սրտիս անձկությամբ ելած կամավոր նվերն իմ այս թող,
Որպես բանական՝ զոհաբերություն,
Ողջակիզվելով պարարտակուտակ ճարպիս զորությամբ,
Բարձրանա ու քեզ հասնի անհապաղ:
Աղերսախառն այս դատի մտնելն իմ քեզ հետ, ո՜վ հզոր,
Թող քեզ տաղտկալի չթվա հանկարծ,
Ինչպես ձեռքերի կարկառումն ի վեր
Ամբարշտացած Հակոբի ցեղի,
Ըստ մարգարեի ամբաստանության,
Կամ թե սաղմոսի առակում հիշված
Անիրավությունն այն Բաբելոնի.
Ընդունելի թող լինի կամքին քո,
Ինչպես Սելովի խնկաբուրումն այն՝
Դավթի խորանում,
Կերտված ի հանգիստ սուրբ տապանակի,
Որն իր վերստին գերեդարձությամբ
Ասես նաև իմ կորուսյալ հոգու
Վերագտնումն է խորհրդանշել:

Բ

Հնչում է ահա ուժգնապես ձորում վրեժխնդրության՝
Ձայնը ահավոր քո դատաստանի,
Երկնելով իմ դեմ նորից մարտերի գրգիռ ու պոռթկում.
Այժմ իսկ զգում եմ արդեն անձիս մեջ
Տագնապախռով ալեկոծումներ ներհակ ուժերի,
Եվ չար ու բարի խորհուրդներն ահա խմբված բազմությամբ,
Սպառազինված զենք ու սուսերով՝
Բախվում են իրար ոսոխների պես,
Դարձնելով համակ ինձ մահվան գերի,
Ըստ հին դիպվածի, երբ շնորհը քո դեռ ինձ չէր հասել:
Առաքյալներից Պողոսը ընտրյալ
Մովսեսի օրենքն համեմատելով այդ շնորհի հետ՝
Գերադասում է փրկագործումը Քրիստոս Աստծո:
Բայց եթե, ինչպես Գիրքն է վկայում,
«Մոտ է տիրոջ օրն», երբ արդարության ժամադրավայր
Հովսափաթի այն նեղանձուկ հովտում
Եվ հեղեղատի ափին Կեդրոնի
Փոքր հանդեսներում՝ երկրային կյանքի օրինակներով
Հանդերձյալները պիտի պատկերվեն,
Ապա ուրեմն հասել է արդեն նաև ինձ վրա
Դատաստանն արդար մարմնացած Աստծո,
Որը գտնելով ինձ վնասապարտ՝
Իմ բազմատոկոս զանազանակերպ մեղանչումներով,
Որոնք ուղղախոս ամբաստաններ են,
Պիտի դատի ինձ ավելի սաստիկ,
Քան մի ժամանակ նրա բարձրացած ձեռքն հարվածելով՝
Եդովմայեցի ու փղշտացի
Եվ այլ բարբարոս ազգերի պատժեց.
Քանի որ նրանց պատուհասները կարճատև եղան,
Մինչդեռ պատիժն իմ ո՛չ սահման ունի և ո՛չ էլ վախճան.
Ահ, գուբ, որոգայթ անճողոպրելի,
Ըստ մարգարեի ու առակողի,
Դռանս հասած, տագնապելով ինձ,
Գծագրում են այստեղ իսկ ամոթն հավիտենական:
Արդ, դու, միայն դու կարող ես դեղեր հրաշագործել՝
Կյանք տալու համար այն հոգիներին.
Որոնք մատնվել են ամենավարան
Վտանգների ու տարակուսանքի,

Ամենաքավի՛չ, անպատում փառքով հավիտյան գովյալ՝
Անհասանելի քո բարձունքներում:

ԲԱՆ Բ

Ի խորոց սրտի խոսք Աստծո հետ

Ա

Արդ, երբ սրտիդ մեջ շարունակ պահած
Բաղձանքը դարձիդ դեպի Եգիպտոս՝
Խոսքով, հողավոր շուրթերով ես լոկ
Ուղերձներ կարդում բարձրյալ Աստծուն,
Որը գործով է գրավվում միայն
Եվ չի կաշառվում բանաստեղծությամբ, -
Քեզ հարմար, նման ի՞նչ օրինակներ
Բերեմ ես այստեղ, ա՜նձն իմ հանցավոր:
Պատժակից ես դու ավեր Սոդոմին,
Լալկված՝ Նինվեի դատախազի պես,
Բիրտ ու բարբարոս շատ ավելի, քան տիկինն հարավի,–
Քանանից վատթար և Ամաղեկից համառ, կամակոր,
Կուռքերի քաղաք անամոքելի,
Հին Իսրայելի ապստամբության ողբալի բեկոր,
Հիշատակարան պահված՝ Հուդայի ուխտազանցության:
Հանդիմանված ես Տյուրից ավելի,
Ծայդանից էլ խիստ լքված, տարամերժ,
Գալիլիայից՝ խարդախաբարո,
Անհավատ ու պիղծ Կափառնաումից՝ անարժան ներման,
Պարսավելի ես Քորազինի պես,
Բեթսայիդայի հետ՝ նախատելի,
Եփրեմի ճերմակ մազերն ես, ծաղկած անպարկեշտությամբ:
Մեղմաբարո ես, ինչպես աղավնի,
Բայց ոչ հեզությամբ, այլ հիմարությամբ,
Օձ ես բանական, առյուծից սերված եղեռնական օձ.
Տեսքով՝ քարբի ձու, ժանտությամբ լցված:
Երուսաղեմի վերջին ավերման կերպարանքն ունես,
Ըստ տիրոջ խոսքի, մարգարեների կանխատեսության.

Խորտակված դռնով ու փականքներով՝
Կործանման հասած մի տաղավար ես, մերժված ու լքված,
Բազմիցս աղտոտված մի շինվածք խոսուն,
Ժառանգություն ես թեև վայելուչ, սակայն բարձիթող,
Աստվածակերտ տուն, սակայն մոռացված,
Մովսեսի, Դավթի ու Երեմիայի
Նախագրական խոսքի համաձայն.
Բանական շենք ես, որ վարակված է ժանտ բորոտությամբ,
Ենթարկված խսպառ քերվելու պատժին,
Ապա կազդուրված նորից օրենքով
Ու ծեփված կավով ողոք հեզության,
Բայց չենթարկվելով բուժման որևէ ճար ու հնարքի՝
Կրկին ավերված շինողի ձեռքով
Եվ, հրամանով ամենազորի, արդար հատուցմամբ,
Դուրս նետված, քշված ու տարագրված հեռու, շա՛տ հեռու,
Անողոքաբար ձգված անսուրբ տեղ:
Դու այն դրամն ես, որ թաղվեց հողում
Ավետարանի ավանդակորույս դրժողի ձեռքով:

Բ

Լսի՛ր ինձ, Աստվա՛ծ,
Աստվա՛ծդ ամենայն մարմնի ու հոգու,
Ըստ դավանության տիրաշնորհի,
Ըստ սուրբ Հովնանի, բարեմիտ, գթած ու բազումողորմ,
Շնո՛րհի արա ինձ, որ օրինյալ կամքիդ բարեհաճությամբ՝
Սկզբնավորված աղերսամատյանն
Այս ողբերգության հասնի ավարտին:
Եվ մինչ այժմ, երբ ես ոտք եմ դրել այն ճանապարհին,
Որը տանում է դեպի պատրաստած օթևաններդ,
Արցունքներով եմ խոսքս սերմանում,
Երբ հասնի ժամը հնձի հավաքման,
Թող որ կատարյալ քավությամբ դառնամ գոհ ու բերկրայից՝
Ընտիր խրձերի երջանիկ բերքով:
Չտա՛ս ինձ սրտի անորդի արգանդ,
Իսրայելի պես,
Ո՛չ էլ աչքերի ցամաք ստինքներ, ո՛վ ամենազոր:
Լսի՛ր բանական աղաչավորիս, հզո՛ր ողորմած,
Նախքան երկնքին, երկինքը՝ երկրին,
Եվ սա՝ ցորենին, ձեթին ու գինուն,
Իսկ սրանք բոլորն էլ՝ Իսրայելին.

Երկնավորների աղերսն, ուղղված քեզ,
Թող որ ավելի ազդի իմ հոգուն,
Քան թե տարրերին ապականացու:
Դու ստեղծող ես, իսկ ես՝ միայն կավ»
Տարակուսածիս այս հեծեծագին
Աղերսանքների սկզբի՛ց հայտնիր կամքդ բարեգութ,
Որ կարողանամ զորանալ այստեղ,
Որպեսզի, երբ որ երկինքը վերին իմ առաջ բացվի,
Չլինի՛ հանկարծ, լույս վայելելուն անվարժ, անընտել,
Մի մոմի նման հալվելով իսպառ ջնջվեմ մեջտեղից:
Մի՛րտ տուր զրկվածիս, ինչպես ասողն է գոչել աղոթքով,
Ուժ՝ թալկացածիս և կյանք՝ մաժվածիս խղճի խայթերից,
Ոչ թե անձկությամբ ու տառապանքով քեզ որոնելուց.
Ա՛ռ ավանդն իմ այս աղերսանքների
Եվ ողորմության շնորհնե՛րդ տուր.
Ընդունի՛ր փոքրն այս տկարիցս
Եվ հզորիցդ մե՛ծը ընծայիր.
Զորավո՛ր դարձրու խոսքերս զղջման՝
Ուղարկելով մեզ հոգի բարձունքից՝
Քո աստվածաշունչ այն պատգամներով,
Որ զետեղել եմ այս մատյանի մեջ:
Լուսավորությամբ քո ճշմարտելով առակն Եսայու՝
Հաճի՛ր, բարերա՛ր պարգևել մահվան արժանավորիս՝
Իմ անարգաձայն պղնձի տեղակ՝ շնորհիդ ոսկին,
Անզարդ սևաթույր իմ երկաթի տեղ՝
Հրաշեկ պղինձն այն Լիբանանի,
Որ օրինակն է առաքինության:
Ինչո՞ւ կարծրացնես սիրտը եղկելուս, անճա՛ռ ահավոր.
Որ չթափանցի երկյուղդ այնտեղ:
Թող որ անվաստակ չմնամ փոքր իմ այս աշխատանքից,
Ինչպես զրաջան սերմնացան՝ ամուլ, ամբերրի հողի,
Թող չպատահի ինձ հանկարծ՝ երկնել, սակայն չծնել,
Ողբալ՝ չարտասվել, խորհել՝ չհառաչել,
Ամպել՝ չանձրևել, գնալ՝ չհասնել,
Քեզ ձայն տալ, և դու ձայնս չլսես,
Պաղատել, սակայն անտեսված մնալ,
Կողկողել, սակայն դու չողորմես,
Աղաչել քեզ, բայց չշահել ոչինչ,
Ջոհեր մատուցել, բայց չճենճերել,
Քեզ տեսնել, սակայն ձեռնունայն դուրս գալ:
Լսի՛ր ինձ, նախքան ես կդիմեմ քեզ, ո՛վ միակ հզոր.

Մեղքերով ապրած օրերիս չափով
Անվճար թողած տույժն՝ հանցապարտիս
Նոր տանջանքներով վճարել մի՛ տուր:
Փրկի՛ր ինձ, գթա՛ծ, լսի՛ր, ողորմա՛ծ,
Մարդասե՛ր եղիր իմ հանդեպ, ներո՛ղ,
Խնայո՛ղ եղիր, ո՛վ երկայնամիտ,
Պաշտպանի՛ր, հզո՛ր, օգնի՛ր, ապավե՛ն,
Ազատի՛ր, կարո՛ղ, կյա՛նք տուր, կենարա՛ր,
Նորոգի՛ր, վսե՛մ, լուսավորի՛ր, վե՛հ,
Բուժի՛ր, ձեռնհա՛ս, քավի՛ր, անքնի՛ն,
Պարգևի՛ր, առա՛տ, շնորհազարդի՛ր, ամենազեղո՛ւն,
Հաշտվի՛ր, անարա՛տ, ընդունի՛ր, անո՛խ,
Մաքրի՛ր պարտքերից, ո՛վ ամենօրհնյալ:
Երբ թշվառության պահին աչքերս սևեռած լինեմ
Ինձ սպառնացող զույգ վտանգներին,
Թող որ տեսնեմ քո փրկությունը, հո՛ւյս ու խնամակալ.
Եթե հայացքս դեպի վեր հառած՝
Դիտելու լինեմ ամենագրավ ուղին սոսկալի,
Թող խաղաղության հրեշտակդ ինձ պատահի սիրով:
Վերջին օրը, տե՛ր, շունչս արձակելիս,
Ցո՛ւյց տուր երկնային երջանիկներից
Մի լուսաթռիչ ու մաքուր հոգի,
Որ հասնի ինձ մոտ սիրուղ պարզնով.
Նաև վախճանված արդարներից ինձ կարեկից հասցրո՛ւ.
Հուսահատ օրս չարագործիս, տե՛ր,
Քո անակնկալ բարին շնորհի՛ր:
Ո՛վ բարեբանյալ փրկիչ բոլորի,
Հիվանդ ոչխարիս որպես ուղեկից
Չլինի՛ որ տաս դժնդակ գազան.
Մեղքով մեռածիս պարգևի՛ր, գթա՛ծ, անապական կյանք
Ու կործանվածիս ծանր պարտքերից՝ փրկությունը քո:

Գ

Պիտի մոռանա՞ս բարերարելդ, ակնկալությո՛ւն.
Գթասիրելդ պիտի անտեսե՛ս, ո՛վ խնամակալ.
Պիտի այլայլե՞ս մարդասիրելդ, անխոտորելի՛.
Կենագործելուց պիտի ե՞տ կանգնես, անվախճանակա՛ն.
Պիտի ձե՞ռ քաշես ողորմությունից, երջանի՛կ պտուղ.
Աղարտե՞ս պիտի ծաղիկը խնկլալ
Ու բարեշնորհ՝ մեծիդ քաղցրության.

Պիտի անպատվե՞ս քո հարստության նյութը պանծալի.
Մթագնե՞ս պիտի փառքը վարսերի քո վսեմության.
Պիտի չպահե՞ս վայելուչ զարդը պայծառ պսակիդ։
Եթե երանին ողորմածներն են միայն ստանում,
Հապա դու, դո՛ւ, որ արքայություն ես համակ, սիրով լի,
Մի՞թե կատարյալ փրկություն պիտի ինձ չպարգևես,
Չմատուցե՞ս ո՛չ դեղ իմ վերքերին,
Ո՛չ խոցվածքներիս՝ բուժիչ բալասան
Եվ ո՛չ էլ դարման՝ տկարությանս.
Չպիտի՞ ծագի լույսդ խավարում՝
Զորությանդ լոկ ապավինածիս,
Ո՛վ կենսապարգև համայն տիեզերքի,
Կրո՛ղդ միակ ինքնագո անանց
Մշտնջենական ճշմարիտ փառքի,
Օրհնյա՛լ, փառավոր երիցս հավիտյան
Եվ իմանալի հավիտենության
Սահմաններից էլ դեռ այն կողմ, ամեն։

ԲԱՆ Գ

Ի խորոց սրտի խոսք Աստծո հետ

Ա

Տե՛ր պարգևատու, ինքնաբուն բարի,
Ամենքին իշխող հավասարապես,
Միակ արարիչ ամեն գոյության՝ անգոյությունից,
Ո՛վ փառավորյալ, անքնին, ահեղ,
Սոսկալի, սաստիկ, ահարկու, հզոր,
Անպարփակելի, անմերձենալի,
Անըմբռնելի, անիմանալի, անճառ, անպատում,
Անտեսանելի ու անզննելի,
Անշոշափելի, անորոնելի,
Անսկիզբ-անվերջ ու անժամանակ,
Գիտություն անմեզ, տեսություն անգայթ,
Էականություն անկասկածելի,
Դու բարձր ու խոնարհ, օրհնյալ գոյություն,

Անստվեր ծագում, բազմափայլ ճաճանչ, խոստովանված լույս,
Անխարդախ նեցուկ, անվրդով հանգիստ, անխաթար կնիք,
Անսահման տեսիլ, վկայված անուն,
Ճաշակ քաղցրության, բաժակ բերկրության,
Հոգին հաստող հաց, մթան օտար սեր, աներկբա խոստում,
Ծածկույթ ցանկալի, զգեստ անկապուտ,
Օթոց բաղձալի, զարդ վայելչափառ,
Մեծ խնամակալ, գովյալ ապավեն,
Աննվազ շնորհ ու անհատնում գանձ,
Անապակ անձրև, արփիացնցուղ ցող,
Ամենազոր գեղ, անվճար բուժում ու կրկնաձիր կյանք,
Վեհագույն խրախույս, անպատիր կոչում, հանուր ավետիս,
Դու աղքատասեր պաշտպան, թագավոր ստրկամեծար,
Մշտառատ տվիչ, անմերժ ընդունում, աննահանջ հրաման,
Հավերժական հույս, աչք ամենատես,
Ամենաբաշխ աջ, անզղջական տուրք,
Անկողմնակալ ձեռք, անաչառ հայացք,
Մխիթարիչ ձայն, սփոփանքի լուր, բերկրանքի աղբյուր.
Անուն կենդանի, նախախնամ մատ,
Անսայթաք ուղի, անխափան ընթացք,
Կենդանարար կամք, անխարդախ խրատ, աննախանձ պատիվ,
Անսպառ հնարք, անփոփոխ պայման,
Անգտնելի հետք ու անտես շավիղ,
Անեզրական չափ, աննման տիպար, անպարփակ պատկեր,
Անզուգական գութ, բազմազեղ գորով,
Տոնելի խոնարհ, փրկարար համբույր:
Կան դեռ ավելի վայելուչ խոսքեր
Աստվածությունդ փառաբանելու.
Օրհնյալ, ներբողյալ, գովյալ, քարոզյալ,
Ավետարանված, հնչված, հռչակված,
Պատմված, աղաչված կամքով անպատիր:
Եվ դեռ ինչե՞ր կան քո կողմից մեր մեջ
Կայլակող անլուռ՝ անուշ հոսանքով,
Որ պիտի ասվեն ու լուսաբանվեն հաջորդ մասերում:
Դրա շնորհիվ, ո՜վ երանություն,
Ինձ փրկելով՝ դու կզվարթանաս,
Հանց ախորժատենչ մի ճաշակումից.
Ո՛չ, անշուշտ, շռայլված սնոտիապատվաստ
Երգերիս դատարկ փառաբանությամբ,
Այլ իմ փրկությամբ, որ պիտի գործես՝
Առիթ դարձնելով աղերսն այս փոքրիկ:

Բ

Նորակերտ մատյանն այս ողբերգության,
Ուր պատկերված են, նշավակվելով,
Ամենատարբեր կրքերն ամենքի,
Իբրև ամենայն վիշտ ու ցավերի
Մասնակից, հաղորդ, մեծապես գիտակ
Ճշմարտացի մի պատվեր, ավանդ,
Հանձնարարվում է այս երկրի վրա
Հաստատված բոլոր բանականներին,
Համայնատարած քրիստոնյաների
Տիեզերագումար ամբողջ բազմության,
Նրանց, որ նոր են միայն կյանք մտնում,
Որոնք հասել են արդեն արբունքի,
Որ սպասում են վախճանի օրվան՝ անկար ծերությամբ,
Լինեն մեղավոր, թե արդարամիտ,
Ինքնապանծ գոռոզ, թե սխալներին հասու անձնադատ,
Անչար ու բարի, թե եղեռնագործ,
Նկուն, թե խիզախ,
Ստրուկ, հպատակ, թե իշխանավոր կամ գերաշխարհիկ,
Շինական, միջակ, թե բարետոհմիկ, սեպուհ, պայազատ,
Թե՛ արու, թե՛ էգ,
Թե՛ հրամայող և թե՛ հնազանդ,
Թե՛ վեհ ու վսեմ, թե՛ փոքր ու նվաստ,
Արգո, թե անարգ, ասպետ, թե ռամիկ,
Թե՛ գյուղաբնակ, թե՛ քաղաքացի,
Թե՛ ահավորի սանձով բռնված գոռոզ բռնակալ.
Վերնականների հետ հաղորդակից մենակյացներին,
Նվիրյալներին, զգաստ ու պարկեշտ,
Քահանաներին, ընտիր ու մաքուր,
Առաջնորդներին, վարքով բարեզարդ
Ու սրբանվեր նախաթոռակալ գահերեցներին։
Նրանցից ոմանց աղերս-աղաչանք,
Իսկ ոմանց համար բարի խրատներ
Աղոթքի ձևով ներկայացրի ես այս մատյանում,
Որ ձեռնարկել եմ հոգուդ զորությամբ,
Շարադրելով ինձ բազմապիսի աղերս-մաղթանքներ,
Իսկ այն բոլորին խնդրանքներ բազում՝
Հանապազ մեծիդ բարեգթության դիմելու համար։

Գ

Արա՛ այս մատյանն ընթերցողներին սրտերով հստակ,
Հոգով բժշկված, հանցանքից մաքուր,
Անպարտ, ազատված մեղքի կապանքից:
Թող առատորեն արցունքներ բխեն
Սրանով կրթված մարդկանց աչքերից,
Սրա շնորհիվ ապաշավի իղձ պարգևվի նրանց.
Թող որ նրանց հետ քեզնից շնորհիվի և ինձ զղջման կամք,
Նրանց՝ իմ ձայնով՝ շունչ բարեհամբույր.
Թող այս մատյանով նվիրվեն նրանց
Պաղատանքները նաև ինձ համար,
Եվ իմ խոսքերով՝ հեծեծանքները
Նրանց խնկվեն քեզ և ի՛մ փոխարեն:
Ողբերգությունն այս սիրով, հաճությամբ
Ճաշակողների սրտերում թող որ
Լույսիդ շնորհը մտած բնակվի:
Եթե պատահի, որ բարեպաշտներ
Քեզ ընծայաբեր լինեն սրանով,
Նրանց հետ, գթա՛ծ, որոնք քեզ համար
Կենդանի են միշտ, ընդունի՛ր և ինձ.
Եթե ախտաջինջ արցունքներ կաթեն
Սրա միջոցով մեկի աչքերից,
Թող որ քո կողմից, ո՛վ խնամակալ,
Անձրևեն դրանք նաև ինձ վրա.
Հաղորդակիցներն այս կենաց գրքի
Եթե արժանի դառնան փրկության,
Քո կամքով, օրհնյա՛լ, թող որ նաև ես փրկված համարվեմ:
Սրա շնորհիվ թե մեկի սրտի գաղտնարաններից
Աստվածահաճո հեծեծանք դուրս գա,
Թող որ նրա հետ քեզանով, բարձրյա՛լ, օգտվեմ նաև ես.
Եթե մաքուր ձեռք անուշ խնկարկմամբ կարկառվի առ քեզ,
Թող որ հասնի իմ ձայնին միացած՝
Մատուցելով և աղերսանքները աղաչողների:
Եթե իմոնց հետ նաև բազմազան
Այլ պաղատանքներ ծնվելու լինեն,
Թող քեզ նվիրված լինեմ կրկնակի՝ և դրանց համար.
Եթե հաճությամբ հարգվի քո կողմից
Նվիրաբերումն իմ այս բանական,
Թող ինձ հետ նաև, ինձանից առաջ, այլոցն ընծայվի:
Եթե վշտերից լքված, հոգնաբեկ՝ մեկը նվաղի,

Թող ամրապնդված հառնի վերստին
Հառաչանքների այս հաստարանով՝ հուսալով ի քեզ:
Եթե ամբարտակն ապահովության մեղքով խորտակվի,
Թող որ քարերով այս, շնորհաձիր
Աջովդ հարմարված, կառուցվի դարձյալ:
Եթե հանցանքի սուսերով հույսի լարը կտրվի,
Ամենակալիդ բարեհաճությամբ՝
Ամուր պատվաստմամբ՝ թող կցվի նորեն:
Եթե հոգեկան մահաբեր մի ցավ պաշարի մեկին,
Թող որ սրանով, աղոթելով քեզ,
Ստանա կյանքի հույս ու փրկություն:
Թե տագնապահար ու տարակուսված խոցոտվի մի սիրտ,
Սրանով փրկված՝ թող ապաքինվի՝ մեծիդ քաղցրությամբ:
Թե անքավելի մեղանչումներից մեկը կործանված՝
Ընկղմված լինի խորքն անդունդների,
Թող որ այս կարթով դեպի լույս ելնի՝ քո աջակցությամբ:
Եթե թմրությամբ խաբեպատիր ու խավար գործերի
Մեկը թալկացած լինի կարեվեր,
Թող որ զորանա նորից քեզ համար,
Միակ զորավիգ, ապավինած քեզ:
Եթե պահպանակն ապահովության լքի մի մարդու,
Թող ձեռքդ նրան ընդունի նորեն
Ու ամրապնդի այս միջնորդությամբ:
Եթե անտեսված դեգերի մի մարդ, լքված ու մոլոր,
Թող որ սրանով հույս առնի դարձյալ քո հոգածության:
Եթե սարսուռը դիվային ջերմի
Խռովի մեկին տենդով մոլեկան,
Թող որ սթափվի այս նույն նշանով
Երկրպագությամբ խոստովանելով խաչիդ խորհրդին:
Եթե մրրիկը անօրենության խորտակիչ հողմի
Աշխարհիս ծովում մարդու մարմնեղեն
Շինվածքն հարվածի ալեբախությամբ,
Թող որ խաղաղվի կրկին այս դեկով՝ ուղղված դեպի քեզ:

Դ

Թող ողբերգության մատյանն այս, բարձրյա՛լ,
Որ սկսել եմ գրել հանուն քո,

Կենաց դեղ լինի արարածներին
Մարմնի ու հոգու վիշտն ու ցավերը բուժելու համար։
Սկսածս դո՛ւ հասցրու ավարտին.
Թող որ քո հոգին խառնվի սրա հետ,
Մեծիդ ներգործող շունչը միանա
Քո՝ ինձ շնորհած բանաստեղծության,
Քանզի դու ես լոկ տալիս զորություն վիատ սրտերին
Եվ ընդունում փառք ամենքից. ամեն։

ԲԱՆ Դ

Ի խորոց սրտի խոսք Աստծո հետ

Ա

Արդ, քանզի խոսել սկսեցի քեզ հետ,
Որից ձեռքում է կենդանի շունչը բազմամեղ հոգուս,
Ահից սահմռկած՝ սարսում եմ, դողում սաստիկ տագնապով,
Քանզի, արարի՛չդ երկնի ու երկրի,
Մտաբերումն իսկ դատաստանի քո,
Անճողոպրելի, ահեղ, անաչառ,
Ուր հանցագործս պիտի կշտամբվի,
Անտանելի է, ահավոր, խոսքի սահմաններից դուրս։
Առավել ես, որ չկա բուժում
Սաստիկ վերքերիս, անողջանալի ու բազմավտանգ,
Որոնք ստացա կործանարարիս դժնի, մահաբեր
Ժանիքների խայթ-խածոտումներից։
Իսկ «պատերազմի օրն» այդ ահարկու,
Ըստ առակողի, ո՛չ պաշտպանվելու ինչ-որ միջոց կա
Եվ ո՛չ էլ խոսքով արդարանալու.
Ո՛չ հնար կլինի պատսպարվելու վերարկուի տակ,
Ո՛չ դիմակներով ծածկված, կեղծելու.
Ո՛չ մոտենալու՝ խոսքով երեսպաշտ,
Ո՛չ խաբխբելու՝ կերպարանելով,
Ո՛չ կմկմալով ստախոսելու,
Ո՛չ ճողոպրելով փախչելու հապճեպ,
Ո՛չ էլ ծլկելու՝ թիկունք դարձնելով,
Ո՛չ երեսն ի վար գետնին կառչելու,

Ո՛չ հաստատվելու՝ բերանով հողին,
Ո՛չ թաքնվելու երկրի խորքերում:
Ջի ծածկվածները մերկ են քեզ համար,
Իսկ անտեսները հայտնի, անսքող.
Արդարությունս նվաղել է ու չքացել իսպառ.
Մեղքերս բացվել են ու բազմապատկվել.
Չարիքները իմ մնացական են, ես՝ կորստական.
Թեթևացել է սաստիկ նժարը իրավունքներիս,
Անիրավության կողմը՝ ծանրացել.
Հալվել, ցնդել է բերքը բարիքիս,
Իսկ սխալներս՝ հաստատվել ամուր.
Ավանդը կորցրել, դատակնիքն եմ գտել այժմեն իսկ.
Մահվան մուրհակս գրված է արդեն,
Իսկ ավետիքի կտակը՝ ջնջված:
Երախտավորը տխրել է սաստիկ,
Իսկ նենգ բանսարկուն ցնծում է ուրախ.
Թախծում է գունդը հրեշտակների,
Սատանան՝ պարում լիրբ հռհռոցով.
Ողբերի մեջ է զորքը վերնական,
Ստորինները բերկրում են զվարթ.
Մահ տարածողի մթերանոցը լցված է բերքով,
Եվ կողոպտված է գանձն ստեղծողի.
Օտարի կողմը անպակաս է, իսկ
Տիրոջ պարգևը տրված է քամուն.
Շնորհն հաստողի մոռացվել է, իսկ
Կորստաբերի վարմերը՝ պահվել.
Երախտիքները փրկչի հեգնելով՝
Զվարճանում է Բելիարը նենգ.
Կենաց աղբյուրս խցվել է անդարձ,
Գոռոզի ժանգն է ժամանել ժանտիս:

Բ

Ավելի լավ չէ՞ր, ինչպես որ Գիրքն է ասել նախօրոք,
Ո՛չ սաղմնավորվել բնավ արգանդում,
Ո՛չ ձևավորվել որովայնի մեջ,
Ո՛չ ծնունդ առնել, ո՛չ լույս աշխարհ գալ,
Ո՛չ մարդկանց թվում երբևէ գրվել,
Ո՛չ հասակ առնել, աճել զարգանալ,
Ո՛չ գեղապատկեր դեմքով զարդարվել,

Ո՛չ օժտվել խոսքով, բանականությամբ,
Քան թե ենթարկվել այսքան սաստկագույն
Ու սարսափելի տառապանքների,
Որոնց դիմանալ կարծրակոփ ժայռերն անգամ չեն կարող,
Ո՞ւր մնաց տկար մարմինները լույծ:

Գ

Տո՛ւր ինձ, բարեգո՛ւթ, աղաչում եմ քեզ,
տո՛ւր ողորմություն.
Չէ՛ որ դու ինքդ քո խոսքով այդպես մեզ պատվիրեցիր
Ասելով՝ տվեք այդ նվերն Աստծուն՝
Ի փրկություն ձեր և մաքրագործվեք.
Չի ես ձեզանից ողորմություն եմ ուզում, ոչ թե զոհ:
Ահա բարձրացի՛ր վերստին՝ խնկված այդ խոսքն հիշելով,
Դու որ ամեն ինչ ունես լիապես
Եվ ամեն ինչի աղբյուրն ես միակ.
Բոլորից քեզ փա՛ռք հավիտյանս, ամեն:

ԲԱՆ Ե

Ի խորոց սրտի խոսք Աստծո հետ

Ա

Արդ, ես որ մարդ եմ, մի մարդ երկրածին,
Անկայուն կյանքի հոգսերով տարված
Եվ հիմարաբար հարբած, մտաթափ պատրական գինուց՝
Շարունակ ստում և ճշմարտություն չեմ ասում երբեք:
Վերոհիշյալ այն բոլոր խայտառակ
Ախտանիշները կրելով իմ մեջ՝
Ի՞նչ, ի՛նչ երեսով պիտի հանդգնեմ
Ներկայանալ քո մեծ դատաստանին,
Ո՛վ իրավադատ, ահավոր, անճառ,
Անպատում, հզոր Աստված բոլորի:
Եվ այստեղ որքան շատ համեմատեմ
Ապերախտությունն անձիս մեղսագործ՝

Երախտիքիդ հետ, այնքան ավելի
Պիտի երևա, որ արդար ես դու,
Իսկ ես՝ անիրավ, հավետ մեղապարտ:
Դու ստեղծեցիր ինձ քո պանծալի
Պատկերով, վեհիդ նմանողությամբ,
Օժանդակելով անուժ տկարիս:

Բ

Բարեզարդեցիր խոսելու ձիրքով,
Շունչ ներարկելով՝ փայլ տվեցիր ինձ,
Մտքով ճոխացրիր, աճեցրիր խելքով և իմաստությամբ,
Հանճարով օժտած՝ զատորոշեցիր շնչավորներից,
Համադրեցիր բանական ոգով,
Պճնեցիր գոյով անձնիշխանական:
Ծնեցիր հոր պես, հոգատար եղար դայակի նման
Եվ խնամեցիր որպես ստեղծող:
Ինձ՝ ամբարշտիս, տնկած զավթիդ մեջ,
Ոռոգեցիր քո կենսատու ջրով,
Ավազաններիդ ցողով մաքրեցիր,
Արմատացրիր վտակով կենաց,
Կերակրեցիր հացովդ երկնային,
Ըմպել տվեցիր արյունդ աստծո:
Ընտանեցրիր անմերձենալի անհասների հետ,
Թույլ տվեցիր, որ աչքս երկրային
Համարձակորեն նայի դեպի քեզ,
Պարածածկեցիր քո փառքի լույսով,
Քեզ մոտեցրիր անմաքուր ձեռքիս մատներն հողանյութ,
Մահացու մոխրիս հարգեցիր որպես լույսի ճառագայթ,
Քո հորը հզոր, օրհնյալ, ահավոր,
Մարդասիրաբար հայր կնքեցիր և անարժան անձիս:
Չայրեցիր բերանս, լցված նանրությամբ,
Երբ ժառանգակից կոչեցի ինձ քեզ.
Չկշտամբեցիր, երբ հանդգնեցի քեզ կցորդվելու.
Չմթագնեցիր լույսը աչքերիս,
Երբ որ հայացքս քեզ էի հառել.
Մահապարտների հետ շղթայակապ չտարագրեցիր.
Չխորտակեցիր դաստակը բազկիս,
Երբ անմաքրապես քեզ էր կարկառվում.
Չկտրատեցիր մատներս, երբ ես
Շոշափում էի պատգամդ կենաց:

Նվիրման ժամին խավար չպատեց շուրջս, ահավո՜ր.
Չփշրտեցիր շարքն ատամներիս
Քեզ ըմբոշխնելիս, անսահմանելի՜.
Չնայեցիր ինձ բարկությամբ խոտոր,
Ինչպես վարվեցիր Իսրայելի հետ,
Երբ խոտորնակի քեզ հետևեցի.
Խայտառակ չարիր հարսնարանիդ մեջ
Ինձ՝ անարժանիս քո պարերգության.
Ո՛չ հանդերձներս զծուծ տեսնելով՝
Անօրինյալիս հանդիմանեցիր,
Ո՛չ ձեռք ու ոտս ամուր կապկպած՝
Ի կուր խավարի՝ վռնդեցիր դուրս:

Գ

Քեզնից ստացած արժանիքներն ու բարիքներն այդ ողջ,
Համբերությունը քո ներողամիտ,
Օրհնյա՛լ, բարերար ու ամենագութ,
Վնասապարտս փոխարինեցի
Անթիվ այլազան ու բազմապիսի անօրենության,
Այլև մարմնական, հոգեկան բոլոր
Ախտ ու կրքերով տոգոր բազմածուփ
Երկրաքարշ հույզ ու մտորումների
Եվ, իմաստությունն իսպառ մոռացած
Ու սիրահարված խելահեղության,
Ինչպես Մովսեսն է հանդիմանաբար ասել առակով,
Այդ բոլորի տեղ, Աստվա՛ծ իմ և տեր,
Քեզ չարիքներով փոխհատուցեցի:
Երախտիքներն ու բարիքները քո
Անմիտ ընթացքով վատնեցի իսպառ.
Բարձրյալիդ կողմից հոգատարությամբ
Ինձ վրա բարդված անճառ լուսավոր շնորհները ողջ
Խելագարության մրրկով ցնդեցրի:
Թեպետ շատ անգամ հոգածու ձեռքդ կարկառելով ինձ՝
Ուզեցիր ձգել դեպի քեզ, սակայն ես չցանկացա,
Իսրայելի պես, ըստ մարգարեի ամբաստանության.
Թեև խոստացա քեզ հաճո լինել,
Սակայն այդ ուխտը նույնպես դրժեցի,
Նույն չարիքները նյութեցի դարձյալ,
Վերադառնալով նախկին կենցաղիս:
Անդաստանները սրտիս հերկեցի

Միայն մեղքերի փշերի համար,
Որ որումն այնտեղ արգասավորվի։
Ինձ են պատշաճում առակները ողջ
Աստվածարյալ սուրբ մարգարեների.
Քանզի դու ինձնից հուսացիր խաղող,
Փոխարենը ես ընձյուղեցի փուշ.
Խորթացած այգիս դառն ու անախորժ պտուղներ տվի։
Ապավինեցի անհաստատ հողմին,
Որից հարածուփ տատանումներով
Այս ու այն կողմ եմ միշտ տարուբերվում։
Ըստ Հոբի խոսքի, գնացի անդարձ մի ճանապարհով.
Հիմարի նման շենքս շինեցի ավազի վրա.
Խաբված՝ կարծեցի լայն արահետով
Կարող եմ հասնել անձկալի կյանքին.
Ինքս փակեցի ելքը ճամփեքիս.
Կամովին բացի վիհս կորստյան։
Իմ լսելիքի պատուհանները խցեցի ամուր,
Որ կենդանարար խոսքդ չլսեմ.
Գոցեցի նայվածքն հոգուս աչքերի,
Որ չնկատեմ դեղս փրկության.
Վեր չցատկեցի մտքիս լքումից ու թմրությունից՝
Ի լուր պատգամիդ ահավոր փողի.
Մեծ դատաստանի հրափորձ օրվա
Գուժաբեր ձայնից չաչալրջացա.
Չարթնացա երբեք կորստի տանող մահաբեր քնից։
Հանգիստ չտվի հոգուդ՝ մարմնեղեն տաղավարիս մեջ.
Բանական շնչիս հետ չխառնեցի
Մասը՝ պարգևած քո շնորհների.
Ըստ առակողի, ինքս իմ ձեռքով կանչեցի կորուստ՝
Կենդանի հոգիս մատնելու մահվան։

Դ

Բայց ինձ ի՞նչ օգուտ այս նվազ, խղճուկ ու կսկծալի
Չափաբերականն իզուր ոգելուց,
Երբ որ ամեն չափ անցել է արդեն,
Ու անհնար է որևէ բուժում։
Արդ, դու կարող ես լոկ կյանք ընձեռել հոգով մեռածիս
Եվ անոխակալ ձեռքդ կարկառել
Դատապարտյալիս օգնելու համար,
Որդի՛ կենսատու Աստծո, քեզ փա՛ռք հավիտյանս, ամեն։

ԲԱՆ Զ

Ի խորոց սրտի խոսք Աստծո հետ

Ա

Ի՞նչ շահ սրանից, կամ ինձ ի՞նչ օգուտ,
Որ արձակելով այսպես շարունակ
Ողբ ու հեծություն՝ ինքս փխատվեմ
Ու դուրս չթափեմ խոսքիս խարանով
Մահացու վերքիս շարավս ամբարված
Կամ ծանրությանը, որ մթերված է սրտիս խորքերում,
Առաջ բերելով հոգեկան սաստիկ ցավատանջ խիթեր.
Նողկանք պատճառող մատնամխությամբ չփախեմ իսպառ:

Բ

Քանզի արժանի չգտնվեցի
Սրբերի փառքով հպարտանալու,
Որոնց շուրթերը լի են ցնծությամբ,
Իսկ բերանները՝ խինդ ու ծիծաղով,
Ըստ առակողի ու սաղմոսողի
Ուստի և երկրորդ կարգին դիմեցի.
Այստեղ միայն այդ ինձ նմաններին հիշատակելով,
Թեև սրանք էլ, անբարի բարքիս
Թերությունների համեմատությամբ, բարձր են ինձանից,
Ինչպես որ, ասենք, ապաշավողը չապաշավողից:
Այսպես՝ տոնելի եղավ Մանասեն՝
Լինելով ինձնից պակաս հանցավոր.
Պատիվ ստացավ և փարիսեցին՝
Իմ դժնաբարո ամբարշտության համեմատությամբ.
Գովաբանվեց և անառակ որդին,
Զի չեղավ ինձ պես անդարձ ուխտազանց.
Հիշարժան դարձավ և Ամասիայի որդին կեղծավոր,
Քանի որ նա էլ ինձ չափ ապերախտ շնորհուրաց չէր.
Օրհնաբանվեց և ավազակն՝ իբրև
Անհավատների ոսոխ, ամբաստան.
Պոռնիկ կինն անգամ պատիվ ստացավ՝
Որպես նախամայր զղջացողների:
Իսկ ես ոչ պակաս քան փարավոնը՝ սիրտս կարծրացրի.

Ալեկոծվեցի խոլ մրրիկներից հուզված ծովի պես.
Չարսափեցի հրամաններից քո ահեղաասատ
Գեթ այնքան, որքան ծովի ալիքներն իրենց ափերից:
Գործերիս, թվի, չափի ու կշռի համեմատությամբ՝
Քիչ եղան անգամ կույտերն ավազի.
Բավական չեղան նրանց անհատնում շեղջերը նույնիսկ՝
Բոլոր անօրեն իմ արարքները հաշվելու համար:

Գ

Թեպետ չափազանց շատ են ծովափնյա՝
Շեղջերով դիզված ավազներն ու այլ մանրուքներն ամեն,
Բայց տարանջատ են և չունեն բնավ ծնունդ ու աճում,
Ինչպես անհամար, մտովին անգամ անընդգրկելի
Չարագործ ախտ ու արատները իմ.
Մեկն իր ծնունդով, մեկն իր սերունդով,
Մեկն իր ծիլերով, մեկն իր բերքերով,
Մեկն իր փշերով, մեկն արմատներով,
Մեկն իր կազմությամբ, իսկ մեկ ուրիշը՝ իր պտուղներով,
Մեկն իր մասերով, մեկն իր ճյուղերով,
Մեկն իր ոստերով, մեկն ընձյուղներով,
Մեկն իր ճանկերով, մեկն իր մատներով,
Մեկն իր խլրտմամբ, մեկն իր ներգործմամբ,
Մեկն ազդակներով, մեկն իր բծերով,
Մեկն իր հետքերով, մեկն արդյունքներով,
Մեկն ստվերներով, մեկն իր մթությամբ,
Մեկն իր պատրանքով, մեկն հակումներով,
Մեկն հնարքներով, մեկն իր հարձակմամբ,
Մեկն արշավներով, մեկն իր չափերով,
Մեկն իր կայծերով, մեկն իր կրքերով,
Մեկն իր խորքերով, մեկն իր զարշությամբ,
Մեկն իր մթերմամբ, մեկն իր գանձերով,
Մեկն աղբյուրներով, մեկն իր գետերով, մեկն իր ցնցղմամբ,
Մեկն իր շանթերով, մեկն հրդեհներով, մեկն ամոթներով,
Մեկն իր վիհերով, մեկն անդունդներով,
Մեկն իր բորբոքմամբ, մեկն իր խավարով,
Մեկն ամպրոպներով, մեկն իր կայլակմամբ,
Մեկն հոսանքներով, մեկն հեղեղներով, մեկն իր սառնությամբ,
Մեկն իր դոներով, մեկն ուղիներով,
Հնոցն իր բոցով, հրատն իր տապով,
Ճարպի հալոցն իր ծխոտ ճենճերմամբ,

Օշինդրն իր ժանտ դառնություններով,
Կործանիչը իր հպատակներով,
Բռնակալը իր ելուզակներով,
Ամբարտավանն իր հրոսակներով,
Ավազակապետն իր ոհմակներով,
Ամեհի գազանն իր կորյուններով,
Խաժոտողը իր խայթ ու խոցերով
Եվ պղծագործն իր նմանների հետ:

Դ

Սրանք են պետ ու գլխավորները
Բոլորի հոգու ապականարար պղծագործների՝
Իրենց ենթակա ու ստորադաս տարբեր մասերով,
Յուրաքանչյուրը որոնցից նույնպես իր հերթին ունի
Հազար-հազարներ, բյուրավոր բյուրեր,
Իսկ ամբողջական թիվը բոլորի
Կարող է միայն նա ճիշտ իմանալ,
Որը տեսնում է մեր կողմից անէ
Համարվածները որպես գոյություն,
Որպես կատարված իրողություններ:
Արդ, եթե մեկը չխաբի իրեն,
Չձևացնի կերպարանելով
Եվ չանհավատի կեղծավորաբար,
Ճանաչի նաև իրեն որպես մարդ,
Զգա, որ ինքը բնությամբ նույնպես
Մահկանացու է մի սովորական,
Իրեն էլ դիտի որպես երկրածին
Ու մնա պատշաճ չափ ու սահմանում,—
Կիմանա, անշուշտ, որ վերոգրյալ
Պատուհասների գլխավորները
Մտացածին չեն, ավելին, դեռ ես
Ամբողջ իսկությամբ չպատկերեցի
Բազմազան, պես-պես արատները այն,
Որոնք հածում են մեր բնության մեջ,
Այլ չարիքների բյուր պտուղների
Միայն մի փոքրիկ մասը ցույց տվի.
Մնացածները թողնելով, որ դուք
Սրանց միջոցով ուսումնասիրեք,
Թեպետ ոչ լրիվ ու ամբողջությամբ:

ԲԱՆ Է

Ի խորոց սրտի խոսք Աստծո հետ

Ա

Եվ արդ, որպեսզի խպառ չկտրեմ հույսը փրկության
Ու չմատնվեմ, դառնալով անզեն,
Այնքան աhարկու պատկերների մեջ՝
Վերևում հիշված այն աներևույթ դիմամարտներին,
Որոնք այլ բան չեն, քան թե ընտանի
Ինքնածին բուսած անարգ ոսոխներ,
Ընդդեմ բազմամբոխ ամեհի ու խոլ այդ մարտիկների՝
Կցուցադրեմ և աստվածային
Զորավոր, անպարտ ու ամենահաղթ, սեգ ախոյաններ,
Թեկուզ պատճառի այդ անմատչելի
Ու դժվարակուր ծառերի պտուղ քաղելու կսկիծ,
Անկոխ ճամփեքի չարաչար տաժանք:
Քանզի չարագունդ զորքերը բոլոր նենգ բանսարկուի
Կչորացնի աչքերից կաթած սակավ մի արցունք,
Ինչպես լպրծուն ու բազմոտանի,
Տկար խլրտմամբ՝ գետնասող զեռուն ու ճիճուներին՝
Վրան ծորացած ձեթի մի կաթիլ
Կամ սատակչական թույնի չնչին շիթ.
Եվ հոգուց ելած դառնահեծ սրտի մի թույլ հառաչանք,
Արևատոչոր խորշակի նման,
Կարող է հալել սառույցը դժնի:
Ճիճուների պես, որքան լինում են սրանք հեշտածին,
Դիմադրությամբ՝ նույնքան լինում են նաև դյուրամեռ:

Բ

Այսպես, չպիտի դադարեմ երբեք
Կսկծեցուցիչ խոսքով դատելուց դատապարտյալիս
Եվ քարկոծելուց անձս հանցապարտ՝
Իբրև չարագործ անհամոզելի, փրկությունից զուրկ.
Քանզի թեպետև ինձ նեղողների
Մի փոքր մասին ոչնչացնում եմ,
Բայց մյուսներին նոր ուժ եմ տալիս, որ կենդանանան՝

Անդարձ կորստյան մատնելով հոգիս,
Տունկս դառնության, որ ծաղկեցրի
Անառակ վարքիս գարշությունը լոկ
Եվ բարունակս ապականաբեր ու մահոդկուզյան,
Որ իմ կորստյան գինին երկնեցի,
Զավակս Քանանի, ոչ թե Հուդայի,
Մեծն Դանիելի խոսքի համաձայն,
Որդիս գեհենի, ոչ արքայության,
Ժառանգս դժոխքի, և ոչ թե անանց փառքի անձկալի,
Նյութս տանջանքի, ոչ թե հանգստյան.
Երախտուրացս՝ երախտավորիդ,
Ապաշնորհս՝ բազմապարգևիդ,
Մեղանչականս՝ ներողիդ հանդեպ.
Դառնացուցիչս քաղցրության մեծիդ,
Ծառաս չար ու վատ, ըստ տերունական հանդիմանության,
Իմաստուն՝ չարիք գործելու համար,
Ինչպես Եսային մարգարեացավ,
Ժիրս՝ զազրելի ժանտագործության,
Փութկոտս՝ տիրոջ բարկացնելու մեջ,
Մշտաշարժս՝ պիղծ սատանայական զյուտարարության:
Հանապազորդյան վիշտս արարչին,
Տկարս՝ բարի, վեհ թռիչքների,
Ծույլ՝ երանական վիճակ ընտրելու,
Հեզգ՝ խոստացածին հասնելու համար.
Երկչոտ՝ կարևոր, պիտանի գործեր կատարելու մեջ,
Ծառաս՝ տիրադրուժ, երախտամոռաց:

Գ

Վա՜յ մեղավորիս, որ բարկացրի ինձ ստեղծողին.
Կորստյան որդուս, որ անմահության ճիրը մոռացա,
Վա՜յ պարտապանիս անհամար ու բյուր այն քանքարների,
Որոնք հատուցել չկարողացա,
Վա՜յ բեռնակրիս դժնի մեղքերի,
Զի անկարող եմ հանգստարարի մոտ վերադառնալ,
Վա՜յ հանցապարտիս տիրոջ նկատմամբ,
Որ հնար չունեմ այլևս հզորին ներկայանալու,
Եղեգնախոիվ դյուրավառ նյութիս,
Որ գեհենի մեջ պիտի տոչորվեմ,
Վա՜յ, որ մտքիս մեջ շողում են անդուլ

Աստծո բարկության նետերն իրեղեն,
Վա՜յ հիմարիս, որ չմտառեցի
Հանդեսն այն, որտեղ ծածկությունները
Հրապարակավ պիտի տարփողվեն.
Վա՜յ ամբարշտիս, որ միշտ, անդադրում
Չարությունների ոստայն հյուսեցի,
Վա՜յ ինձ, որ մարմինն իմ պարարեցի
Անմահ որդերին իբրև կերակուր.
Ինչպե՞ս թունավոր այդ կտտողներին տոկամ, դիմանամ
Վա՜յ ինձ, երբ մահվան բաժակը ըմպեմ.
Ինչպե՞ս կրեմ այդ տույժն հավերժական.
Վա՜յ, երբ եղկելի մարմնիցս ելնի անարժան հոգիս.
Ինչպես ճշմարիտ դատավորին ես պիտի երևամ.
Վա՜յ, երբ սպառվի յուղը լապտերիս.
Ձի եթե մարեց, չի վառվի այլևս.
Վա՜յ ինձ բռնելիք այն խուճապահար
Ու տագնապալի ահ ու սարսափին,
Երբ առագաստի մուտքը կփակվի.
Վա՜յ, երբ երկնավոր արքայի վճռով
Կնքված ահարկու, սահմռկեցուցիչ այդ խոսքը լսեմ՝
«Քեզ չեմ ճանաչում»:

ԲԱՆ Ը

Ի խորոց սրտի խոսք Աստծո հետ

Ա

Ի՞նչ պիտի անես, ա՛նձն իմ կորուսյալ,
Ո՞ւր պիտի թաքնվես, կամ ինչպե՞ս փրկվես,
Ինչպե՞ս ազատվես մեղքերի բանտից.
Պարտքերդ շատ են, տալիքներդ՝ անթիվ,
Կշտամբանքը՝ դառն, ամբաստանքն՝ անվերջ,
Հրեշտակները՝ խիստ ու անողորմ,
Իսկ դատավորը՝ անկաշառելի,
Ատյանը՝ հզոր, բեմը՝ անաչառ,
Սաստը՝ ահարկու, վճիռն՝ անողոք,

Հրամանն՝ ահեղ, պարսավանքները՝ մերկապարանոց,
Գետերն՝ հրեղեն, վտակներն՝ անանց,
Խավարն՝ արջնամառ, մշուշն՝ անթափանց,
Գուբը՝ մահախեղդ, տազնապն՝ հարազդ,
Տարտարոսն՝ անհագ ու ամենակալ,
Սառնամանիքը՝ անզերծանելի:
Ահա այդ բոլոր դառնությունները
Հենց քեզ համար են մթերված, իրոք,
Որպես դժնդակ ու տաժանական
Օթևաններ քո ծանր, անտանելի պատուհասների,
Ո՜վ դու անարժան անձն իմ հանցավոր,
Չարագործ, պոռնիկ, բազմաբիծ, համակ
Ապականության անդ ու անդաստան:
Քո իսկ գործերի արդյունքն ես ահա ժառանգելու դու,
Չի խոտորվեցիր ճշմարտությունից,
Մաքրությունից քո զազրացար իսպառ,
Տարագրվեցիր արդարությունից
Ու պարկեշտության կարգից հեռացար,
Ունա՜յնդ հոգեձիր հարստությունից
Եվ նախանձարկուղ քեզ բարերարող ամենակալի:

Բ

Ինքդ քո ձեռքով կառուցեցիր քեզ անել արգելան
Ու որոգայթներ անճողոպրելի,
Խոստովանելով անձամբ, որ վերքերդ՝ անբժշկական,
Իսկ տանջանքներդ անօրինակ են,
Հաստատելով, որ անբուժելի է կործանումը քո,
Ո՜վ չարագործդ բարիների մեջ,
Դառնդ՝ քաղցրերի,
Խավարակերպդ՝ լուսազարմների,
Կողոպտվածդ՝ ճոխ պաճուճվածների,
Պախարակվածդ՝ գովյալների մեջ,
Ո՜վ ամբարիշտդ՝ բարեպաշտների,
Անբանականդ՝ բանականների,
Անմտականդ՝ մտավորների,
Ապաշնորհդ՝ իմաստունների
Եվ անմաքուրդ ընտրյալների մեջ.
Մեռածդ՝ ողջերի, զազիր՝ սրբերի,
Չեխ՝ պարկեշտների, կեղծ՝ արդարների,
Իսպառ անպիտան՝ պիտանիների,

Նվաստ՝ վեհերի, նվազ՝ մեծերի,
Գերի՝ գերերի, զուրկ՝ ընչեղների
Եվ անարժանդ՝ փրկվածների մեջ,
Տնանկդ՝ հոգևոր հարստությունից ու բարձրությունից
Եվ օրհնյալներից զատված անեծքով:

ԲԱՆ Թ

Ի խորոց սրտի խոսք Աստծո հետ

Ա

Արդ, քեզ արժանի նախատիպերի ի՞նչ խոսքեր գրեմ
Մաղթանքներիս այս կտակամատյան ողբերգության մեջ,
Ո՞վ անձն իմ թշվառ, խպառ անպատկառ,
Պատասխան տալու համար անբարբառ,
Անպիտան՝ Աստծո և սրբերի հետ հաղորդակցելու:
Չի եթե մի լիճ, ծովե՛րը նույնիսկ թանաքի փոխեմ,
Թե բազմասպարեզ դաշտերն իրենց ողջ
Անսահմանությամբ դարձնեմ մագաղաթ
Եվ եղեգների շամբ ու պուրակներն, անտառներն ամբողջ
Կտրելով միայն գրիչներ շինեմ,
Դաձյալ չեմ կարող բարդված իմ անթիվ անօրենության
Մի չնչին մասնիկն իսկ գրի առնել:
Եթե անգամ ողջ մայրի անտառներն այն Լիբանանի
Չողելով դարձնեմ կշեռքի լծակ
Եվ մի նժարին իբրև կշռաքար
Արարատ լեռը դնելու լինեմ,
Դարձյալ չի կարող նա իր ծանրությամբ
Իջնելով հասնել, համազուգակցել ու հավասարվել
Մյուս նժարի հանցանքներիս հետ:

Բ

Դու ծառ ես, մի ծառ, շքեղ, բարձրուղեշ,
Ստվար ճյուղերով ու տերևալից,
Սակայն պտղազուրկ,

Ճիշտ հար ու նման այն թզենուն, որ տերը չորացրեց:
Քանզի վարսազեղ քո սաղարթներով,
Այսինքն՝ արտաքին տեսքով, բարեշուք,
Ասես պաճուճված ինչ-որ պսակով,
Հեռավորներին թովում ես, գերում,
Սակայն տնկողդ եթե մոտենա բերքդ քաղելու,
Պիտի գտնի քեզ անպտուղ, ունայն,
Գեղեցկությունից զուրկ ու զարշելի,
Որպես տեսնողի նշավակության,
Նախատինքի ու ծաղրի առարկա:
Եթե հերապանծ անպտուղ տունկն այն, անշունչ, անկենդան,
Չնչին պատկերն այդ անպատրաստ մարդու,
Տարաժամ, անդեպ, չսպասված պահին անեծք ընդունեց,
Կամ եթե հողը, ցողով ոռոգված,
Երկրագործների ջանքերի դիմաց
Բազմապատիկ բերք չմատուցելով
Լքվում, մատնվում է անհուշ մոռացման,
Հապա դո՛ւ, դո՛ւ, ո՛վ անձն իմ եղկելի,
Դո՛ւ, բանական հող, դո՛ւ, կենդանի տունկ,
Որ ժամանակին պտուղ չես տվել, ,
Ինչպե՞ս չես կրում պատիժ նրանց պես.
Չէ՛ որ սկսած առաջին մարդուց
Մինչև վախճանը մարդկային ցեղի՝
Քեզ ստեղծողին՝ Աստծուն ատելի, անախորժելի՝
Արդեն կատարված ու կատարվելիք
Նանիր գործերի արդյունքն համորեն առել ես քո մեջ:

Գ

Ահա մտքերիս սևեռուն հայացքն ուղղած դեպի քեզ
Որպես թիրախի, ա՛նձն իմ անպիտան,
Խոսքիս քարերով, ինչպես անընտել վայրի գազանի,
Անողորմաբար պիտի քարկոծեմ:
Թեկուզ դրանով չարժանանամ իսկ արդար կոչվելու,
Բայց, իմաստունի խոսքի համաձայն,
Ինքնակամորեն, ինչպես մի ոսոխ
Պիտի ոգորեմ ինքս իմ անձի դեմ
Եվ բոլոր զաղտնի հույզ ու մտքերն իմ
Խոստովանելով որպես կատարված չարագործություն՝
Պիտի անսքող հրապարակեմ,
Սփռեմ քո առաջ, Աստվա՛ծ իմ և տեր:

Քանզի որքան շատ պարսավեմ ինքս ինձ,
Այնքան ավելի կարժանանամ քո անհատ գթության,
Ստանալով իմ անթիվ մեծամեծ պարտքերի դիմաց՝
Առավել առատ շնորհները քո:
Որքան ավելի ճարակված լինեմ
Անբժշկելի, ծանր ու անամոք վերք ու ցավերով,
Դրա համեմատ՝ այնքան առավել ու կրկնապատիկ
Բարձրյալ բժշկիդ իմաստությունը ամենահնար
Ցուցադրվելով պիտի հռչակվի.
Ըստ իմ պարտքերի առավելության
Եվ փոխատվիդ շռայլությունը, շնորհաբաշխմամբ,
Բարեբանվելով պիտի պսակվի,
Ըստ առակի քո խնկելի ու սուրբ:
Զի քո ձեռքում է փրկությունը, տե՛ր,
Եվ քեզանից է լինում քավություն.
Աջովդ նորոգում ու զորություն ես ընձեռում մատով.
Արդարությունը հրամանիցդ է,
Ազատությունը՝ քո գթությունից.
Դեմքդ տալիս է լուսավորություն, երեսդ՝ բերկրանք,
Բարությունը քո հոգով է լինում,
Սփոփանքը՝ քո սուրբ յուղի օծմամբ,
Զվարթությունը՝ շնորհիդ ցողով.
Դու ես պարգևում մխիթարություն,
Վհատությունը հանձնում մոռացման,
Վշտի խավարը փարատում անհետ,
Ողբն ու հառաչը փոխում ծիծաղի:
Քեզ վայելում է օրհնաբանություն
Գովությամբ հանդերձ՝ ի վերին երկինք՝
Նախահայրերից ու սերունդներից բոլոր ապագա,
Հավիտյաններից հավիտյանս, ամեն:

ԲԱՆ Ժ

Ի խորոց սրտի խոսք Աստծո հետ

Ա

Թե՛ զղջումն ուժգին, թե՛ մեղանչումը անսանձ, մոլագար,

Կորստաբեր են հավասարապես.
Թեպետև դրանք օտարածին են
Ու երևույթով իրարից տարբեր,
Բայց ըստ էության զուգադրելիս
Կնկատենք, որ երկուսն էլ մարդուն
Մղում, հասցնում են նույն փլատության,
Քանի որ մեկը թերիհավատում է հզորի ձեռքին՝
Համարելով այն ապիկար, անզոր,
Իսկ մյուսն, անբան ու չորքոտանի
Անասունի պես անզգայացած,
Իսպառ կտրում է առաասնն հույսի.
Ուստի առաջնից փաղաքշվելով՝
Չարախնդում է, հրճվում սատանան,
Իսկ երկրորդով, միշտ լիզելով արյունն իբրև կերակուր,
Պարարտանում է դժոխորովայն մի գազանի պես:

Բ

Արդ, ինչպես մեկը, որ բազմահարված հեծանով ծեծված՝
Հասել է մինչև ափունքը մահու,
Դարձյալ փոքր-ինչ շունչ ու կենդանության
Ոգի առնելով՝ պետք է զորանալ,
Կազդուրվել նորից ու ելնել ոտքի,
Հառնել կորստից անկենդանական
Օժանդակությամբ Հիսուսի աջի,
Որ բարեգութ է բոլորի հանդեպ.
Ձեռք բերելով և երկնավոր հորից
Բազմախտավորիս, մեռյալիս համար
Բժշկության ու փրկության պտուղ՝
Սկզբնավորմամբ այս աղերսական ողբամատյանի
Ես հավատքի շենք պիտի կառուցեմ:
Քանի որ մեկը նախահայրերից
Սրանով զինված, իսկապես, իսկույն
Անցավ երկնային կյանքն անմահական.
Ապաշխարության դեղն ընդունելով՝
Զղջման միջոցով նա անեղծության
Գրավականն իր ժառանգեց այստեղ,
Նույնիսկ ավելի, քան նրանք, որոնց
Հիշատակում է առաքյալն իր հետ,
Թեպետև սրանք ապազայի ու

Երկնավոր հույսի հավատով լցված՝
Երկրում հանձն առան ճգնակեցական ամեն փորձություն
Ու փարթամացան անտես անպատում ամեն ճոխությամբ:
Եթե հիշենք և սրա հետ տիրոջ
Խրախուսական խոսքը պաշտելի՝
«Ով հավատում է, հնարավոր է նրան ամեն բան»,
Ապա ընտրագույն աստվածահաճո
Բարեմասնությանց չափն ու արժեքը որոշելիս՝ միշտ
Հավատը պիտի գտնենք ամենից բարձր ու գերազանց,
Քանզի նրանով կարելի է լոկ
Մերձենալ բոլոր սրբություններին:
Առանց հավատի փառքի տերն անգամ
Չհաճեց ցույց տալ իր հրաշագործ զորությունը մեզ,
Այլ նախ և առաջ, որպես լծորդ իր բարերարության,
Մեզնից անսասան հավատ պահանջեց:
Լինելով տիրոջն առընթեր՝ սա և զորություն ունի
Ինքնիշխանորեն կյանք ընձեռելու,
Ինչպես վկայեց հենց օրհնաբանյալ բերանն Աստծո,
Թե՝ «Քո հավատը միայն քեզ փրկեց»:
Քանզի, արդարև, տեսությունն հստակ,
Իմաստությունը կատարելագույն,
Մտերմությունը երկնավորի հետ,
Ճանաչումն Աստծո՝ մասն են հավատքի,
Այդ երջանիկ ու ընտիր անվան, որ
Հարաձգվելով՝ մնում է հավետ անեղծ, անխափան՝
Որպես պատվակից սիրո և հույսի:
Ինկապես, եթե մանանեխի մի
Փոքրիկ, աննշան սերմնահատի չափ
Հավատն անվրեպ կարող է ծովի
Խորքը փոխադրել մեծամեծ լեռներ,
Ապա իզուր չենք ընդունել մենք այն
Որպես ուղեցույց առաջնորդ կյանքի,
Աստծո աներկմիտ երկրպագության.
Նա է աներկբա՝ հոգու աչքերով
Տեսնում ապազան, ամեն ծածկություն,
Մեծարգված անվամբ փառատրելի սուրբ Երրորդության՝
Որպես դասակից սիրո և հույսի:
Եթե առանձին երեք մասերն այս
Դիտես միննույն խորհրդով, ապա
Նրանց շնորհիվ Աստծով պիտի հավետ ճոխանաս.
Քանի որ եթե հավատաս նրան, նաև կսիրես,

Որով կհուսաս և աներևույթ իր պարգևներին.
Եվ նրան փա՛ռք միշտ, հավիտյանս, ամեն:

ԲԱՆ ԺԱ

Ի խորոց սրտի խոսք Աստծո հետ

Ա

Արդ, ես հետինս դավանողներից
Եվ բարիքներից ունայնս խպառ,
Մտատեսությամբ դիտելով սկիզբն իմ եղելության,
Որը կատարվեց արարչի ձեռքով՝ անէությունից,
Հավատում եմ, լի հույսով աներկբա,
Որ Քրիստոսը ինչ որ կամենա, կարող է անել:
Չի հավատացի, ուստի խոսեցի՝
Ուսած Պողոսից, Դավթից խրատված.
Այժմ էլ թող նրանց խոսքը կենդանի
Օգնի, որ ես այս հավատով նաև ճանաչեմ նրան,
Նրա հարության զորությունը մեծ,
Հաղորդությունն իր չարչարանքներին,
Այլև բոլորն այն, ինչ առաքյալը
Հիշատակում է հաջորդ տողերով:
Սրան կցորդ է, հույժ նմանատիպ
Հավատալը և այն փոփոխության,
Որ մեղավորը կարող է դառնալ լիովին քավված,
Չարագործն՝ արդար, անմաքուրը՝ սուրբ,
Ծանր, անքավելի հանցագործությամբ
Մահապարտն՝ անպարտ երանավետյալ,
Իսկ ծառայական կապանքների մեջ հեծեծող հասնել
Երկնային փառքի ու ազատության:
Ի՞նչ կա, արդարև, ավելի չքնաղ, խոսքից, մտքից վեր,
Քան երկրայության թանձր խավարից
Աստծո օգնությամբ մաքրված սիրտն այն մեղավորի, որ
Մարմնով հրճվելիս՝ հեծում է հոգով,
Որը թեպետև վսեմ բարձունքից
Խորասուզվել է կործանման վիհի անդունդն անհատակ,
Բայց ունի նաև փրկության նշխար

Իբրև լույսի կայծ, պահած իր մտքում ու իր հոգու մեջ՝
Այն զարմանալի ու խորախորհուրդ թանձր հրի պես,
Որ մակարդվել էր ամենազորի կամքի հրաշքով
Խորունկ հատակում նիրհող ջրհորի:
Ուստի մեղավորն իսպառ վշտաբեկ,
Որը կորցրել է բարին գտնելու ակնկալություն,
Լքվել շնորհի վստահությունից,
Կարող է հուսալ՝ հասնելու նորեն
Նախապարգևյալ փառազարդության.
Քանզի հենց Աստծո կամքով է մեր մեջ
Արծարծվում նաև կայծն այն ներգործող,
Որով արարչի ամենահնար
Կարողությունն է բարեհռչակվում:
Այս խունկն ավելի մեծ հաճությամբ է հոտոտում Աստված,
Քան մյուս բոլոր բուրումներն անուշ,
Քան թե երբեմնի խնկախառնուրդն այն
Մանր աղացած՝ ի սպաս խորանին,
Որ օրինակ է զղջմամբ խոնարհված
Ու նմանությամբ միացած մարդկանց:
Ըստ որում նույնիսկ փրկիչն համայնի
Տեսողությունից ախտաժետ ոմանց
Նախ հարցում արեց՝
«Հավատո՞ւմ եք, որ
Ես կարող եմ ձեր աչքերը բանալ»,
Եվ չպարգևեց նրանց աչքի լույս,
Մինչև հավատի զրավ չստացավ:
Ի՞նչը կարող է լինել մեզ համար ավելի անհույս,
Քան թե չորս օրվա մեռած-թաղվածի կենդանացումը.
Բայց չէ՞ որ կանայք, որոնք աներեր
Հավատով ընկան ոտքերն արարչի,
Անհապաղ տեսան Աստծո փառքի հանդեսն անպատում՝
Իրենց սիրելի եղբոր հարությամբ:

Բ

Որ մեղանչումից վերջն էլ մնում է շնորհին անկորուստ,
Կան հզորագույն բազում վկաներ.
Նախ Ենոքն, ապա և Ահարոնը,
Հետո Դավիթը,Պետրոսն ու փոքր
Եղիազարը, որ արժանանալով
Բարձրյալ Աստծո ողորմածության՝

Ինքն եղավ վկա նույնիսկ իրենից մեծերի համար:
Ավելորդ է և հիշել առակը անառակ որդու.
Թողնում եմ նաև այն պոռնկին, որ գովվեց տիրոջից,
Մաքսավորին այն, որ արժանացավ
Հենց բարեգործից հիշատակվելու
Եվ երջանիկ այն ավազակին, որ
Շունչը փչելու պահին հավատով պսակ ընդունեց:
Իսկ կա՞ ավելի անքավելի մեղք,
Քան սպանությունն ամենաստեղծի.
Բայց չէ՞ որ դրան մասնակցում էր և
Պողոսն ընտրագույն,
Որ մի ժամանակ պարագլուխն էր անիրավների:
Սրանցից ոմանք, որոնք գայթեցին
Օրենքին ծանոթ լինելով հանդերձ,
Կանգնեցին դարձյալ՝ վարքը նախնական
Հազարապատիկ գերազանցելով:
Իսկ նա, որ նախքան նոր օրինակի տրումն էր եղել,
Մոտ էր ավելի դավանանքի հոր պատվիրաններին,
Ամուր պահպանեց ավանդն հայրենի
Եվ նախամարդու մեղքերը նույնպես իրենն հաշվելով՝
Տառապանքներով իր տաժանելի
Հատուցեց նաև նրա փոխարեն.
Ոչ թե, քավություն գտնելով, ծածկվեց այստեղ հողի տակ,
Այլ չարչարալի մարմնով զորապես
Հաղթելով մահվան՝ վերացավ երկինք՝
Հանդիսանալով բանականների կյանքի կարապետ:
Իսկ ոմանք, որ խակ, տհաս հասակում
Երկար ժամանակ անձնատուր էին եղել չարության,
Չափահասության հասնելով՝ ոչ թե
Բարձրություններից գահավիժեցին,
Այլ այս ստորին կյանքի դժնդակ
Թշվառությունից՝ ամբարձան երկինք:
Եթե նախկինում չարերի դարձը այնքան զորացավ,
Որ հողազանգված գոյացությունն այս
Կարող էր փոխվել ոսկեղեն նյութի,
Պատկերն արքունի պատվով վեհաշուք
Քանդակված տպվել մեր էության մեջ՝
Բնությունը մեր դարձնելով անեղծ, անկորնչելի
Եվ անպարտելի դավաճանության դեմ,—
Ապա բոլորն այդ որքա՜ն ավելի հուսալի է արդ՝
Լուսավորությամբ պայծառ, անծածկույթ,

Անսքող՝ ուխտված տեր Քրիստոսով,
Որ դառնալով մեզ հաշտարար միջնորդ,
Կենդանի, անմահ, մշտնջենավոր, բարեխոս երկնի՝
Հաստատ է պահում մշտապես մեր մեջ .
Սուրբ մարգարեի բերանով ասված խոսքը տերունի՝
«Ուխտ խաղաղության» և «հաստատության կնիք» անխաթար:
Ճշմարիտ կանոն, անփոփոխ վճիռ
Եվ արարչավանդ սրբազան պայման
Այս խոսքի պատկերն համբուրում եմ ես
Ահա շուրթերով անեղծ հավատիս՝
Շնորհի փառքի ակնկալությամբ,
Քանզի, արդարև, առաքելական խոսքի համաձայն,
Երբ Աստված հենց ինքն է արդարացնում,
Էլ ո՞վ կարող է մեզ դատապարտել:

Գ

Ապավինելով անստվերագիր այս վստահության՝
Կործանվածս ահա կանգուն եմ նորեն,
Թշվառս՝ հաղթող,
Մոլորյալս՝ ուղղված դարձին կենարար,
Ամենաթշվառ չարագործս՝ հույսին,
Մատնվածս մահվան՝ կյանքին կատարյալ,
Ապականյալս՝ շնորհին անեղծ,
Դժնագործությամբ տարվածս՝ լույսին,
Անասնակենցաղ ստորնասերս՝ երկնքին Աստծո,
Կրկնակ գայթածս՝ նորոգ փրկության,
Մեղքով կապվածս՝ խոստմանն հանգստի,
Վիրավորվածս անամոք՝ դեպի դեղն անմահարար,
Ստամբակյալս վայրագաբարո՝ հնազանդության,
Աստանդականս խռովյալ՝ կոչին,
Ապերասանս դժնի՝ նեղության,
Ընդդիմախոսս լուտաբան՝ ներման:
Եվ այս՝ շնորհիվ Հիսուս Քրիստոսի,
Նրա հոր, հզոր, բարձրյալ, ահավոր,
Եվ ճշմարտության սուրբ Հոգու անվամբ ու կամքով բարի.
Որոնց իսկության օրհնաբանյալ ու մի աստվածության
Անբավ զորություն ու արքայություն,
Մեծություն և փա՜ռք հավիտյանս, ամեն:

ԲԱՆ ԺԲ

Ի խորոց սրտի խոսք Աստծո հետ

Ա

Քանզի նախընթաց զղջման խոսքերով
Սաստիկ փխատված՝ հուսալքվեցի,
Տարակույսների հեծանով ինքս ինձ ձաղկեցի ի մահ,
Ուստի և այստեղ վերստին հույսին վերադառնալով,
Պիտի հանդգնեմ զթություն շարժել,
Օգնության կանչել մեղատանջ անձիս սուրբ Երրորդության:
Գիտեմ, որ, անշուշտ, դավանելը լոկ,
Օրհնաբանելն իսկ նորեն համայնի կենարար Աստծուն,
Ընտանի ձայնով կանչելը միայն
Ահավոր անվան շնորհապարգև մեծ բարերարի՝
Կենդանություն է մեռածիս արդեն,
Ըստ մարգարեի կանխասացության՝
«Ով կանչի տիրոջ անունը, կապրի»:
Իսկ ես ոչ միայն կանչում եմ, այլև
Նախ հավատում եմ նրա մեծության,
Ոչ թե անձկությամբ իր պարգևների
Համար եմ այսպես նրան պաղատում,
Այլ հենց իր՝ իբրև բուն կենդանության,
Շնչի աներկբա տուրևառության,
Առանց որի չիք ընթացք ու շարժում.
Ոչ այնքան հույսի հանգույցով, որքան
Սիրո կապով եմ աղերսված նրան:
Ոչ թե շնորհի, այլ շնորհատվի
Կարոտով եմ ես այրվում շարունակ.
Ոչ թե փառքն է ինձ համար անձկալի,
Այլ փառավորյալն է համբուրելի.
Ոչ թե ապրելու, կյանքի փափագով,
Այլ կենարարի հիշատակով եմ ճենճերում անվերջ.
Ոչ թե վայելքի տենչով եմ հեծում,
Այլ պատրաստողի բաղձանքով եմ միշտ
Սրտիս խորքերից ողբում աղեկեզ.
Հանգիստ չեմ փնտրում, այլ պաղատում եմ
Տեսնել երեսը հանգստարարի,

Ոչ թե հարսնետան խրախճանքի, այլ
Փեսայի անանց անձկությամբ եմ ես մաշվում միալար,
Որի զորությամբ, հանցանքներիս ողջ բեռներով հանդերձ,
Հավատում եմ ես աներկմիտ հույսով,
Ամենավստահ ակնկալությամբ,
Ապավինելով կարողի ձեռքին՝
Ոչ միայն հասնել քավության, այլև հենց իրեն տեսնել՝
Ընդունելու գութ ու ողորմություն
Եվ ժառանգելու երկինքն Աստծո,
Թեև չափազանց մերժելի եմ ես:

Բ

Սաստիկ ամոթից դեմքով գետնահակ ու կորագլուխ,
Անկարող շարժել լեզուս անվստահ ու անհամարձակ,
Դիմելով գրչին, որ միջնորդ է մի
Ամուր կողպեքով արժանապես փակ, պապանձ շուրթերիս,
Նոր հառաչածայն պաղատանքների երգեր ոգելով՝
Հեծեծանքներով դառն ու աղեկեզ
Բարձունքներն ի վեր պիտի առաքեմ:

Գ

Ընդունի՛ր սիրով, մեծազո՛ր Աստված,
Աղաչանքները դառնացած սրտիս.
Ամոթահարիս մոտեցի՛ր մեծիդ բարեգթությամբ.
Փարատի՛ր խպառ, ամենապարգև՛,
Տխրությունն իմ այս նշավակելի.
Այս անտանելի ծանրությունները
Վերցրո՛ւ, թոթափի՛ր ինձնից, ողորմա՛ծ.
Կտրի՛ր մահացու սովորույթներն այս, ո՛վ հնարագետ.
Ավարի՛ մտանիր, մշտապես հաղթո՛ղ,
Հրապույրները մոլորապատիր.
Ցրի՛ր, վերնայի՛ն, գայթակղության մառախուղն անհետ.
Խափանի՛ր, փրկի՛չ, հարձակումները կորուստ նյութողի.
Ջնջի՛ր, ծածկատե՛ս, որոգայթներն այս նենգ ու պատրական.
Խոյացումներն այս՝ խռովարարի խորտակի՛ր, հզո՛ր:
Կնքի՛ր անունովդ լուսանցույցն հարկիս.
Պարփակի՛ր ձեռքովդ առաստաղն իմ տան,
Օծի՛ր քո արյամբ մուտքն իմ սենյակի,

Սուրբ նշանը քո դրոշմի՛ ր ամուր
Մաղթողիս բոլոր ճամփեքի վրա.
Աջովդ ամրացրո՛ ւ խշտիս հանգստյան
Մաքրիր անկողնուս ծածկարանն խսպառ վարմ ու թակարդից,
Կամքովդ պահպանի՛ ր հոգիս տառապյալ
Ու մարմնիս շունչը, քեզնից շնորհված, անարատ պահի՛ ր,
Շրջափակի՛ ր ինձ ամուր՝ երկնային զորքից բազմությամբ՝
Որպես դիմամարտ դևերի գնդին:
Սուրբ Աստվածածնիդ և ընտրյալների բարեխոսությամբ՝
Շնորհի՛ ր նիրհիս այս մահահանգույն՝
Խորին գիշերում բերկրալի հանգիստ:
Ամփոփի՛ ր մտքիս և զգայության
Տեսանելիքի պատուհանները, պարուրի՛ ր այնպես,
Որ մնան նրանք անսասանելի, խաղաղ, աներկյուղ՝
Ամեն մրրկահույզ ալեբախումից,
Առօրյա նանիր հոգսերից բոլոր,
Անրջական սին երազանքներից,
Այս ցնորքներից խենթ ու խոլական,
Եվ հիշատակով հույսիդ պահպանվեն անվթար, անեղծ:
Որպեսզի կրկին, երբ որ սթափվեմ այս ծանր քնից,
Լիովին զգաստ ու հոգենորոգ
Մի զվարթությամբ կանգնած քո առաջ՝
Մաղթանքներն իմ այս, հավատքիս բուրմամբ,
Ո՛վ ամենօրհնյալ ու անճառելի փառքի թագավոր,
Զուգաձայնությամբ ողջ երկնագումար
Փառաբանական բազմությունների,
Բարձունքներդ ի վեր առաքեմ առ քեզ:
Քանզի դու բոլոր արարածներից
Փառավորյալ ես հավիտյաններից հավիտյանս, ամեն:

ԲԱՆ ԺԳ

Ի խորոց սրտի խոսք Աստծո հետ

Ա

Աստվա՛ծ բարերար, հզոր, ահավոր,
Շնորհատու հայր, բարի, ողորմած,

Անուն իսկ մեծիդ միայն գթություն,
Ընտանություն է ավետարանում.
Քաղցր ես մինչևիսկ ապերախտների, ժանտերի հանդեպ:
Քեզ նման է և որդիդ, ձեռքիդ պես զորավոր ձեռքով,
Տերությամբ ահեղ ինքնաժամանակ
Եվ արարչությամբ բարձրացած քեզ հետ:
Այլև Սուրբ Հոգին քո ճշմարտության,
Բխած քեզանից անսպառորեն՝
Իբրև կատարյալ գոյի իսկություն,
Էականություն մշտնջենական՝
Ըստ ամենայնի հավասար է քեզ,
Իսկ իշխանությամբ՝ փառակից որդուդ:
Եվ որպես եռյակ անձնավորություն, համակ անքնին՝
Տարանջատ եք դուք ինքնությամբ ուրույն
Եվ միավորված համազուգությամբ,
Բնությամբ՝ նույնգոյ, իսկությամբ՝ հատուկ,
Անշփոթելի ու անանջրպետ,
Միևնույն կամքով ու գործակցությամբ.
Մեկդ մյուսից ո՛չ ավագ է, ո՛չ
Նվազ՝ մինչևիսկ մի ակնթարթով,՝
Այլ ճանաչվում եք որպես համաշունչ սկզբնապատճառ
Երկնային սիրո անստվեր լույսի՝
Սրբասացության միակ պսակով
Անսկզբնաբար ասվածաբանված:
Արդ, եռափառյան ձեր դավանության
Խոստովանությունն այս վերաձայնված,
Որը Պետրոսին «հավատքի վեմի»
Մեծ երանության արժանացրեց,
Թող որ բարեհաճ իր հրամանով, փնտրո՛ղդ գերուս,
Նաև մեղքերով դատապարտյալիս
Արդարացնի հրաշանորոգ:
Թեպետև դու, տե՛ր, տնօրինողն ես
Ե՛վ պարգևների, և՛ ողորմության,
Սակայն ոչ այնքան պարգևներով ես
Հռչակված, որքան ողորմությամբ քո.
Զի առաջինը միայն որպես վարձ՝
Հայտնում է գործերն առաքինական,
Մինչդեռ երկրորդը բարձրացնում է փառքը բարձրյալիդ.
Քանզի պարգևը փոխհատուցում է վաստակի դիմաց,
Ողորմությունը, այնինչ, անհատույց
Բարերարում է մեղավորներիս:

Բ

Եվ արդ, մարդկային գործերը թող որ
Իրենց զորությամբ չգերազանցեն
Քո շնորհներին, գթառա՛տ Աստված,
Եթե մինչնիսկ մեր այս հուսանուտ
Բնության բոլոր օրենքներից էլ վեր լինեն նրանք.
Թող հաղթող լինի անչարությունը քո երկայնամիտ,
Եվ գործերն համայն երկրածիններիս
Նվազ լինեն միշտ քոնոնց նկատմամբ:
Չէ՛ որ և նրանք, որոնք մաքրությամբ
Պարծենում էին՝ իրենց օրենքին ապավինելով,
Երբ ծագեց լույսը՝ ներկայի գուշակ քո արդարության,
Հրեությունն այդ հետնյալ՝ համորեն
Անձկությամբ լքված ու նվաստացած,
Տարագրական եղկելիներից նույնիսկ ավելի,
Կարոտ զգաց քո մարդասիրության:
Քանզի ամեն ինչ հնարավոր է քեզ, ո՛վ բարերար.
Լսի՛ր դառնահեծ պաղատանքներիս,
Որ բարձրաղաղակ առաքում եմ քեզ.
Ողորմի՛ր, կյա՛նք տուր ու մարդասիրի՛ր,
Քանզի քաղցր ես դու ու երկայնամիտ, փրկիչ ու քավող.
Եվ քեզ փա՛ռք բոլոր հավիտյանների ազգերից, ամեն:

ԲԱՆ ԺԴ

Ի խորոց սրտի խոսք Աստծո հետ

Ա

Պաղատում եմ քեզ, լույսի ճառագայթ,
Արքա երկնավոր, գովյալ անպատում,
Որդի միածին անճառ Աստծո,
Խոնարհելով քո ունկն ու վերստին մերձենալով ինձ,
Բարձրյա՛լ բարեգութ, կյանքի ապավեն,
Անսա՛ չարաչար վիրավորվածիս
Հառաչանքներին այս նվաղաձայն:

Բ

Երբեք ոչ մի տեղ չի հիշատակված,
Թե սրախողխողն ավազակներից աղաչել է քեզ,
Չի կարկամած էր.
Չի արձակել նա մեծիդ ետնից պաղատանքի ձայն,
Չի պապանձված էր.
Ոչ էլ տատանվող, դողդոջ մատներով
Վիշտ ու աղետն է հայտնել տեսողիդ,
Չի խորտակված էր.
Չի սևեռել քեզ արտասվաշաղախ
Ու կողկողագին հայացքն աչքերի,
Չի մեղապարտ էր.
Ոչ էլ միջնորդի բարեխոսությամբ
Գթառատ կամքդ է շահել աշխատել,
Քանզի լքված էր.
Նույնիսկ ջախջախված մարմնի արյունով
Ներկված ձորձերն իր քեզ չկարկառեց՝
Փորձելով ճմլել սիրտը գթածիդ,
Չի հուսահատ էր.
Ծնկների վրա, ինչպես ոտքերի
Գարշապարներով, չուղղվեց դեպի քեզ,
Քանզի անզոր էր տեղից բարձրանալ.
Երբ համարվում է, դեռևս կենդանի, մեկը կիսամեռ,
Քիչ է տարբերվում արդեն մեռածից,
Նամանավանդ որ, թեպետ խրատվեց մեծիդ խոսքերով,
Բարեբարվեց քո գթասրտությամբ
Ու լուսազարդվեց ճաճանչով փառքիդ,
Ոչ միայն դարձյալ շարունակեց քեզ հակառակ գնալ,
Այլև հեստաբար ապստամբելով՝
Անցավ բանակն իր թշնամիների,
Դաշնակցեց նրանց ու միաբանվեց ատողներիդ հետ:

Գ

Բայց դու, բարերա՛ր ու բազմապարգև,
Անոխակալ ու ամենակեցույց,
Ոչ միայն մեղքերն այդ չարագործի
Չպահեցիր քո հիշողության մեջ,
Այլև խոսքով իսկ չկշտամբեցիր.

Ոչ թե ընկածին ոտնահարեցիր,
Այլ, կարեկցաբար մոտենալով, դեռ
Ծայրագույն խնամք ցույց տվիր նրան:
Չաճապարեցիր քահանայապես վրա պրծնելով
Խորտակել ծանր վիրավորվածին
(Ըստ ահարոնյան ակար օրենքի,
Որ զորավոր էր միայն բռնալիր քարաձգությամբ
Ու անեծքներով դատապարտելու, մահ գործելու մեջ),
Օչ էլ ղևտական անկատարագործ կարապետի պես .
(Որը երկուսի միջասահմանում իբրև անջրպետ՝
Հիհի լրումն ու սկիզբն էր նորի,
Ունայն, հոգեզուրկ, ապաշխարության մի հրավիրակ)
Նայեցիր վշտին վիրավորյալի,
Այլ, որպեսզի նա՝ արմատակտուր
Սատակիչ կացնի օրինակով և
Քո մեջ չտեսներ պաշտոնը մահվան ու ահից մեռներ
Ասորեստանցի պահապանանուն
Հեթանոսների տեսքն ընդունեցիր
(Որոնք վերցնելով օրենքն հրեական՝ պահեցին անեղծ,
Մինչդեռ հրեաներն իրենք մոռացան)
Ու մեր բնությամբ կերպարված մարմնով՝
Ազատագրության ավետիսը մեծ
Համբավեցիր և օտար ազգերին
Ու աստվածային, անեղծ, անապակ
Ներգործությամբ քո, ձեռք կարկառելով,
Երբեմնի մահվան մեղապարտ մարդուն
Իր սերունդներով ոտքի կանգնեցրիր:
Ուրախացրիր սիրտը վշտաբեկ,
Հուսահատվածին զոտեպնդեցիր,
Զվարթացրիր թշվառին նորեն.
Սուրբ ավազանի կենարար օծմամբ,
Լույսի բաժակով բարգավաճեցրիր.
Նորակերտեցիր երկնային հացով՝
Կենսատու մարմնով քո արարչական.
Երջանիկների, ընտրազունների վերակացությամբ՝
Խանդաղատանքով ամոքեցիր ու խնամարկեցիր
Եվ հանդարտընթաց գրաստի անքույթ
Խնամքին հանձնած՝ պահեցիր անփորձ,
Մինչև հանեցիր հարկը լուսեղեն:
Նախնյաց ու երկրորդ կենդանապարգև
Զույգ կտակների միջոցով նորից

Մարդասիրաբար ապաքինեցիր
Եվ թևատարած մի արծվի նման առնելով նրան՝
(Ինչպես արեցիր Մովսեսի օրով)
Առաջնորդեցիր բարության երկրի
Հանգստարանը քո անդորրավետ,
Վարդապետներին հրամայելով՝
Խոսքի կերակրով սնուցել նրան:

Դ

Դու, որ ծայրագույն լույսդ բարության
Ամեն ինչի մեջ բովանդակապես հրաշագործեցիր
Եվ պառակտիչից՝ գանձը գողացած սեփականելով՝
Ստացվածքը քո վերադարձրիր քեզ,
Փրկի՛ր նաև ինձ՝ մեղքի պարտքերից մաքրելով իսպառ.
Դու, որ անհատույց պարգևում ես և անպատրաստներին,
Նրանց հետ նաև ի՛նձ տուր քավություն ու բժշկություն,
Բարեգո՛ւթ, զորեղ, անճառ, անքնին, անեղծ, ահավոր,
Օրհնյա՛լ մշտապես, հավիտյաններից՝ հավիտյանս, ամեն:

ԲԱՆ ԺԵ

Ի խորոց սրտի խոսք Աստծո հետ

Ա

Արդ, նույն ցավագին հեծեծանքներով վշտահար սրտիս,
Հոգուս աղետով իսպառ տագնապած,
Նույն ողբանվագ ոճով վերստին դիմելով մեծիդ՝
Բազմապարգևիդ գութն եմ աղերսում,
Պաղատում իբրև կենդանի մեռյալ՝ անմահ Աստծուդ,
Խոստովանելով անարգությունն իմ քո փառքի հանդեպ,
Բարությանդ դիմաց չարություններն իմ,
Որոնցով ոչ թե բժշկվեցի, այլ հաղթվեցի միայն,
Ոչ թե ստացա համարձակություն, այլ ամաչեցի
Ուխտակորույս ավանդամոռաց:

Բ

Առակում իբրև օրինակ բերված
Խղճալի տեսքով այն ոչխարի պես,
Որ մատնված հետին անզգայության,
Մոլորված հեռու ամայաբնակ, անկոխ վայրերում՝
Դեգերում էր հեզ վայրի կուռքերի
Ու դևերի հետ զազանաբարո,
Առանց մի փոքր հոտին մոտ գալու,
Ես էի նաև. չունեի լեզու,
Որով պատմեի ցավերն ինձ տանջող,
Ոչ էլ ձեռք, որի շարժուձևերով
Համրերն են իրենց մտքերն հաղորդում:
Իսկ դու, գովյա՛լդ հավիտյանների
Սկզբից մինչև ծնունդն այսօրվա,
Մեղավորիս էլ, ըստ Եզեկիելի,
Գտնելով անլույս մոլորության մեջ՝
Հովիվ կոչվեցիր քո խնամարկու կամքի տեսչությամբ.
Բայց դու ոչ միայն հոգ տարար անձիս, այլև փնտրեցիր.
Ոչ միայն գտար, ո՜վ հրաշագործ,
Այլև սիրագութ ու անճառելի բարերարությամբ
Առար կենսատու ուսերիդ վրա
Ու, դասակցելով երկնավորներին,
Տեղավորեցիր քո հայրենական ժառանգության մեջ:
Եվ արդ, ո՜վ հզոր, օրհնյալ հոգածու,
Կենարար, գթած ողորմածությամբ,
Եթե աղերսի համար անկարող
Այն անխոսներին դու ընդունեցիր,
Որոնցից մեկը մահվան դուռն հասած՝ չարչարվում էր լուռ,
Մեկն՝ անբանների անզգայությամբ,
Տարագրական ու վտարանդի,
Ամայության մեջ վարանած, վհատ,
Բառաչում էր խեղճ, տարտամ ու անմիտ,—
Քո աստվածային հոգատարությամբ տիեզերահրաշ՝
Խնամարկեցիր թշվառության մեջ կորուսյալներին,
Ցո՛ւյց տուր վերստին այժմ նաև ինձ
Խորքը գթությանդ ու բարերարման զեղումներդ հորդ,
Ինձ, որ նրանցից շատ ավելի եմ թշվառ, անօրեն,
Որ մահապարտ եմ մի բազմօրինակ,
Ինձ, որ բարության քաղցր խառնուրդում չար համ եմ հատուկ,
Որ արժանի եմ անդամահատման,

Ինձ, որ խոցված եմ հոգով կարեվեր,
Ախտաժետված եմ համաճարակ ու ամենաբոլոր,
Ինձ, որ լիովին անզգայացած՝
Հավասարվել եմ անասուններին,
Օտարացել եմ ընտանությունից իմաստուն մարդկանց,
Ինձ, որ նման չեմ ինձ հանգունակից բանականներին:
Եթե համատիպ մեկն ունենայի, կասեի անշուշտ,
Եթե լիներ գեթ մի նմանակից, կծանուցեի,
Կիրազեկեի, եթե հանդիպեր մեկն ինձ հավասար,
Եթե պատահեր զուգագործ մի մարդ գեթ, ցույց կտայի,
Կազդարարեի, եթե տեսնեի մի այլ օրինակ.
Եթե լիներ նա անցյալում, գոնե
Կունենայի մի մխիթարություն
Եթե ներկայում՝ կապրեի հույսով:
Սակայն քանի որ անցել եմ ամեն մի օրինակից
Եվ նմանության ամեն սահմանից մնացել եմ դուրս,
Ուստի դու միայն կարող ես քավել,
Բուժել, ամոքել, կյանք տալ ինձ դարձյալ,
Կենդանարա՛րդ ողջ մեռյալների
Եվ նորոգողդ տիեզերքի համայն:

Գ

Եթե երջանիկ Դավթի սուրբ սրտի հայեցողությամբ՝
Անօրենությունն ու չարիքներն իր՝ գլխից բարձրացած,
Իսկ հանցանքներն ու մեղքն անկրելի
Բեռներից անգամ ծանր էին թվում,
Հապա ուրեմն սխալմունքներն իմ
Կանցնեն հեղեղի այն ջրակուտակ ու տիեզերասույզ,
Ամենակործան հորդածուփ ծովից
Եվ կատարները բարձր լեռների կծածկեն իսպառ:
Սակայն թո՛ղ փչի քամիդ քաղցրաշունչ,
Որ լեռներն անգամ կարող է հալել,
Ինչպես այդ եղավ Նոյի ժամանակ,
Եվ իր զորությամբ ցամաքեցնի
Բազմակոհակ ու ջրակույտ շեղջերն
Աշխարհակործան իմ հանցանքների
Եվ լեռնակարկառ բարձրություններով դիզված մեղքերս:
Եվ արդ, խոսքով քո հզոր ու հատու,
Ամենահնար կարողությամբ քո,
Ըստ մարգարեի, հակիրճ հատուցմամբ՝

Քավի՛ր ընդերկար անօրինյալիս
Եվ ներելով այս համառությունն իմ,
Ո՛վ երկայնամիտ, ողորմած, օրհնյալ,
Բարեգործելով ջնջի՛ր համորեն
Նաև անվճար պարտքերիս տույժի
Արժանահատույց տոկոսների բեռն այս տաժանական:
Չէ՛ որ դու չունես ցասումնալից սիրտ, բարկության բորբոք.
Քո մեջ չկա և նենգության նշմար, մթության նշույլ.
Կամքդ աղբյուրն է կյանքի ու լույսի.
Դու ո՛չ, ըստ Դավթի ու Սողոմոնի, մահն ստեղծեցիր,
Ո՛չ էլ հրճվում ես կորստով մարդկանց:

Դ.

Քո բարեկտակ կանոնների մեջ
Դու մարդկանց համար մեծագույն օրենքն այս սահմանեցիր՝
Չարը չարությամբ չփոխարինել,
Այլ մի օրվա մեջ ներել յոթն անգամ
Յոթանասուն հեղ գործած մեղքերը,
Եվ այդ, երկնավո՛ր, մե՛զ պատգամեցիր,
Մեզ. որ կրում ենք մեր բնության մեջ.
Բնականորեն ծլարձակված բյուր,
Անթիվ-անհամար բծեր չարության,
Որոնք մարմնային օրենքներով հենց
Բողբոջում են միշտ, աճում, նորոգվում՝
Ամենատեսակ փշեր ընձյուղող
Մեր այս բնության անդաստանի մեջ,
Համաձայն անսուտ քո վկայության,
Թե՝ «Մարդու միտքը իր մանկությունից
Հակամետ է միշտ չարիք գործելու»:
Քո կենաց խոսքի ավետարանիչ Հովհաննեսն անգամ,
Որը մաքուր էր կատարելապես,
Որպես հանրության բնութենակից՝
Նույնպես հաստատեց քո ճշմարտության
Արդարացումն իմ ստության հանդեպ.
«Եթե ասենք, որ ոչ մի մեղք չունենք,
Ապա սուտ պիտի դուրս բերենք նրան»:
Արդ, կատարված է խոսքդ խնկելի,
Լիովին ստույգ, հավաստի՝ հանդեպ իմ մոլորության
Եվ հույժ դժնդակ անիրավության:

Ուստի խնայի՛ր ինձ ողորմությամբ, քաղցրությա՛ն աղբյուր,
Օրհնյա՛լդ միայն՝ հավիտյաններից հավիտյանս. ամեն:

ԲԱՆ ԺՁ

Ի խորոց սրտի խոսք Աստծո հետ

Ա

Արդ դու ես միայն Աստված երկնավոր, բարձրյալ, բարեգործ,
Քոնն են զորություն ու ներողություն,
Եվ բժշկություն և՛ առատություն,
Եվ պարգև ու ձիր,
Քոնն են քավություն ու պաշտպանություն,
Բոլոր հնարներն անիմանալի
Եվ անգտնելի արվեստ ու հրաշք,
Քոնն են և չափերն իսկ անչափելի,
Դու ես սկիզբը, դո՛ւ ես և վախճան:
Բարկության խավարն ու մեգը երբեք
Չեն ստվերում քո լույսն ողորմության,
Քանզի լինելով ինքդ մտքից վեր՝
Զերծ ես լիովին ախտ ու կրքերից,
Ո՛վ անպարագիր պատկեր, կշռության սահմաններից դուրս,
Ո՛վ անչափություն լայնության փառքի
Եվ անտարրափակ ընդարձակություն հատու զորության,
Բացարձակության անամփոփելի անսահմանություն,
Անտկարելի բարերարություն անբավ գթության::
Մահվան ստվերը, ըստ մարգարեի, այգի ես փոխում.
Ինքնակամորեն իջար տարտարոս,
Արգելափակված աքսորյալների բանտն ստորերկրյա,
Ուր փակ էր անգամ դուռն աղոթքների,
Եվ հոգիների ավարն այնտեղից հափշտակելով՝
Հրաման-խոսքիդ սրով հաղթական
Տանջալի մահվան կապը կտրեցիր
Ու փարատեցիր մեղքի ամեն մի երկյուղ ու կասկած:
Դարձի՛ր այժմ ինձ, որ սահմռկել եմ
Տղմալի գբիս զնդանում խորունկ՝

Մեղքի շղթայով ամուր կապկպված
Եվ բանսարկուի նետի սլաքով խոցված կարեվեր:

Բ

Ո՛վ ամենայնի տերդ բարերար,
Ո՛վ օրհնության զանձ, լույս խավարի մեջ,
Ողորմած, գթած, մարդասեր, կարող,
Հզոր, անքնին, անպատում, անճառ,
Հակոբի խոսքով՝ ամենակարող
Եվ անհնարին բոլոր բաների
Միշտ դյուրապատրաստ հնարավորող,
Մեղքի խռիվներ սպառող կրակ,
Կիզանուտ ճաճանչ, ընդհանրական
Ու մեծախորհուրդ թափանցողությամբ,
Հիշի՛ր ինձ ոչ թե քո իրավունքով, այլ ողորմությամբ,
Ներողությամբ քո, ոչ թե հատուցմամբ,
Ոչ թե հավաստյավ, այլ հանդուրժանքով:
Եթե մեղքերս կշռելու լինես,
Ապա արա քո քաղցրության, ոչ թե արդարության հետ.
Զի ըստ առաջին չափի՝ չափազանց նվազ կլինեն,
Իսկ ըստ վերջինի՝ սաստիկ ծանրակիր:

Գ

Արդ, մոտեցիր ինձ, ո՛վ դու բարություն,
Ինչպես բուժելու համար մոտեցար
Ականջին քո դեմ ստամբակողի.
Մեղապարտիցս վանի՛ր մահվան հողմն այս խռովահույզ.
Որ հանգչի իմ մեջ մեծազոր՝ Հոգին քո խաղաղության.
Ամեն ինչում քեզ փա՛ռք հավիտենից հավիտյանս.ամեն:

ԲԱՆ ԺԷ

Ի խորոց սրտի խոսք Աստծո հետ

Ա

Աղաչում եմ քեզ, բոլոր չարաչար ու տաժանելի
Տառապանքների վիշտ ու թախիծով
Լի հոգիների խնամակալիդ.
Մի՛ բազմապատկիր ցավն իմ հեծության
Եվ մի՛ խոցոտիր վիրավորվածիս,
Մի՛ դատապարտիր արդեն պատժվածիս,
Բազմաչարչարիս մի՛ տանջիր նորեն,
Խարազանվածիս մի՛ գանակոծիր,
Մի՛ գլորիր ինձ, երբ ընկած եմ ես
Եվ մի՛ կործանիր անօգ գայթածիս,
Աստանդականիս մի՛ վանիր դարձյալ
Եվ մի՛ հալածիր տարագրվածիս,
Ամոթահարիս մի՛ ամաչեցրու,
Տագնապահարիս մի՛ հանդիմանիր
Եվ մի՛ խորտակիր հուսահատվածիս,
Հուզվածիս էլ մի՛ խռովիր նորեն,
Մի՛ ալեկոծիր բքահարվածիս,
Էլ մի՛ սասանիր, երբ ցնցված եմ ես,
Մի՛ հողմակոծիր արդեն մրրկածիս,
Մի՛ կեղեքիր ինձ, հոշոտված եմ, տե՛ր,
Արդեն ջարդվածիս էլ մի՛ ջախջախիր,
Էլ մի՛ բզկտիր, մորմոքված եմ ես,
Մթնածիս նորից մի՛ կուրացրու.
Մի՛ ահաբեկիր սարսափահարիս
Եվ խարշատվածիս էլ մի՛ խորովիր,
Անկար հիվանդիս մի՛ մահացրու,
Մի՛ ծանրաբեռնիր թույլ ու տկարիս.
Մի՛ ավելացրու ծանր անուրներ թիկունքիս կարկամ,
Դառն հեծեծանքիս՝ նորանոր ողբեր:
Մի՛ վարվիր այդպես ուժգնորեն՝ հողիս,
Սաստկապես՝ մոխրիս, ահարկու՝ փոշուս,
Անաչառորեն՝ գոյակիս հանդեպ:
Մի՛ ընդհարվիր, տե՛ր, այդքան խստությամբ՝
Մեծդ փոքրիս հետ, լույսդ՝ խավարիս,
Բնությամբ բարիդ՝ ի բնե չարիս,
Ողկույզդ օրհնության՝ անեծքի պտղիս,
Քաղցրդ էությամբ՝ համակ դառնությանս,
Փառավորյալդ անայլայլելի՝ իսպառ անարգիս,
Նշխարդ կենաց՝ կավի զանգվածիս,

Տերդ տերերի՝ երկրային տիղմիս,
Լիությունդ անհատ՝ աղքատ ստրուկիս,
Առատությունդ աննվազելի՝
Ապավինազուրկ բազմաչարչարիս,
Բարությունդ անբավ՝ ամենաթշվառ չքավորիս հետ:
Քանզի այն ո՞վ է, որ հասած լույսին արևածագի՝
Կասկած կունենա, թե խավարի մեջ կարող է ընկնել,
Կամ մոտ լինելով կյանքին՝ մահանալ,
Կամ ազատության՝ և բռնադատվել,
Կամ շնորհներին՝ և դատապարտվել,
Փրկության՝ մատնվել, նորոգման՝ եղծվել,
Կամ թե օրհնության՝ ու տարագրվել.
Կամ բժշկության՝ և վիրավորվել,
Լիառատության՝ նվազել հանկարծ,
Հացի ճոխության՝ ու քաղցած մնալ,
Գետի հոսանքին՝ ծարավից այրվել,
Գթին մայրական՝ և նենգադավվել,
Կամ աստվածային աջիդ խնամքին՝ ու զրկված մնալ:

Բ

Արդ, բորոտությամբ մարմնի սաստկապես ախտանկյալի պես
Վշտացած հոգով քեզ եմ պաղատում.
«Եթե ուզես, ինձ կարող ես մաքրել»:
Հավերժագիշեր խարխափումներով տանջվող կույրի պես
Հառաչում եմ ես ձայնով ողբակոծ.
Ոչ թե կոչում եմ քեզ Դավթի որդի,
Այլ դավանում եմ իբրև ծննդի Աստծո էության
Եվ անվանու՛մ եմ ոչ միայն «ռաբբի»,
Որ պատվանուն է ճշմարտությունը
Գիտենալ կարծող վարդապետների,
Այլ հավատում եմ քեզ իբրև երկնի ու երկրի տիրոջ:
Ոչ միայն ձեռքդ ինձ երկարելով, հպավորությամբ.
Ո՛վ դու բարեգութ Աստված մերձավոր,
Այլև, հույս ունեմ, մեծ տարածությամբ,
Հեռվից կարող է խոսքդ ինձ բուժել:
Կամեցողությանդ ու ողորմությանդ
Միջև անջրպետ երբեք չեմ դնում,
Որ երկմտություն կնշանակեր,
Այլ համոզված եմ, որ կկամենաս՝ որպես բարեգութ

Եվ կկարենաս՝ որպես արարիչ:
Ասա՛ խոսքովդ, և ես կբուժվեմ:
Հարյուրապետի հավատին նաև ես եմ լծակից,
Համոզված եմ, որ ոչ միայն մոտիկ
Տարածությունից, խորանից խորան,
Զորավոր ես դու տալու հարություն և բժշկություն,
Այլ նաև վերին երկնքում բազմած՝
Ներքևում ամբողջ այս երկրի վրա
Կարող ես, իրոք, այնպիսի անճառ
Սքանչելիքներ հրաշագործել,
Որոնք հատուցել անկարող եմ ես:

Գ

Շնորհի՛ր և ինձ, ինչպես պոռնկին այն ընդունելիս
Վճռեցիր խոսքիդ դատակնիքով
Հինգ հարյուր դինար պարտքը շնորհել,
Աստվա՛ծ բարության, տե՛ր երանության,
Որքան ավելի ընծայես, այնքան կփառավորվես,
Որքան քան շատ բաշխես, այնքան կսիրվես,
Ողորմությունդ մեծացնելով՝
Կբարգավաճես ինքդ կրկնակի
Եվ բարիքներիդ համար իրավամբ կբարեբանվես:
Ամենայնի տեր լինելով հանդերձ՝
Քեզ համարում ես մեզ հավասարորդ.
Բոլորն ունես և մերով ես կշռում.
Անճառելի քո ձիրերի դիմաց՝
Վճարվում ես լոկ մեր ունեցածով.
Երկնայինի տեղ հարկ ես համարում անվախճանը տալ.
Մեծ համարելով՝ գոհաբանում ես մերը վեհորեն.
Քիչ տալիս, նվազ փառավորվելով,
Ամբարտավանած դու չես վրդովվում:
Նույն գթությունդ ցո՛ւյց տուր նաև ինձ՝ հույժ մեղապարտիս,
Որ պարգևներիդ երախտիքները պատմելիս՝ այնտեղ
Նույն չափով նաև սերն հիշատակվի.
Ամեն բանում քեզ փա՛ռք հավիտենից հավիտյանս. ամեն:

ԲԱՆ ԺԸ

Ի խորոց սրտի խոսք Աստծո հետ

Ա

Ես, որ մեղքերի ծնունդ եմ համակ,
Որդին՝ մահաբեր ցավ ու երկունքի,
Արդ պարտավոր եմ մի օրում անթիվ
Բյուր քանքարների տուգանք վճարել։
Այժմ քեզանից ո՛չ թե մարդկային
Մտքի փոքրության համեմատ միայն ներում եմ հայցում,
Այլ պաղատում եմ մարդասիրություն՝
Փրկիչ Հիսուսիդ աննվազելի լիության չափով.
Չկայի երբեմն՝ ինձ ստեղծեցիր,
Չաղաչեցի քեզ՝ տվիր գոյություն,
Լույս աշխարհ չեկած՝ տեսար ինձ արդեն,
Դեռ չհայտնված՝ գթացիր իսկույն,
Չէի աղաչել՝ խնամարկեցիր,
Դեռ չկարկառած ձեռքերս ի վեր՝ նայեցիր վրաս,
Չէի պաղատել՝ ինձ ողորմեցիր,
Դեռ ձայնս նույնիսկ չէր ձևավորվել, բայց լսեցիր դու.
Չէի հեծեծել՝ ունկնդիր եղար,
Քաջ գիտենալով դիպվածներն արդի՝ չանտեսեցիր ինձ,
Չարիքներն իմ այս պատժապարտական
Կանխաղետ աչքով տեսնելով հանդերձ՝ ինձ հորինեցիր։
Այժմ, ինձ, որին ստեղծեցիր դու,
Որին փրկեցիր ու փայփայեցիր
Այնքան սիրով ու հոգատարությամբ,
Մի՛ թող, որպեսզի այս դիվահնար –
Մեղքերը իսպառ կորստյան մատնեն.
Թո՛ղ համառության մառախուղը իմ
Չհաղթի լույսին քո ներողության,
Ո՛չ էլ իմ սրտի կարծրությունը քար՝
Քո երկայնամիտ բարությանն անհուն,
Ո՛չ էլ մսեղեն այս մահկանացուն՝
Ամենակատար քո անթերության,
Ո՛չ էլ նյութեղեն տկարությանն իմ՝
Վսեմութանդ ամենակարող։

Բ

Ահա կարկամած բազուկներն հոգուս
Վեր եմ կարկառում քո անվանն, հզո՛ր,
Առողջ դարձրու ինձ առաջվա պես,
Երբ երանավետ դրախտի այգում
Ըմբոշխնում էի պտուղը կյանքի:
Գոսացած, կարկամ, վիատ, գլխիկոր
Ու տագնապահար այն կնոջ նման՝
Մեղքերով , ասես սատանայական
Պիրկ կապանքներով կքած՝ իմ հոգին
Գետնանաիակ է միշտ, շվար, ակնկոր.
Չի համարձակվում երկնային մեծիդ ողջույնն ընդունել.
Վրա՛ս խոնարհվիր, միա՛կ ողորմած,
Բարձրացրո՛ւ, ուղղի՛ր գետնաբեկ ընկած ծառիս բանական
Ու չորացածիս կանաչազարդի՛ր վայելուչ տեսքով,
Ըստ պատգամների սուրբ մարգարեի:
Ինչպես ի ծնե լուսազուրկ մի կույր, չունեմ տեսություն.
Որ նշմարելով դեմքդ՝ պաղատեմ.
Հզո՛ր, բարեգութ և միակ պաշտպան,
Անպատում սիրուդ հոգածու ակնարկն ուղղելով վրաս՝
Անէությունից լու՛յս գոյացրու
Շնչավոր խոսուն քո անոթիս մեջ:
Տասներկու տարվա ախտավոր կնոջ
Նման չարչրկված, տանջված, վշտահար՝
Մեղքերի արյան գետերով ահա ողողված եմ ես.
Նայի՛ր բարձունքից քո՝ պարածածկված լույսով անմատույց,
Ուր թեև չկա քղանցք ձեռագործ հանդերձանքների,
Բայց ամենուրեք զորավորապես
Տարածված են քո հրաշքներն անճառ:
Օծման յուղով չէ, որ պատժապարտս, մեղավորի պես,
Մոտենալով քո կենսաձիր ոտքի գարշապարներին՝
Կաթիլներն աչքի գլխի վարսերով բերում է ընծա,
Այլ հավատս անբիծ, իմ բազուկների վերամբարձումով,
Ողջույնով հոգուս, ստույգ դավանմամբ,
Երկրպագությամբ հպվող շուրթերիս,
Աղբերակայլակ արտասուքներիս հեծեծանքներով՝
Բժշկություն եմ աղերսում հոգուս:
Գոյությունն հոգուս մեղկությամբ լուծված
Ու քայքայված է համակ մեղքերով.
Գործիքն ընթացքիս՝ մարմինս կրող ոտքերս երկու,

Որոնք քայլում են կաղ ու անհաստատ,
Չարի արգելքով՝ շեղվել են ճամփից կենարար ծառի.
Ո՛ւժ տուր վերստին և ուղղի՛ր մոլոր ընթացքը նրանց
Ամենափրկչիդ հնարանքներով:
Փառաբանարանն հաստածդ գոյիս
Նենգ բանսարկուի հողմն է համրացրել ամրափակ խցմամբ.
Ազդելով Հոգուդ մեծ ողորմությամբ,
Ինչպես բուժեցիր ավետարանում հիշատակվածին,
Ինձ էլ շնորհի՛ր բանդ կենդանի սքանչելապես,
Որ կարողանամ խոսել անսայթաք:
Չարաչար, որպես կենդանի դիակ կամ խոսուն մեռյալ,
Մեղքերի ախտի մահիճն եմ ընկել.
Կարեկի՛ց եղիր իմ թշվառության
Եվ աղեկտուր ողբ ու կականին,
Ո՜վ դու բարերար որդի Աստծո,
Քո օրհնաբանված աչքերի ցողով
Վերականգնի՛ր ինձ նորից կենդանի,
Ինչպես սիրելուդ՝ մեռյալությունից իր անշնչական
Ստամբակելով՝ ստույգ մեղքերի
Գբի մեջ ընկած՝ վարանած եմ ես.
Ձեռքդ պարզի՛ր ինձ, որդի՜ բարձրյալի, արև՜ անստվեր,
Դո՛ւրս բեր, պարուրի՛ր ճաճանչիդ լույսով:
Ինչպես Նայինում՝ արտասվահեղեղ,
Աղիողորմ ու թշվառ ճիչերով,
Դեմքը տխրամած ու տառապագին,
Թափահարելով ձեռքերը տատամ, կուրծքը ծեծելով՝
Իր միամորիկ մահացած որդուն ողբում էր այրին,
Այնպես էլ ես եմ պաղատում մեծիդ՝ սաստիկ հեծությամբ.
Քաջալերությո՛ւն տուր հուսահատիս
Քո մխիթարիչ գթոտ խոսքերով,
Ո՜վ բարեբանյալ հաստիչ աշխարհի,
Ասելով գերուս, թե մի՛ լար այդքան դառն ու բազմառողբ.
Որպեսզի, ինչպես որդու հարությամբ
Սփոփվեց կրկին մայրը վշտաբեկ,
Այնպես էլ և ես ամոքվեմ՝ քեզնից
Ընդունած հոգին իմ ամենապարտ՝ վերանորոգված:
Այսահարությամբ անզգայացած,
Դիվատանջ, քարկոծ, արգահատելի ու հեղձամաղձուկ,
Սահմոկեցուցիչ ու գիսախռիվ,
Ահագնատեսիլ ու խելացնոր
Մարդկանց պես, որոնց դու ողորմեցիր,

Փրկի՛չ բոլորի, տե՛ս, դիմում եմ քեզ.
Վանի՛ր, վտարի՛ր ապականարար
Գնդերը չարի մարմնիս խորանից,
Որպեսզի նորից քո բարի Հոգին
Վերադառնա ու բնակվի այնտեղ,
Լցնի, համակի անդամներս ողջ շնչիս մաքրությամբ,
Զգաստություն տա ամենաթշվառ խելագարվածիս:
Դժոխաբնակ ու վտարանդի հոգիների պես
Արգելափակված տանջվում եմ գերիս.
Թող որ ճառագի ողորմածաբար
Ճաճանչը փառքիդ, ո՛վ անձկալի լույս,
Ազատի, փրկի ինձ պառակտիչի պիրկ կապանքներից:
Տագնապի մեջ է՝ աննկատելի ու գաղտնորոգայթ,
Աննշմար շավիղ ու երակներով
Ներսս տարածված զազիր մեղքերից ջրգողված հոգիս,
Եղեռնագործի թույնից գոյացած
Այտուցներն անտես, որդի՛ Աստծո,
Քեզ ինքնահատուկ քո կարողությամբ
Գթասիրաբար առողջացրո՛ւ:
Մահացու ախտերը բազմատեսակ, զանազանակերպ,
Որոնք, ամեն մեկն իր կորստաբեր ժանտ պտուղներով,
Շառավիղներով դժնդակարմատ,
Հիմնավորվել են անօրեն մարմնիս անդաստանի մեջ,
Դո՛ւրս կորզիր ձեռքով ամենակալիդ,
Դու, որ արորովդ հոգու դաշտերն ես մշակում անվերջ,
Որպեսզի այնտեղ քո կենաց խոսքը արգասավորվի:

Գ

Ահա ճարակող քաղցկեղի նման
Հանցանքիս վերքերն անցել են բոլոր օրինակներից
Ու տարածվելով՝ լափել լիովին անդամներս ողջ.
Չիք սպեղանի, Իսրայելի պես,
Որ դրվի անչափ իմ խարաններին.
Հիմնախարսխից ազդրերիս մինչև
Ծայրագագաթը մարմնիս շինության
Չկա այլևս որևէ առողջ
Կամ բժշկության ենթակա մի տեղ:
Լսի՛ր, ողորմած, բարերար, օրհնյալ
Եվ երկայնամիտ անմահ թագավո՛ր,

Վշտազնած սրտիս այս ողորմաղերս պաղատանքներին,
Որ անձկության մեջ ուղերձում եմ քեզ:

ԲԱՆ ԺԹ

Ի խորոց սրտի խոսք Աստծո հետ

Ա

Նայի՛ր, անձկալի կյանքի հուսատու ամենատե՛ս աչք,
Ցավազնած սրտիս հեծեծանքների
Աղաղակներին դառն ու մեծագոչ:
Անհա՛ս մեծություն, անուն ահավոր,
Բարբառ կենդանի, փափագելի լույս,
Ըղձալի ճաշակ, պաշտելի կոչում,
Բարություն անբավ, ազդում տռնելի,
Խնկյալ իսկություն, գոյություն օրհնյալ,
Տե՛ր Հիսուս Քրիստոս, հորդ հետ գովված, ու երկրպագված,
Բարեհռչակված քո սուրբ Հոգու հետ,
Դու, որ մարմնացար մեզ համար՝ ըստ մեզ,
Որ մեզ դարձնես ըստ քեզ՝ քեզ համար,
Լո՛ւյս ամենայնի, համակ ողորմած, հզոր, երկնային.
Աղաչում եմ քեզ, ջարդված, խորտակված,
Լուծված հողանյութ անօթիս նորեն
Վերստեղծելով հրաշակերտի՛ր:
Ինձ, որ պատկերդ եմ, մեղքով հնացած,
Քուրաներիդ մեջ ձուլի՛ր վերստին խոսքիդ հրայրքով:
Քո հանգստարան-խորանի՝ մարմնիս
Շինվածքը խախտված, պահապան հոգուս հետ, պաղատում եմ.
Մաքրագործի՛ր քեզ ի բնակություն:
Չար գործերիս տեղ նույն փոխատրությամբ մի՛ հատուցիր ինձ:
Արբած եմ ահա, ըստ մարգարեի, բայց ոչ թե գինով.
Քո հրամանով, ազատարար ու ամենակեցույց,
Թափի՛ր, բարերա՛ր, մահվան բաժակիս
Թմրաբեր մրուրն անօրենության,
Որ վերջին օրս հատուցման ժամին քոնը չքամեմ:

Բ

Արդար ես դու միշտ քո դատաստանում,
Թե մատնես մահվան, իրավ կլինես,
Թե դատապարտես՝ այժմ իսկ, այստեղից հենց սկսելով
Կշտամբանքները քո տանջողական,
Ճշմարիտ կլինի հատուցումը քո.
Թե անդունդների խորքերը սուզես,
Խափանես ամեն կենդանի շարժում,
Ունայնացնես ուժը խոսքերիս,
Եթե աչքերիս պատուհանները ստվերածածկես,
Կյանքի ճաշակը ետ առնես ինձնից,
Զրկես կերակրից ընդհանրական,
Օրերս կարճես,
Եթե անձրևող քաղցր ցողի հետ նաև հուր տեղաս,
Խոսքդ լսելու սովով ինձ լլկես,
Խցես դռները զույգ ականջներիս,
Շնորհիդ ձիրը կտրես ինձանից,
Ոտքերիս տակից գետինը սարսես,
Հեռացնես քո լույսից անձկալի,
Եթե աշխարհից վտարես իսպառ,
Ահաբեկես ինձ շանթ ու կրակով,
Անբժշկելի ցավերով տանջես,
Մատնես դևերին ժանտ ու անողորմ,
Տաս ծվատելու խոլ գազաններին,
Հանձնես ամեհի հողմերի ցասման,
Եթե պատրաստես և նորահնար այլ տանջարաններ,
Տարտարոսից ժանտ, գեհենից դժխեմ,
Որդերից թունոտ, մթից ահազդու,
Խորխորատից իսկ սահմռկեցուցիչ
Եվ մերկությունից ավելի թշվառ,—
Կհաստատեմ հենց ես ինքս անձամբ,
Որ բոլորին էլ հույժ արժանի եմ:

Գ

Որպես մեղքերով փոխադարձաբար պայմանավորված,
Նրանց հետևանք, արդյունք, էակից՝
Հատուցումները արտահայտությամբ
Չափազանց հար ու նման են նրանց,

Միշտ նույնօրինակ ու զուգակշիռ:
Որպեսզի միտքն այս հետաքրքրողը ուղիղ հասկանա,
Անհրաժեշտ է, որ խոստովանաբար
Քողը ետ տարվի խոսքիս երեսից.
Այսպես, քանի որ բնավ ընկերոջ հոգս ու վշտերին
Ջերմագին սիրով չկարեկցեցի,
Արդարությամբ արդ հենց առաջին իսկ վտանգի պահին
Սառում եմ այսպես սաստիկ տագնապած.
Քանզի տռփական ցանկություններիս
Մոլագարության՝ սանձ չդրեցի,
Արժանի կերպով կրում եմ այժմ
Անզովանալի հրայրքը կիզման.
Չի չսիրեցի լույսն ավետիսիդ,
Արդար հատուցմամբ կորստյան մեգի
Անելանելի թանձր խավարում
Դանդաչում եմ արդ մոլորազնաց.
Քանի որ մանր ու փոքր հանցանքներից չխուսափեցի,
Հաշվելով դրանք անվնասական,
Հիրավի խայթված խոցոտվում եմ արդ
Խածնող զազրելի, գարշ զեռուններից.
Չի աղետի մեջ ընկած թշվառին
Օգնելու համար ձեռք չմեկնեցի,
Տեղին է, որ հենց նույն ձևով ինքս էլ
Ապականության գբին մատնվեմ:

Դ

Ո՛չ աստվածային ամենաբարի
Քո զանձերից, տե՛ր, որևէ չարիք կարող է լինել,
Ո՛չ ճաճանչներից քո լույսի՝ խավար,
Ոչ էլ զայթում՝ քեզ ապավինելուց.
Հենց ինքս անձամբ, կորստյան որդիս, գտա բոլորն այդ.
Անօրեն մեղքերս միայն նյութեցին,
Գանձեցին այդքան բարկության մթերք.
Հնազանդվելով մոլորեցուցիչ իշխանին հոգու՝
Բարձրյալիդ տեղը նրան թողեցի:
Ի վերջո մարմնիս անդամների գարշ
Խայտառականքն ու զաղտնիքը բացվեց,
Եվ անվայելուչ ստվերն ամոթի,
Ըստ առակողի, ընկավ երեսիս՝
Ցուցադրելով ինձ ամբողջովին տգեղ, այլանդակ

Խայտառակության համար մերկացած մի պոռնկի պես:
Ծագի՛ր ինձ վրա քավությանդ լույսով, արքա՛ երկնավոր.
Որպեսզի իսպառ թոթափած ինձնից մեղքերի փոշին.
Բաբելոնից ետ դարձողների պես,
Որ լսել էին ձայնն ավետիսի,
Հողից բարձրացած՝ վերստին կանգնեմ
Եվ, հիմնվելով անսասանորեն հաստատուն հույսիդ.
Ինչպես ասել է կանխավ Եսային,
Նախկին մաքրությամբ հագնեմ քո բազկի
Զորությունը հաղթ ամենակարող՝
Հանուն մեծության ու քաղցր փառքի
Ամենապարզն քո աստվածության,
Օրհնաբանյա՛լդ հավիտյանս, ամեն:

ԲԱՆ Ի

Ի խորոց սրտի խոսք Աստծո հետ

Ա

Տե՛ր անոխակալ ու երկայնամիտ,
Ներող, բարեգութ, հզոր, ողորմած,
Ճշմարիտ են քո գործերը բոլոր,
Դատաստաններդ խոստովանված միշտ,
Ու վկայված են վճիռները քո, տեսնո՛ղ ծածկության:
Երեք երջանիկ մանուկների հետ,
Որ Բաբելոնում կիզանուտ բոցով
Փորձվեցին. սակայն չվնասվեցին,
Նրանց թախծագին երգերով նաև ես եմ հառաչում.
«Ես մեղանչեցի, անօրինացա,
Հանցանք գործեցի, ապստամբեցի
Եվ չանսացի քո պատվիրաններին»:
Եվ քանզի նրանք հանցանքից մաքուր լինելով հանդերձ՝
Խոստովանաբար այսպես գոչեցին,
Ապա պետք է որ ես՝ մեղապարտս,
Նաև ուրիշներն ավելացնեմ:
Պիտի հառաչեմ և երանելի մեծ մարգարեի՝ սուրբ Դանիելի հետ,

Որն հարազատ ու ազգական էր քեզ,
Հուդայի ընտիր տան շառավիղից,
Իր ընդունելի և նվիրական պաղատանքներին
Գումարելով և իմ՝ պատժապարտիս
Կողմից բարձրագոչ այլ հեծեծանքներ:
Թեև զիտակից, սակայն անպատշաճ,
Զարտուղի, խոտոր ճամփով ընթացա
Ու մոլորվեցի դժնդակորեն,—
Որ մեղանչում է կատարելապես ըստ ամենայնի:
Ոտնահարելով քո կամքով հաստված
Ամեն մի սահման՝ դուրս ընդոստնեցի,
Գործելով ստույգ անօրենություն:
Չարագործության չափն անգետների՝ հասցրած իր լրման՝
Բազմապատկեցի ինքս էլ, նյութելով նորեր տակավին,—
Որ օրինակ է իսկական դժնի հանցագործության:
Սաստեցիր, սակայն ես չսոսկացի,
Հորդորեցիր, բայց չանսացի երբեք,–
Որ պարզ նշան է ապստամբության:
Քեզ արդարություն հարդարեցիր, տե՛ր,
Ինձ պատրաստեցիր լուտանք ու ամոթ.
Քեզ՝ վայելչական փառք ու մեծություն, իսկ ինձ՝ նախատինք.
Քեզ՝ քաղցր հիշատակ, ինձ՝ մաղձ, քացախված կատարելապես.
Քեզ՝ անլռելի բարեբանություն,
Իսկ ինձ՝ ողբաձայն աղաղակ ու կոծ.
Քեզ՝ օրհներգություն, երանությամբ լի,
Իսկ ինձ՝ հուսամերժ տարագրություն.
Քեզ՝ իրավունքներ արժանավայել,
Իսկ ինձ՝ դատաստան ամենավարան.
Քեզ՝ անճառելի դրվատանք ու գովք,
Իսկ ինձ՝ միմիայն մոխիր լիզելու խայտառակ պատիժ:

Բ

Ընտիր բարության ո՛վ անկշռելի անսահմանություն,
Արդ ընդունեցիր քո ընտրյալներից
Դու քեզ արժանի ու ախորժելի բույրը կնդրուկի,
Մինչդեռ ես այստեղ, ըստ արժանիքիս,
Ստացա միայն դրա համեմատ
Բազմակրկնակի բարդված պարսավներ:
Բայց եթե այսպես անբիծներն էին նաև աղերսում,
Հապա ինձ համար, որ դժնաբարո

Բոլոր մարդկանցից խիստ վրիպեցի,
Նախատինքների ի՞նչ տողեր հյուսեմ:
Անառակ վարքով մոլոր ընթացա հանց վայրենամիտ.
Շրթունքներովս համարձակվեցի
Բարբառել անվերջ երկրասեր խոսքեր.
Խենթի մոլությամբ սիրահարվեցի
Ամոթալի ու զազիր գործերին:
Փքվեցի անզուսպ, վերացա ես, որ
Քիչ հետո մահվան հողն եմ իջնելու.
Գոռոզացա ու բարձրամտեցի,
Երբ նույնիսկ հոգուս գրավականի՝
Շնչառությանս տնօրենը չեմ:
Ամբարշտացա փոշիս շնչավոր,
Մնապարծեցի կավս ձայնավոր,
Պանծացի հոխորտ հողս անարգության,
Ի վեր խոյացա մոխիրս մերժելի,
Բազուկ բարձրացրի բաժակս փշրելի:
Տարածվեցի շա՛տ, վեհագույններից ավելի անգամ.
Սակայն ետ մղված՝ նորից ինքս իմ մեջ ներամփոփվեցի.
Բարկության բոցով ժպրհեցի ցոլալ տիղմս բանական.
Մեծամտեցի որպես մի անմահ
Ես, որ մահվան եմ ենթակա անբան չորքոտանու պես:
Գիրկս բաց արի այս կյանքի սիրուն,
Դեմքի փոխարեն թիկունք դարձրի քեզ.
Մտքիս թռիչքով մութ խորհուրդների միջով սլացա.
Անարատ հոգիս մարմնիս փափկությամբ հավետ վատեցի.
Ձախ կողմիս ուժգին զորություն տալով՝
Տկարացրի աջիս ուժերն ու հաղթեցի նրանց,
Հզգածությունը իսկ տեսա իմ հանդեպ,
Որ այստեղ գրել չեմ կարող, սակայն չպատկառեցի,
Վայրի հավքի պես դեպի վաղեմի
Սովորությունն իմ նորից սլացա,
Ինչպես երբեմն Եփրեմի մասին ասել է Օվսեն.
Աղոթքիս պահին նույնիսկ այս կյանքից չկտրվեցի.
Նժույգը մտքիս ոտքի հաստատված չպահեցի ես
Բանականության երասանակով.
Հին չարիքների վրա բարդեցի նորերն ինքնաստեղծ.
Ըստ Հոբի խոսքի, իմ իսկ ձեռքերով
Պրկվեցի ծանր ու անտանելի անուրների մեջ,
Ըստ Երեմիայի, ինքս իմ ձեռքով
Անկարկատելի մի գզգնց դարձա,

Ըստ առակողի, անանվանելի մի վիժվածքի պես,
Մարդահամարից խսպառ ջնջվեցի:
Եսայու խոսքով, զազրացա ինչպես
Դաշտանավորի ապականված լաթ.
Թրծված խեցեղեն մի ամանի պես
Փշրվեցի մանր, անարծարծելի.
Ըստ մարգարեի՝ Եղովմին ուղղված հանդիմանության,
Անօրենության չորրորդ՝ սատակման չափից էլ անցա:
Եվ մի՞թե պիտի սուտ լինի, եթե
Ավելացնեմ սրանց նաև այն,
Որ ձեռք բերեցի Մողոքի վրանն այն դիվանվեր,
Որպեսզի դժոխք ժառանգեմ բաժին.
Երկնայինն այսպես լքած՝ մինչևիսկ
Բաբելական այն Ռեփան աստղի
Ձևապատկերը պատվեցի սիրով,
Ինչպես Սինայում խրայելացիք:

Գ

Ես, որ մերժվելով նախկին շնորհի արտոնությունից,
Նրանից զրկված, քշված՝ հեռացել բաժանվել եմ արդ
Ու կտրվել եմ անպատվաստելի,
Այժմ վերստին քեզ եմ դիմում, տե՛ր,
Ընդունի՛ր դարձյալ ու վերակերպի՛ր հոգու պատկերով
Ինձ, մահապարտիս, կյանքին անարժան,
Իբրև չարագործ, սևերես, դարձած
Նենգ բանսարկուի ոտքերի կոխան,
Որպես մանրատված անբժշկելի,
Գարշացած, հասած հատակը մահու,
Քո կոչման համար այլևս անպիտան,
Քշված կորստյան, վանված, դեգերած,
Վարանած, թշվառ, կործանված, վհատ.
Խորտակված, ջարդված,
Անարգված, հոգով տրտում ու թախծոտ:
Ականջ դնելով, սակայն, խոսքերին իմ ողորմաղերս,
Գթա՛ծ, մարդասեր, հզոր, ընդունի՛ր
Ինձ դարձյալ՝ որպես արդեն զղջացած,
Խոստովանանքով ոտքերդ ընկած ապաշխարողի,
Դու, որ կշռելով՝ մեծ ես համարում
Հառաչանքն հոգու, ձայնն հեծեծանքի,
Շուրթերի կսկիծ, լեզվի ցամաքում,

Բարի ցանկություն ու ձգտում, բխած սրտերի խորքից,
Փրկությո՛ւն մարդկանց, բոլորի հաստող,
Տեսնող դեռևս չգործվածների
Եվ աներևույթ վերքերի բժիշկ,
Հուսացողներիդ ապավեն, պաշտպան,
Ամենքի համար բարեխնամ տեր,
Ամեն բանում քեզ փա՜ռք հավիտենից հավիտյանս, ամեն:

ԲԱՆ ԻԱ

Ի խորոց սրտի խոսք Աստծո հետ

Ա

Արդ, որովհետև անձամբ ինքս ինձ մատնեցի մահվան,
Չկանգնեցի ես որպես մարդ ոտքի,
Չունեցա երբեք բանականի միտք, Գրքի համաձայն,
Չհեռացա իմ նախկին ընթացքից,
Չընթացա բնավ ճիշտ ճանապարհով,—
Ինչո՞ւ, ուրեմն, այս գլխում բոլոր
Այդ խոտորնակի խավար հետքերը չցուցադրեմ:
Ահա և խոսքիս նախընթաց ձևն ու
Իմաստն այստեղ էլ պահած անփոփոխ՝
Կխոստովանեմ նաև մնացած
Ախտաբծերն իմ չարագործության:

Բ

Արժանապատիժ ժանտագործս օտար
Սկզբնաչարի գունդն աճեցրի անսաստ ընթացքով՝
Իմ պղերգությամբ առթելով զազիր,
Ճարտար, խաբեբա, կայտառուն դներին
Կայթ ու կաքավում, ցնծության հանդես
Եվ այդ կործանված ժանտ դահիճներից
Ստացա անվերջ հարվածներ գաղտնի, խոցեր աննկատ:
Ոչ թե փութաջան հալածեցի այդ
Հիսուսի խաչով վտարվածներին,

Այլ զորացրի նույնիսկ կրկնապես:
Եվ ողորմելուս անօրենության պատճառով ահա
Դիվականների մեջ հայհոյվում է անունն Հիսուսիդ,
Ինչպես երբեմն հեթանոսների
Մեջ Իսրայելի պատճառով եղավ:
Ոչ թե անխնա բնաջնջեցի,
Այլ սերմանեցի ու աճեցրի հենց ինքս իմ մեջ
Հոգուս ծաղիկը ուտող ու վատնող
Ապականագործ ու վնասակար բյուր պատուհասներ՝
Ժանգ ու թրթուրներ, ուտիճներ պես-պես,
Որ, Իսրայելի մասին խոսելիս,
Իբրև օրինակ ավազակների, չար ոգիների,
Դեռ սուրբ Հովելն է նկարագրել
Իր հրաշալի ողբերգության մեջ:
Ինքս հավաքեցի ու կուտակեցի
Անթիվ մահազեն մարտիկներ իմ դեմ.
Գոյություն տվի լիրբ ու անիրավ կշտամբիչների
Եվ զորացրի լպիրշ, անզգամ
Ու անհաղթելի հակառակորդներ.
Քաղցրի փոխարեն դառնություն առա ինձ որպես բաժին,
Արարչի հանդեպ նենգավորս միշտ
Եվ բանսարկուին հավատարիմս հավիտենապես:
Ավա՛ղ աղետիս, վիշտ ու վտանգիս.
Խավար ամոթիս, մութ անարգանքիս.
Եվ ինչպե՞ս, ինչպե՛ս պիտի բոլորն այդ
Հանդգնեմ խոսքով հրապարակել:
Մեծ են ողբաձայն աղաղակներն իմ ու անտանելի.
Թե հնար լիներ տեսնելու հոգիս,
Որքա՛ն պիտի այն երևար տգեղ,
Նվաղ, ուժասպառ, լիովին հյուծված,
Ողբագին ցավով մատնված վերջին վարանումներին,
Մրոտված, աղտոտ՝ զազրելի գույնով,
Ինչպես մեհյանի մի պաշտոնատար.
Քանզի նույն բանն է՝ սպասավորել կուռքին ձուլածո
Կամ թե ծառայել մեղքերի ախտին:
Արդ, ես գնացի այս խավարահետ կորստյան ճամփով
Եվ քո ցանկալի բաժինը դարձրի անկոխ անապատ,
Ըստ մարգարեի ամբաստանության՝
Իսրայելական քահանաներին:

Գ

Ինչպե՞ս համարեմ ես ինքս ինձ մարդ,
Երբ կարգն եմ դասված տմարդիների
Կամ ինչպե՞ս պիտի բանական կոչվեմ,
Երբ անբանների կցորդ եմ դարձել իմ հիմարությամբ.
Ինչպե՞ս կարող եմ անվանվել տեսնող,
Ես, որ իմ ներքին լույսերն եմ մարել.
Եվ ինչո՞ւ պիտի ունենամ համբավ զգայականի,
Երբ իմացության դռներս են փակված.
Ինչո՞վ կարող եմ ցույց տալ ինձ որպես անեղծի տիպար,
Երբ անձնապաշտ եմ եղել հոգեպես:
Նույնիսկ շարժուն ու շնչավորական
Իրավունք չունեմ ինքս ինձ կոչելու,
Թող թե հոգևոր և կամ բանական,
Անպետքագույնս անոթներից ողջ,
Անարգագույնս որմնաքարերից,
Արհամարհվածս կանչվածների մեջ,
Կոչնականներից վատթարս տրուպ:
Սուրբ Երեմիայի խոսքի համաձայն,
Բռնված ցավերով ու տանջանքներով Երուսաղեմի
Աիաբեկվել ու սմքել եմ մահվան արհավիրքներով՝
Բոլորից լքված ու անմխիթար.
Օրերս հատնեցին հեծությամբ անվերջ,
Իսկ տարիներիս ընթացքն՝ անհատնում հառաչանքներից.
Ըստ սաղմոսողի նվագերգության:
Ջերթ ասվին՝ ցեցից ու փայտը՝ որդից,
Ըստ իմաստունի, ես էլ հալվեցի խիթերից սրտիս.
Ըստ հոգերգողի, սարդոստայնի պես
Մաշվեցի իսպառ ու դարձա խոտան.
Ըստ մարգարեի,
Ինչպես փութանցիկ առավոտվա ամպ
Ու վաղորդյան ցող, անհետ ցնդեցի:
Սակայն ես հույսն իմ ինչ-որ մի մարդու վրա չեմ դրել,
Որ մարգարեի անեծքն սաացած՝ վհատվեմ անհույս,
Այլ քեզ վրա լոկ, տե՛ր իմ ոգեսեր,
Որ անգամ խաչիդ բևեռված պահին,
Առլեցուն սիրով բարեգթության,
Չարչարողներիդ համար մինչևիսկ
Քո բարձրյալ հորից աղերսում էիր մեծ ողորմություն:

Շնորհի՛ր նաև ինձ հույս քավության, կյա՜նք ու ապավեն,
Որպեսզի թշվառ շունչս փչելիս
Ստացած լինեմ քո բարի հոգին:
Եվ քեզ, Սուրբ Հոգով, բարձրյալ հորդ հետ,
Հաղթություն և փա՜ռք հավիտյանս, ամեն:

ԲԱՆ ԻԲ

Ի խորոց սրտի խոսք Աստծո հետ

Ա

Այլաբանական նույն եղանակով,
Նույն պատկերներով, չափով շարունակ
Բարդելով՝ այստեղ պիտի մատուցեմ
Կշտամբանքները նախատված անձիս:
Կսկծեցուցիչ խոսքերով տրված
Հանդիմանական դատավճիռն այդ
Ամենագետը թերևս համարի
Բոլոր իմ գաղտնի ու չար գործերի
Ճշմարիտ, անկեղծ խոստովանություն:

Բ

Խոսուն մի ձի եմ, կարծրերախ, անսաստ,
Սանձակոտոր ու երասանարձակ,
Հովանակ՝ վայրազ, անկիրթ, անհամբույր,
Լծկան՝ խրտնկոտ, անվարժ, թյուրընթաց,
Մարդ եմ մոլեգար, կորած, տարագիր,
Մանուկ՝ մեղսագործ, անխրատ ու հեստ,
Տնտես՝ մահապարտ, տարտամ ու անգործ,
Բանական՝ զազիր, անասնաբարո ու գազանակերպ,
Ձիթենի՝ լքված ամայի վայրում, անպտուղ ու գոս,
Մարմին եմ՝ հոգուս թախիծ պատճառող, տանջող ու դատիչ,
Վիրավոր՝ անբույժ, անօգ, անփրկում,
Ոսկի շարոց եմ մի կայսերական՝
Այժմ վատնված ու կորած անհետ,
Թշվառ մի ծառա՝ միշտ սխալական ու վտարանդի:

Գ

Ահա կամովին ինքս իմ հանդեպ
Եղա անձնամատն ու մարմնակործան,
Ընդմիշտ մտախաբ ու հոգեկորույս,
Մաստիկ կամակոր, սրտաբեկ ու խենթ,
Անզգա, անմիտ ու խելացնոր,
Հայրատահայաց ու եղեռնալուր:
Բոլոր կողմերից համակ մահաբեր երկունքով լափված՝
Պիտանի չեմ ես, տե՜ր իմ, ոչնչով ընտիր գործերիդ,
Ողբում եմ հիմա այն որովայնը, որ ծնել է ինձ,
Ստինքները այն, որ ինձ սնեցին.
Ինչո՞ւ կաթի տեղ ես չծծեցի մակարդված լեղի,
Քաղցրի փոխարեն ինչպե՞ս չստացա դառը կերակուր:
Եթե ես ինքս եմ կանգնել իմ համդեպ
Այսքան խոսքերով դժնի դատախազ,
Եվ բարկությանս սուրն է տակավին անխոնարհելի,
Երկրածիններից ո՞վ, ո՜վ կարող է էլ ինձ ողոքել:
Պիտի ծանակեմ էությունս ողջ
Ու զանակոծեմ այս վնասակար գնդերը համայն,
Պիտի ընդվզեմ անձս խոցոտող բանակների դեմ,
Զգայությանս գլխավորներին պիտի կշտամբեմ:
Մեզանչեցի ես ամեն ինչի մեջ
Եվ ամեն ինչով, ողորմի՜ր, գթա՜ծ.
Նոր չէ, որ գտար իմ մեջ մառախուղն հանցապարտության,
Այլ նույնն եմ հավետ, մեղապարտության նույն արատներով.
Անկարկատելի ձորձերով ահա
Նույն հանցավորն եմ, կանգնած քո առաջ:
Եվ դո՜ւ, միայն դո՜ւ, խիկապես գթա՜ծ օրհնյալ, մարդասեր,
Անայլայլելի քո ներողությամբ
Շտապեցիր ինձ փրկելու համար աջ կողմս կանգնել:

Դ

Արդ, խնամակալ, երկնավոր, բարի
Հաստիչ ամենքի՝ անգոյությունից,
Կայծակը հզոր քո իմաստության
Մատուցի՛ր լեզվիս ներազդող բոլոր գործարաններին
Մաքրելու համար քո ձեռակերտած
Զգայարաններն իմ գոյացության,

Որ կարողանամ ես էլ նրանցով,
Որոնք ստեղծել ու բուժել ես դու,
Նոր պատրաստությամբ, աննվազ ձայնով , անհատ բարբառով
Վերընծայել քեզ գոհաբանություն՝
Ի փառս մեծության քո հոր՝ մեր Աստծո, հավիտյանս, ամեն:

ԲԱՆ ԻԳ

Ի խորոց սրտի խոսք Աստծո հետ

Ա

Տե՛ր ամենայնի Աստված, զորավոր ամեն ինչի մեջ,
Անպարագիր ու անվայրափակ տեղ բոլորի համար,
Ամբողջ իսկությամբ ամենքին մոտիկ.
Դու չես պարփակվում տարածության մեջ,
Սակայն առանց քեզ սահմաններ չկան,
Չես երևում, բայց առանց լուսավոր
Քո ծագման չկա տեսավորություն,
Վսեմագո՛ւյն փառք և անհաս անուն,
Մեծության կոչում, ձայն անբավության,
Անքննելի ու անճառ իսկություն,
Անմատույց հեռու, ընդհուպ մերձավոր,
Տեսնող հեծության ու թշվառության,
Տրտմության հասու և անճարության ճար ամենաբույժ,
Ծագող գթության, ողորմության հայր,
Աստվա՛ծ սփոփման, մխիթարանքի:

Բ

Տե՛ր, ողորմությամբ նայիր դառնավիշտ
Ու բազմավտանգ ախտ ու կրքերով տանջված պատկերիս,
Որ տարածում եմ ահա քո առաջ.
Կարեկի՛ց եղիր ինձ որպես բժիշկ
Եվ ո՛չ թե կանչիր դատաքննության իբրև դատավոր:
Արդարև, մեծ է ցավն ու վտանգը
Վարանումների ու տագնապների,

Երբ որ մարմինդ մեղքով է լափված,
Իսկ ինքդ դարձյալ դժնի գործերից մեկուսացված չես.
Դարավանդված է կամքդ մոլեկան ցանկություններով,
Բաղադրությունն ամբողջ զանգվածիդ
Շաղախված է լոկ կրքով մահաբեր,
Սրտիդ խորքերում զգում ես միայն խայթեր խոցոտող,
Անհետացել է ակնկալությունն ամեն բարիքի,
Երբ որ բանական լինելով հանդերձ՝
Դասված ես կարգը անասունների,
Ողջ գոյությանդ շարամանված է զազիր զարշություն,
Արտաքուստ՝ առողջ, վիրավորված ես, սակայն, ներքնապես,
Հուսահատված ես հավիտենաբար
Ծանր հանցանքներիդ հիշատակներով,
Տագնապախռով ու տարակուսված՝ նախագործածից,
Աղերսանքներիդ հստակությունն է խպառ պղտորվել
Ու ճենճերված ես միշտ չարակասկած տվայտանքներով.
Երբ ձեռքդ մաճին՝ հետքում թողածն ես դարձյալ որոնում,
Հայացքդ թեև ուղղված է առաջ,
Ոտքերով, սակայն, ընկրկում ես ետ,
Էականներին լինելով հասու՝
Անէներից ես խաբված շարունակ,
Մտամարտության ժամին պարտված ես չքոտիներից.
Սրտիդ թառանչից հազագիդ ելքն է լափված հրդեհով.
Խոնավությունն է ցամաքել քիմքիդ բոլոր մասերում.
Բոլոր կողմերից պարփակված ես լոկ միգով անարև
Ու սեղմվել է քեզ ընդհուպ հորիզոնն ակնկալության,
Երբ անտանելի տառապանքներն են աչքերիդ առաջ.
Թշվառ կորուստն ես միշտ մտաբերում,
Դատակնիքն է դաժան հատուցման
Մտքիդ մատյանում արձանագրված,
Երբ բարերարի աչքն է երևում միշտ ցասումնալից,
Հողազանգվածիս դեմ զայրագնած է լույսը բնությամբ.
Աhեղությունն է էի ընդհարվել
Մարդկային փոքրիկ բնությանս հետ,
Բարկությամբ է միշտ որոտում ընդդեմ մոխրիս բանական
Եվ կոշկոճում է իր արդարության
Քարերով մահվան արժանավորիս,
Երբ որ տաղանդս եմ կորցրել այստեղ անառակությամբ,
Պատվական ձիրքս իբրև անարգ բան թաղել եմ հողում,
Տքնություններիս արգասիքը ողջ
Ծածկել եմ թանձր մութով ծուլության,

Որն իբրև հեռու տարված, չքացած
Մի ճրագի լույս էլ չի երևում,
Երբ իրավազուրկ լեզուս է դարձել համր ու կարկամ,
Պապանձ են արդար դատապարտությամբ շուրթերս անհամբույր,
Հուզումնածվատ մտքերս են ցնդել,
Եվ հիմարացած՝ ո՛չ հասկանում եմ օգուտը կյանքիս,
Ոչ էլ հասու եմ բարու ընտրության,
Ընթացքիս ելքն է չարից խափանվել,
Եվ վառարանը յուղիս լցված է հնոցի մոխրով,
Անունս է ջնջված կյանքի մատյանից,
Ու երանության փոխարեն՝ այնտեղ
Արձանագրված միայն կշտամբանք:

Գ

Թե զինվոր տեսնեմ, մահ եմ սպասում,
Թե պատգամաբեր՝ արհավիրքի բոթ,
Եթե գրագիր՝ կորստյան մուրհակ,
Թե օրինապահ՝ անեծք ու նզովք,
Եթե քարոզիչ՝ ոտքերի փոշու թոթափում միայն,
Եթե բարեպաշտ՝ հանդիմանություն,
Եթե անզգամ՝ կսկիծ ու մորմոք:
Թե ջրով փորձվեմ, պիտի խորտակվեմ,
Թե դեղ ընդունեմ, պիտի մահանամ:
Եթե տեսնում եմ ինձ հասնող բարիք,
Փախուստ եմ տալիս՝ չար կասկածներով,
Թե բարձրացրած ձեռք՝ կորանում նկուն,
Թե մի խրտվիլակ՝ սարսում ահաբեկ,
Ընդոստնում՝ ամեն թեթև թնդյունից,
Դողում, երբ հանկարծ հրավիրվում եմ խրախճանության:
Իսկ եթե մեծից ես ներկայանամ, պիտի սարսափեմ,
Պիտի կարկամեմ, եթե կանչվելու լինեմ հարցումի,
Եթե իրավամբ քննվելու լինեմ, պիտի համրանամ:
Արդ, իրար վրա կուտակված այսքան
Ամենաթշվառ ու ողորմագին վիշտ-տագնապներս,
Որ զգայության խորքերում սրտիս գոյատևելով՝
Անբժշկելի ցավերով՝ ներքուստ
Խոցոտում են այն նետերով անտես,
Որոնք մշտակիր, անարտաքսելի,
Հանապազամուխ ու հարամնաց խրված հոգուս մեջ,
Ամբողջությամբ այն լցրած շարավով

Ու պատճառելով կրկնակի հարված՝
Չարաչար մահս են կանխագուշակում:
Գաղտնի, ծածկատես ներսս մթերված՝
Երկաթը պատող թարախը անվերջ տագնապում է ինձ՝
Շնչառությանս միջոցին ներքուստ
Անբուժելի ու խորը վերքերի ցավեր ազդելով,
Որից նվազած ձայնիս չարաչար աղաղակները,
Արտասվախառն ու կողկողագին
Թախիծով հոգուս, իղձ-աղերսներով,
Այլն ինձ համար՝ ինձ հետ աղոթող՝
Երկրաստեղծ բոլոր նախատակների
Ամենանվեր ողբ ու հեծությամբ՝
Այս ստորային վայրերից դեպի
Ամենահնար բարեգործիդ եմ երկինք առաքում:
Շնորհի՛ր, ո՛վ տեր, անդորրություն ու հանգստավետ կյանք՝
Ջուր աշխատությամբ խեղճ հոգնաբեկիս,
Դո՛ւ, որ համայն ես ամեն ինչի մեջ
Եվ ամեն ինչով միշտ փառաբանված:

ԲԱՆ ԻԴ

Ի խորոց սրտի խոսք Աստծո հետ

Ա

Ինչի՞ն արժանի համարելով ինձ՝ քեզնից աղերսեմ.
Արքայությա՞ն, որ մոլորված՝ կորցրի,
Փառքիդ վայելքի՞ն, որից զրկվեցի,
Թե՞ անմահ կյանքիդ, որից վանվեցի,
Հրեշտակների պարակցությա՞ն, որ փակվեց իմ առաջ,
Թե՞ արդարների միության, ուսկից դուրս վտարվեցի,
Ո՞ւր՝ որթատունկին կենդանի, որից ջարդված պոկվեցի,
Թե՞ ուստ, բարունակ՝ ծառին բերկրության, որից գոսացա,
Կամ գուցե ծաղի՞կ՝ փառքի շնորհին, որից թափվեցի,
Թե՞ ժառանգավոր փառավորության, որից կորացա,
Հարազատ ծոցի՞ն հայրական, որից հանված՝ ձգվեցի,
Թե՞ փառավորվեմ լույսի զգեստով, որից մերկացա,

Ակնկալեմ իմ դա՞րձը արարչին, որից խորթացա,
Կարող եմ դիմել ըղձալի լույսի՞ն, որից հեռացա,
Թե՞ ոսկորներին հողվել Հիսուսի, որից մերժվեցի,
Մերձենալ նրա թևերի՞ն, որոնց ես օտարացա,
Թե՞ ապաստանել այն ապավենին, որից խեթացա,
Կենսանորոգման փրկությա՞ն, որի համար ՝մահացա,
Թե՞ զվարթարար զգաստության, որ ինքս լքեցի,
Ուխտադրական կենաց կանոնի՞ն, որը դրժեցի,
Թե հաստատական օրինադրության, որից զայթեցի,
Անսասան ժայռի ամրապնդությա՞ն, որից խախտվեցի,
Թե՞ դասակցության սրբերի կարգի, որից դուրս ընկա,
Անդրանիկների քաղաքո՞ւմ հաստվեմ,
Ուսկից գերվելով՝ քշվեցի հեռու,
Աղոթեմ հացի՞ն հանապազօրյա, որ չեմ վաստակել,
Խնդրեմ վերացում տառապանքների՞ս,
Երբ դրա համար չեմ քրտնել բնավ,
Պսակազարդվել այն պարգևներով,
Որոնց համար ես չմաքառեցի՞,
Թե՞ արձան կերտել ինձ կենաց, որից ջնջվեցի անհետ,
Երախտիքներից շնորհնե՞րն հիշեմ, որոնք մոռացա։

Բ

Կտրվեց լարը ապրելու հույսի,
Ու ճարակվեցի ես ամբողջովին զարշ բորոտությամբ.
Երևաց չնչին պալարն սպիտակ փայլուն ու տգեղ,
Երկդիմի կերպով նախնական ախտի հետքերը կրող,
Իբրև կրկնակի անմաքրության նիշ.
Ապականությամբ լափված՝ մարմինս իսպառ քայքայվեց,
Մահացավ, մեռավ Աստծո համար,
Պարծանքի նշույլն անհետ չքացավ,
Փրկության հույսը մատնվեց փորձության, բարին խավարեց,
Կյանքի դուռն ընդմիշտ փակվեց իմ առաջ,
Վերացավ ամեն մխիթարություն,
Մոտեցավ ատյանը դատաստանի,
Մեջս արծարծվեց թույնը մահաբեր,
Սպանվածն այնտեղ հարություն առավ,
Նավահանգիստը խցվեց քարերով,
Հույսի շավիղը փակվեց, կուրացավ,
Շնորհի ծածկույթն հանվեց ինձանից,

Վայելչությունը փառքի՝ խավարեց,
Խափանվեց հանճարն առաջնորդական,
Բազմացավ փուշը կշտամբանքների,
Ծաղկեցին որթերն անօրենության,
Մեջս բորբոքվեց բոցը գեհենի,
Տանջանքի լուծը ծանրացավ վրաս,
Եվ ստրկության կապանքը պրկվեց,
Ընկավ նեցուկը հարկիս շինության,
Կործանվեց մույթը բարձրակառույցիս,
Միաբանութունն ընտանի՝ քանդվեց,
Ու տրտմեց սաստիկ սրբություն սիրող Աստծո հոգին:

Գ

Եվ որովհետև դառնությունների
Վերջին մրուրներն իսկ ճաշակեցի,
Տանջանքներ, խայթեր ու տրտմություններ,
Վշտեր հոգեկան, ցավեր անամոք,
Կասկած ու վարանք անհուսաղրելի,
Անպարփակ ամոթ, գլխահակ կորանք,
Անպարտակելի խայտառակություն,
Փախուստներ անդարձ, հալածանք անգութ,
Ուղևորություն երկար, ձեռնունայն,
Ուստի, փրկությո՛ւն, զորություն, պաշտպան,
Ողորմածություն, լուսավորություն,
Այլև քավություն և անմահություն,
Տե՛ր Հիսուս Քրիստոս, անմահ Աստծո
Որդի, արարիչ երկնի ու երկրի,
Որ պապակներին ջուր ես ընձեռում
Ծարավուտներում անապատների,
Օրհնյա՛լ, բարեգութ, հզոր, մարդասեր,
Ներող, հոգածու, ձեռնհաս, կարող,
Աննախանձ պաշտպան, հաղթող պահապան
Եվ կյանք անկորուստ, միջնորդ երկնային,
Երանություն ու լիություն անբավ,
Սիրալիրաբար մեկնած ինձ աջը քո ողորմության,
Բա՛նդ կենդանի, ընդունի՛ր նորեն
Եվ քաված, մաքրած ամենապարտիս՝
Մատուցի՛ր Հոգուդ՝ հավասարափառ,
Որպեսզի քեզնով հաշտված՝ վերստին նա դառնա իմ մեջ
Եվ քո շնորհիվ ու իր սուրբ կամքով,

Զորեղ ինքնությամբ՝ հորդ ընծայի.
Եվ Հոգուդ հետ միշտ մնալով քո մեջ՝
Նրա շնորհիվ, շնչիս անձկությամբ շնորհիդ կապված,
Միանամ քեզ հետ անբաժանելի:
Ուստի և քեզ, Սուրբ Հոգով, հորդ հետ՝
Որպես մի եռյակ անձնավորության՝
Մի բնության ու աստվածության մեջ,
Ստեղծական ողջ էակներից փա՜ռք, գոհաբանությո՜ւն
Հավիտյաններից հավիտյանս, ամեն:

ԲԱՆ ԻԵ

Ի խորոց սրտի խոսք Աստծո հետ

Ա

Արդ, որովհետև նախորդ ողբերում
Մասնակիորեն լոկ պատկերվեցին
Ամենաթշվառ տաժանավորիս
Տվայտանքները, այնքա՜ն բազմակույտ,
Մեկը մյուսից ծանր ու ահավոր,
Այստեղ էլ, փոխած եղանակը լոկ բանաստեղծության,
Կշարունակեմ ավաղումները վիշտ ու աղետիս:

Բ

Կյանքս այս աշխարհում նման է սաստիկ մրրկածուփ ծովի,
Ուր բազմակոհակ ու ալեխռով
Հորձանքների խոլ, անդուլ, անընդմեջ ընդդիմախուժմամբ՝
Տարուբերվում է, ցնցվում է հոգիս
Մարմնիս շինվածքով, ինչպես նավակում:
Այս օրինակով պատկերեց նաև
Եսային՝ պարսիկ հրոսակներից
Երուսաղեմի ու Սամարիայի
Անսպասելի կործանումն անդարձ,
Որ զուգաձայնել սխալ չէր լինի
Հոգևոր անլուր իմ խորտակման հետ:

Քանի որ մինչդեռ չվում էի ես
Անհոգ, աներկբա մի վստահությամբ՝
Փորձության հազիվ չնչին մի կասկած
Մտանցելով այն փոքր միջոցից,
Որ մնում էր դեռ մինչև հանգրվան,
Համարելով ինձ ժամանած արդեն,
Ձմեռը հանկարծ ամառ ժամանակ
Բքաբեր հողմով վրա հասնելով՝
Երեքալյան իր դիմահարությամբ
Խառնեց-խռովեց անդորրն հիմնովին,
Եվ ալիքների վայրագ բախումից նավը խորտակվեց։
Քայքայվեց սարքը թիավարության,
Հիմնախիլ եղավ կայմը բարձրաբերձ,
Առագաստն ամբողջ իր թռչարանով
Պատառոտվելով դարձավ ծվեններ անկարկատելի,
Զարդերից զրկվեց շինվածքը շքեղ,
Առասանները ձգման՝ խզվեցին,
Տապալվեց գլխի դիտարանը պերճ,
Կտրվեց պարանն ապավանդակի,
Խարսխակալը քանդվեց հիմնիվեր,
Բաժանվեցին զույգ կցման լծակներն հաստ ու ամրակուռ,
Ծռվեցին սամիքն ուղղընթացության,
Սուլզվեց հիմնալաստ նեցուկը նավի,
Ղեկն իր կազմվածքով ընկղմվեց անհետ,
Նավարկությունը զրկվեց իր բոլոր հարմարանքներից,
Ողնափայտն ամուր կոտրվեց իսկույն,
Զստակապերը հոշված՝ թափվեցին,
Ավերակ դարձավ նավագոգն ամբողջ,
Նավախելը իր եզրաշրթերով խախտված դուրս թռավ,
Շքեղ բազմոցներն ընկան սուզվեցին,
Հիմնահատակվեց վանդակապատը վայելչակառույց,
Գահավորակը հանգստարանի փլված խորտակվեց,
Տախտակամածը քայքայվեց իսպառ,
Պնդիչ գամերը դուրս թռան տեղից։
Որպես արդյունք այդ ավերածության՝
Մնաց ողբերիս հուշարձանն այս լոկ։
Իսկ նավավարը նավի դեմուդեմ
Ձեռքը ծնոտին դեգերում է դառն
Արտասուքների գետեր թափելով
Եվ նշմարեավ կործանված նավի բեկորները խեղճ,
Որոնք խողխողված բանականի պես

Տարուբերվում են ալեկոծ ծովի ծփանքի վրա,
Հեծում է անվերջ ցավագին թախծով:
Ճշմարտությունից վրիպում չէ այն,
Որ հիմա բարի նավապետը իր երկնավոր զորքով
Աշխարհի ծովում բանական գոյիս
Խորտակված նավն է աղեկեզ ողբում:
Քանզի, արդարև, տերը բարեգութ,
Որպես օրինակ մարդկության, լացեց
Նաև թաղված այն ազգակցի համար,
Լացեց մոլորյալ Երուսաղեմի,
Նույնիսկ մոլեգնած Հուդայի վրա,
Որոնցից վերջին երկուսը կորցրին հույսը փրկության՝
Ծովում կործանված այս նավակի պես,
Մյուսը, սակայն, անդնդի հատակն հասնելուց հետո,
Հույսի առասանն իր ձեռքում պահած,
Փրկչի զորությամբ հանգիստ, ապահով դուրս ելավ նորից:

Գ

Կլինի՞ արդոք, որ բազմախորտակ
Տապանը մարմնիս տեսնեմ նորոգված:
Պիտի նկատե՞մ ողբալի հոգուս
Փշրված նավը ողջացած նորեն:
Արդյոք կլինի՞, որ բաժանվածս
Մեծ տարածությամբ դարձյալ միանամ:
Կտեսնե՞մ արդյոք սիրտս վշտագնած
Ու բազմաթախիծ՝ նորից բերկրելիս:
Հուսա՞մ, որ մի օր՝ խպառ խաթարված
Բուն էությունն իմ կգտնի իրեն:
Պիտի երևա՞ թշվառացյալիս
Տաղավարն ավեր վերստին կանգուն:
Կլինի՞ մի օր տարամերժ զերիս նորից ազատված:
Լույսի շնորհից ընկածս արդյոք
Կարո՞ղ է հուսալ, որ կկազդուրվի:
Պիտի ցույց տա՞ս ինձ ողորմածաբար
Այնքա՛ն հարազատ պայծառությունը վայելչանքներիդ:
Արդյոք երբևէ պիտի երևա՞
Ամենատխուր հոգիս ժպտերես:
Կլսե՞մ զուժկան ձայնի փոխարեն
Թշվառիս հասնող ավետիքի լուր:
Կտեսնե՞մ արդյոք իմ բյուրակործան

Զարդված անոթը վերանորոգված:
Մտքիս աչքերը պիտի նկատե՞ն
Պարտամուրհակս պատառված մի օր:
Անձկության ժամին բարեշնորհիդ
Քավության լույսը կծագի՞ վրաս:
Քո ուղեկցությամբ կմտնե՞մ արդյոք
Լույսիդ խորանի խրախճանքի մեջ:
Ըստ Եզեկիելի, կկենդանանա՞ն
Ցամաքած, անկյանք ոսկորներս գոս՝
Զորացած դարձով բանական շնչիս:
Կլինի՞ արդյոք, որ նորից նայեմ քո սուրբ տաճարին,
Հանց կետի պորտից մարգարեն գոչեց,
Ես, որ կանգնած ես՝ դեմդ լուսամերժ ու ամոթահար:
Խավարասունւնդ մթնածիս վրա
Կծագի՞ արդյոք պայծառ առավոտ.
Տագնապահարս հավերժասառույց
Կարո՞ղ եմ հասնել զարնանամուտին:
Կտեսնե՞մ առատ ցողն անձրևային՝
Հոգուս արոտը կանաչազարդող,
Եվ գազանակուր ոչխարս մերժված
Կմտնե՞մ արդյոք նորից զթառատ կամքիդ հոտի մեջ:

Դ.

Եվ այսպես, չարի որոգայթները,
Ըստ Հոբի խոսքի, անելանելի պաշարել են ինձ.
Եթե ցույց տրվի բարերար կամքիդ լույսն ողորմության.
Եթե գթության դռներդ բացվեն,
Եթե ծավալվի ճաճանչը փառքիդ,
Հայտնվի ձեռքիդ խնամքը, գթա՛ծ,
Տարածվի կենաց օրն արեգակիդ,
Բացվի ըղձալի դեմքն առավոտիդ,
Թե աղբյուրանա առատությունը մեծիդ քաղցրության,
Վտակն արարչիդ կողերից հոսի,
Ցայտի կայլակը անապակ սիրուդ,
Շնորհիդ խոստման ծագումն երևա,
Ծաղկի կենսատու ծառը պարգևիդ,
Բաշխվի մասունքը մարմնիդ սրբազան,
Եթե արծարծվի հույսը առկայծուն,
Լսվի ընդհատված ձայնը ողջույնիդ,
Եվ քո հեռացած խաղաղությունը դարձյալ մոտենա,–

Այդ երանելի վիճակով այնժամ,
Զինված հաստատուն հույս ու հավատով,
Ապավինելով հավետ սուրբ Հոգուդ,
Որը պաշտվում է բարձրյալ հորդ հետ
Ու քաղցր ձայնով փառաբանվում է լույսում անմատույց,
Ես մեղապարտս կստանամ և՛ կյանք,
Ե՛վ երանություն՝ քավությամբ հանդերձ։
Եվ դրանք իմ մեջ կպահվեն որպես անկորուստ ավանդ,
Առհավատչյա և ստույգ հիշատակ,
Անմահության քո անեղծ պարգևի,
Անճա՜ռ, ահավոր, հզոր, միայն սուրբ,
Անձնավորումդ անքնին, անհաս եռյակ տերության,
Որ իսկության մեջ, բարձր ու հարակա,
Թագավորում ես՝ պսակազարդված
Միշտ քո քաղցրությամբ, ողորմությամբ ու մարդասիրությամբ։
Բոլորի հանդեպ ըստ ամենայնի
Ամեն ինչի մեջ կարող ես, գթա՜ծ.
Քեզ վայելում է փառք և՛ այս կյանքում,
Ե՛վ հանդերձյալում մշտնջենական
Մեծ օրն հայտնության, հավիտյանս, ամեն։

ԲԱՆ ԻԶ

Ի խորոց սրտի խոսք Աստծո հետ

Ա

Ոմանք ողբայի ու կողկողաձայն
Բանաստեղծություն եղանակելիս
Տունն ավարտում են միևնույն գրով,
Ջանալով այդպես առավել սաստիկ,
Ցավատանջորեն ճմլել, մորմոքել
Սրտերը՝ արցունք կորզելու համար։
Ահա և ես էլ արդարև, անցած
Այդպիսի լալկան բանաստեղծություն
Հորինող մարդկանց բազմության գլուխ,
Նրանց ողբաձայն ավաղումներով
Վշտակիր հոգուս հեծեծանքները պիտի տարածեմ,

Ես, որ լիովին մեռած չեմ թեև աշխարհի համար,
Բայց և, իսկապես, կենդանի էլ չեմ Աստծո համար.
Ո՛չ լրիվ ջերմ եմ, ո՛չ իսպառ սառած,
Ինչպես ասված է Հայտնության գրքում,
Երիցս ատելի՝ եռյակ տերության
Եվ ամենատես բարձրյալ արարչին:
Այս եղանակը հարմար է թախծի պատկերման համար.
Թշվառություններն, այդպես կցորդված,
Շաղկապված միմյանց նույն հանգավորմամբ, միևնույն գրով.
Ներկայանում են կրկնակի ողորմ ու սրտաճմլիկ:

Բ

Իսպառ ուրացած պարտքը տաղանդի՝
Ես ապիկարս, գործերով անարգ,
Որպես արքունի գանձերի վատնիչ,
Կրկնադատ, մեծին անճողոպրելի պատասխանատու
Մի կալանավոր, փրկությունից զուրկ,
Արժանի կերպով կանգնել եմ ահա
Անխուսափելի պատժի հանդիման.
Բյուր քանքար եմ պարտք, այնինչ գրպանում չունեմ մի ունկի:
Եվ անբարեխոս փակված կապկպված դառն արգելանում,
Խավար բանտի մեջ ճաշակելով լոկ հեծեծանք ու լաց,
Տանջվում եմ այսպես անպաշար, անօգ ու անապավեն:
Ի՞նչ է մնում ինձ, թե ոչ բարբառել
Կոծ ու կսկիծով այսքա՛ն ողբաձայն.
Ընտրեցի այս չափն ու վերջույթը նույն
Խորհրդավոր ու անհատնում թվով երկյակ տասնյակի:
Բոլոր կողմերից ժանտ աղքատության հոնցն է մրրկում.
Անպատսպար ու թշվառ, վշտաբեկ,
Ալեկոծ հոգով, միշտ ապաշնորհ ու սխալական
Մի մարդ եմ, սիրտս գրավի դրած:
Անողորմ հայցով ահա պիտ կանգնեմ դատաստանի դեմ.
Մեղքի ու մահվան անտես զենքերով
Զգայարանս է գաղտնի խոցոտվում.
Փրկությունից զուրկ մի գերի եմ ես չարի բռնության.
Սաստի սուսերն է սուրսայր՝ խոցոտում էությունն իմ ողջ:
Այժմ իսկ, ատյանի բեմը հիշելիս,
Անլույս մռայլն է կանգնում չարատես աչքերիս առաջ.
Պատկերանում է երկնային մեծի դեմքը ահարկու:
Սաստիկ անարև ու անպատսպար տարտարոսի մեջ՝

Տարակույսներով անօգ կապկպված,
Անպաշտպան, մոլար, մորմոքված այսպես գեհենի հրով՝
Մեղքի վիհերում կործանվում եմ ես ու կորչում անհետ:
Ունեցածս անարգ արծաթն անպիտան
Չի ընդունվելու և չի ամբարվի տերունի գանձում:
Հայացքս է պղտոր, ձեռքս անմաքուր, աննվիրական:
Բայց բեկված սրտով, մատներով դողդոջ՝ առած դարձի հույս.
Երեսս հողին, պաղատում եմ քեզ, ո՜ մայր Հիսուսի,
Երկնի իսկուհի, կյանքի փրկանա՛կ,
Բարեխո՛ս եղիր ու մեղավորիս մաղթի՛ր քավություն.
Դու, որին երկրից մատուցվում են միշտ
Հոտանուշ յուղեր, խնկաբուրումներ և օրհներգություն:

Գ

Ողբերգության այս հյուսվածքին ահա
Մի ուրիշ մաս էլ ավելացրի,
Շնորհաձիրին ընծայելով նոր
Արտասուքների առատ պտուղներ.
Քննելով խորքերն անձիս կորստյան՝
Չափն ու սահմանը որոշել երբեք չկարողացա.
Ջանացի գեթ այն մասամբ պատկերել,
Սակայն լարելով ողջ արագությամբ թևերը մտքիս
Էության բնավ հասու չդարձա.
Եվ պարտությունն իմ բանականության
Ձեռքս առած որպես բարկության բաժակ՝
Անզորությունն այդ հոգիս ծվատող
Իբրև ճաշակում մահվան ըմպեցի.
Իսկ այժմ էլ անլուր վարանումներն այդ
Խղճալի ձայնով երգ եմ դարձրել:
Մի աներևույթ բարկ կրակարան
Բորբոքվում է մեջս անզովանալի,
Ասես թե անտես եռում են սաստիկ՝
Անշիջանելի հալոց-քուրաներ,
Թունոտ նետերի սլաքներ են խոր
Մխրճված սրտիս շտեմարանում,
Մահու տանջանքով լյարդս են խոցոտում
Խիթերը, բռնած երակները ողջ,
Տագնապի տենդն է, դուրս գալուն անզոր,
Գալարվում անել աղիքներիս մեջ,

Անմար հրայրքն է լափել մոլեգին
Երիկամներս երկու կողմերից,
Անտանելի դառն մաղձն է կոկորդիս նախադուռն հասել,
Շնչափողիս մեջ հնչում են խռպոտ
Ու հուսակտուր ավաղի ձայներ:
Իմ իսկ էության մասերն համորեն, մեկմեկու ներհակ,
Պատերազմում են անվերջ իրար դեմ.
Երկչոտությամբ ու տագնապով վարան՝
Տագնապի մեջ է այնտեղ ամեն ինչ.
Թեև հարազատ, բայց անհաշտելի ոսոխների պես
Դավաճանաբար ջարդում են իրար:
Թաղված մեղքերի գարշելի տիղմում՝
Ո՛չ մեռած եմ ես և ո՛չ կենդանի:
Ու պատժապարտի կասկածոտությամբ՝
Հայացքս քեզ եմ ուղղել, բարերա՛ր,
Որպեսզի կյանքի այս անհույս վիհից
Դուրս բերես դեպի լույսը անձկալի:

ԲԱՆ ԻԷ

Ի խորոց սրտի խոսք Աստծո հետ

Ա

Քանզի նախընթաց գլուխներով քեզ վերընծայեցի
Դարձյալ ողբաձայն բանաստեղծություն,
Հյուսելով կական, աղեկեզ հառաչ,
Դառնաթախիծ լաց, արտասվագին երգ,
Այժմ, այս գլխում, պիտի սկսեմ դարձյալ պաղատել
Խոստովանորեն ու զղջողաբար՝
Գաղտնածածուկներն ի ցույց դնելով:
Արդ, այստեղ խոնարհ ու հոգեկեցույց
Աղերսն այս այնպես պիտի հարմարեմ,
Որ սկիզբը ու վերջը տողերի
Արձագանքելով միմյանց շարունակ միևնույն բառով՝
Նույնաձայնությամբ խոսքը դարձնեն
Առավել ազդու ու հոգեպարար:

Բ

Մեղա՛ ես մեծիդ բարերարության,
Անարգս մեղա՛.
Մեղա՛ ծագումին ճառագայթներիդ,
Խավարս մեղա՛,
Մեղա՛ շնորհիդ երախտիքներին,
Արդարև մեղա՛.
Մեղա՛ երկնային զթառատ սիրուդ,
Հայտնապես մեղա՛.
Մեղա՛ արարչիդ՝ անէությունից,
Հավաստյավ մեղա՛.
Մեղա՛ գերազույն գոգիդ գրգալիր,
Անսահման մեղա՛.
Մեղա՛ աննվազ լույսիդ վայելման,
Նենգողս մեղա՛.
Մեղա՛ քո անճառ կյանքի ճաշակման,
Բազմիցս մեղա՛.
Մեղա՛ քո անհաս շնորհատրման,
Հանապազ մեղա՛.
Մեղա՛ խնկելի մարմնիդ Աստծո,
Մահու չափ մեղա
Մեղա՛ պաշտելի արյանն արարչիդ,
Իսկապես մեղա՛:
Իրոք, հատվածն այս բանաստեղծության՝
«Մեղան» օրինյալ է, հուսադրական՝ սրտերի համար.
Պատվական ավանդ, անմոռաց պատվեր,
Հայրենական տուրք, պապական օրենք, հանրական պաշար,
Անհերքելի խոսք, զորեղ պատասխան,
Կենսակապ կամուրջ, ախորժ վերնայնին, սրբերին հաճո,
Անխզելի կապ, հիասքանչ բարբառ, անփոփոխ պատճառ,
Բաղձալի աղերս, ըղձալի սեղան,
Սրտաշարժ հնչյուն, անճարների ճար,
Կարծրության վանիչ, պաշտամունքի կարգ,
Հեթանոսաց գիրք, վաղնջուց կանոն,
Քրիստոնյային հարազատ, հաղթող արարչության իսկ,
Հզոր անջրպետ, ահավոր միջնորմ,
Արվեստ բարձրության, խորություն անչափ,
Հիացման տեսիլ, կնքված մեծ խորհուրդ,
Որով թափանցել չի կարող ոչ ոք.
Արագաթռիչ միտքը մինչնիսկ

Անընդունակ է այն ըմբռնելու:
Ձայն է բարեդեպ ու հրաշալի,
Որը չհիշվեց, երբ դասը լքված
Ընդունում էր իր վճիռը վերջին,
Այլապես, թերևս, հենց այնժամ իսկույն
Մահապարտության պատիժը արդար՝ կարճված բեկանվեր,
Որի շնորհիվ և ընտրությունը դառնար ավելորդ,
Ու դատաստանը հավիտենական լուծված վերանար:
Մեծ դարդ է փառքի, որով մինչևիսկ
Աստվածությունն է պսակված ծաղկում.
Չի ո՞վ վազելով բռնեց եղջյուրներն այս սուրբ սեղանի
Եվ իսկույն, պատժից պրծած, չամոքվեց:
Իսկ Աքար Զարմյան, Սավուղ Կիսյան ու Սիմոնյան Հուդան,
Եթե ասելով այս՝ չարդարացան,
Հաստատում եմ ես, որ տեղին էր այդ ու իրավացի.
Քանզի ակամա բռնադատվածը չունի անկեղծ սեր,
Ուստի չի կարող նաև ստանալ լրիվ փրկություն:
Իսկ ես կամքովս եմ համբուրում, սրտանց
Կրկնելով դարձյալ բառն այդ երջանիկ,
Որ հարազատն է իմ մկրտության:

Գ

Մեղա՛, որ այսպես մոռացա բոլոր
Երախտիքներդ, վերստին մեղա՛,
Մեղա՛ մարմնապես՝ հոգիս եղծելով,
Հիմարս մեղա՛.
Մեղա՛, որ կյանքիդ՝ դրուժան եղա,
Իսկ և իսկ մեղա՛.
Մեղա՛ խոսքերդ արհամարհելով,
Չարաչար մեղա՛.
Մեղա՛ օրհասիս աճապարելով,
Վատթարս մեղա՛.
Մեղա՛ ինքս ինձ անկենդան մահվան
Դատապարտելով, ձաղելիս մեղա՛.
Մեղա՛ հեստաբար բարձրությանդ՝ հանդեպ
Անամոթելով, տաղտկալիս մեղա՛:
Սահման չունեն իմ ողբերն հոգեկան,
Քանզի կործանում ու կորուստ գտա ինքս իմ ձեռքով.
Լքվեցի անդարձ ու համարվեցի որդիս թշնամի.
Գահավիժեցի երկնի բարձունքից

Ու վարքի փշեր դիզեցի բարդ-բարդ:
Ամոքում չունի ցավն իմ ողբաձայն,
Երբ ինքս անձամբ ինձ անարգեցի
Ու դարձա իմ իսկ կորուսչի բազին:
Բայց ունեմ նաև սրտի մի ուրիշ դժնդակ կսկիծ.
Համարում են ինձ այն, ինչ ինքս չեմ.
Մինչդեռ անմաքուր բաժակ եմ միայն արտաքնահարդար,
Ծեփված ու ներկված որմ եմ զարշելի,
Մի պձնամոլ եմ սին պարծանքներով,
Մռայլի փոխված լուսավորություն,
Գերանակիր աչք, փառքի մարած ջահ
Ու մի հանցապարտ, ըստ ամենայնի,
Ամեն ինչի մեջ, բոլոր կողմերով,
Ե՛վ տերունական տնօրինության,
Ե՛վ աստվածային հայտնության հանդեպ,
Ե՛վ արարչագիր երևումների,
Ե՛վ սարսափազդու խոնարհումների,
Ե՛վ նրա, որ իմ աչքով իսկ տեսա
Եվ որի հանդեպ շատ ավելի եմ պատասխանատու,
Քան թե բովանդակ ավետարանի:
Այս է, որ ահա պատճառում է ինձ զարմանք ու սարսափ,
Հալումաշ անող դժնդակ հոգսեր.
Անսփոփելի մտատանջություն,
Անհամար, մտքում անզետեղելի վիշտ ու տվայտանք,
Անկատար վերելք, անհաստատ վայրէջք,
Անամոքելի հուսահատություն,
Պատշաճ նախատինք և ծաղր ու ծանակ,
Արժանահատույց և իրավացի անեծք ու նզովք.
Ահա պատիժներ ու ամբաստանքներ,
Որ կրում եմ ես ինքնահարված ու տաժանալլուկ:

Դ

Դու կարող ես լոկ հանցանքներս ներել,
Բուժել մահացու խայթվածքներս ողջ,
Տե՛ր ողորմության, Աստված բոլորի,
Քրիստոս արքա, որդի բարձրյալ հոր,
Ստեղծիչ, գթած, բարերար, օրհնյալ, առատապարգև,
Ահավոր, հզոր, ողորմած, հոգած,
Ձեռնկալ, հաստիչ, փրկիչ, դարմանող,
Կենարար, ներող, անոխ, ապավեն,

Երկնավոր բժիշկ, անապատում լույս, կյանք,
Կենդանացուցիչ, նորոգիչ, քավող,
Եթե, համաձայն քո սովորության,
Մարդասիրաբար հայացք ուղղես ինձ,
Ես էլ նայելով քեզ՝ պիտի ողբամ,
Եթե լսես ինձ, պիտի հառաչեմ,
Եթե ունկնդրես, պիտի պաղատեմ,
Պիտի աղերսեմ, եթե ինձ անսաս,
Եթե ինձ ներես, պիտի աղաչեմ,
Կգոչեմ, եթե դեպի ինձ դառնաս:
Իսկ եթե անտես անելու լինես, ես կկործանվեմ,
Կարտասվեմ, եթե ընդոտնես հանկարծ,
Կմեռնեմ, եթե հոգեշահ չտաս,
Եթե ահարկու դեմք ցույց տաս, պիտի տանջամահ լինեմ,
Եթե սաստելու լինես, կդողամ,
Կտոսկամ, եթե խեթ աչքով նայես,
Եթե սաստկանաս, պիտի, սարսափեմ,
Եթե հալածես, կհեծեմ թշվառ,
Եթե երեսից ձգես, կկործեմ,
Կտանջվեմ, եթե չխափանես բոցն այս վհատության,
Եթե խստանաս, կփախչեմ ահով,
Կընկճվեմ, եթե սաստիկ սպառնաս,
Իսկ եթե քննես, պիտի քարկոծվեմ,
Կսուզվեմ, եթե կշտամբես ՛ուժգին,
Թե չխնայես, կլքվեմ անհույս,
Եթե կանչես ինձ, պիտի տագնապեմ,
Կամաչեմ, եթե աչք հառես վրաս,
Իսկ եթե ձայն տաս, պիտի երկնչեմ:
Ջի անարգել եմ պարգևը բարյաց,
Երանությունից ձեռ քաշել իսպառ,
Շնորհը լքել, դրժել ուխտը քո,
Ավանդը կյանքի մատնել մոռացման,
Վստահությունն ու հույսս կորցրել,
Բարկացրել եմ ամենաստեղծիդ,
Ոտնակոխ արել շնորհներն անճառ,
Եղծել պատկերը պատվական ու վեհ:
Եթե մահաբեր ու հեծեծագին այս ցավերիս մեջ
Մարդասիրություն հասցնես ինձ, տե՛ր Հիսուս Քրիստոս,
Վրաս ի կատար ածելով խոսքն այն,
Թե ամենամեծ մեղքն իսկ ամոքում,
Դադարեցնում է բժշկությունը,

Ապա ես այնժամ քո ամենառատ
Քաղցրությամբ ամուր պատվաստվելով քեզ,
Հոգով վերստին ձևավորված քո լույս կերպարանքով,
Նորից գտնված՝ կգոտեպնդվեմ քավված լիովին
Ու փրկագործված կվերստեղծվեմ
Կրկին անարատ ու անմահ կյանքով:
Եվ քեզ, սուրբ Հոգով, բարձրյալ հորդ հետ
Փառք հավիտենից հավիտյանս, ամեն:

ԲԱՆ ԻԸ

Ի խորոց սրտի խոսք Աստծո հետ

Ա

Արդ, ո՞ր մեկն ասեմ, ո՞րն հիշատակեմ,
Կամ որո՞նք հանձնեմ մեծիդ գթության,
Որքա՞ն զաղտնիքներ հիմա մերկացնեմ,
Կամ որո՞նք ասեմ խոստովանությամբ.
Այժմյաննե՞րը, որոնք հասցրել եմ արդեն ունենալ,
Թե՞ անցյալները, որ մթերեցի,
Գալիքնե՞րն արդյոք, որոնցից արդեն երկյուղ եմ կրում,
Թե՞ զայթումներս այն բազմասահ, որոնք ինձ տապալեցին,
Փոքրն իմ կարծիքով, որ Աստված, սակայն, մեծ է համարում,
Փութանցի՞կն՝ անորս, անկերպագրելի,
Քի՞չը, որ շատ է, թե՞ թեթևները, որոնք ծանր են հույժ.
Մարմնական մոլի ախտե՞րն սպանիչ,
Թե՞ կորստաբեր կրքերն հոգեկան.
Երախայրիքի հաճո՞ւյքն հեշտական,
Թե՞ ավերմունքի թերմացքը վերջի.
Աննկա՞տը, թե՞ տեսանելին պարզ.
Ձեռնահիպությամբ գործածնե՞րը, թե՞ նույնը՝ մտովին.
Խածոտումնե՞րը լայնական՝ հեշտին,
Թե՞ նետարձակման խոցերն անամոք.
Խորախո՞րն անչափ,
Թե՞ ամենասպառն ակներևորեն.
Պոռնկությո՞ւնը բազմազլխյան, թե՞

Ախտաժետումներն անբժշկելի.
Չարի բտո՞ւմը մարմնովս, թե՞ հոգուս սովը բարության.
Ախորժահոժար տրո՞ւմն Աստծո անախորժներին,
Թե՞ բռնաղատման պարանով ձգվելն այդ նույն մոլության.
Մեղքե՞րս մահաձիգ, թե՞ հույսերն իմ սին:

Բ

Արդարև, ձորձերս հանած ինքնակամ խեղագարի պես՝
Առականքներս ցուցադրեցի հրապարակավ,
Գործելով ընդդեմ այն իմաստունին,
Որն ասում է, թե ողջախոհ մարդիկ
Պետք է որ ծածկեն ամոթույքն իրենց:
Օտարացել եմ առաքինության
Ու հեռացել եմ բարի կարգերից,
Սրբության մեջ միշտ եղել եմ անսուրբ,
Իսկ կուսության մեջ՝ պիղծ ու անմաքուր,
Արդարության մեջ՝ ժանտ ու ամբարիշտ,
Բարեպաշտության մեջ՝ վնասապարտ.
Բերանով մոտ եմ եղել արարչին, մտքերով՝ հեռու,
Շրթունքներովս եմ լոկ պատվամատույց,
Ըստ մարգարեի և ոչ թե սրտով:
Եվ եթե պետք է դեռ այստեղ հիշել քստմնելիներ,
Մի հանդգնություն, որ ծանր է պատժից,
Որպես Աստծո ժրաջան ծառա,
Անկայուն մտքով, դեպի մահ տանող
Զույգ ճամփաների միջև վարանած՝
Ջանում եմ, սակայն չեմ շահում ոչինչ,
Հետապնդում եմ, սակայն չեմ հասնում,
Աճապարում եմ, բայց չեմ ժամանում,
Անձկությամբ այրվում, չեմ տեսնում սակայն,
Փափագում եմ միշտ ու չեմ հանդիպում,
Կարոտում, բայց չեմ պատահում բնավ.
Մեջս եմ ամփոփել երկրայինը ողջ.
Աղոթանվեր պատգամավոր եմ համայն աշխարհի:
Բայց դու, բարերա՛ր,ների՛ր բազմազան
Այս արատներն իմ, մտքում մի՛ պահիր.
Ավելի հեշտ է քեզ եղծել դրանք,
Քան ինձ՝ պատկերել հոգնատանջ ձեռքով.
Ահա և այժմ գրում եմ առանց ինձ խնայելու,
Որպեսզի ջնջես դու առատապես.

Չէ՛ որ հենց մեզ պես մեղավորների
Համար կոչվեցիր դու երկայնամիտ,
Ինչպես որ մաղթեց Եզրը երջանիկ՝ սրտի հեծությամբ,
Սաստիկ անձկացած, վհատված հոգով՝
Մտաբերելով աղետները այն, որ ինքն է պատմում:
Բոլոր մահառիթ կրքերով բռնված՝ տանջվում եմ և ես,
Ընկած գարշելի վիհին անդնդախոր
Ապականարար դժնի մեղքերի.
Չեմ էլ հավատում, թե մինչև անգամ,
Ըստ Հոբի խոսքի, դու ինձ կլսես:
Արդ, ինքնապարսավ անձնադատ գերիս
Կամավորապես ինքս ինձ մատնելով՝
Խոստովանեցի, որ իմ ձեռքով իսկ
Բոլոր կողմերից խափանել եմ ու փակել լիովին
Կյանքի, ապրելու ամեն մի հնար,
Որպեսզի փրկես մեղքերով այսպես պիրկ կապկպվածիս՝
Բարձրանալով ու փառաբանվելով կրկնապես, գովյալ:

Գ

Արդ, հետևելով սուրբ մարգարեի բարի խորհրդին՝
Հոգովդ երգելով նրա հետ նաև աղոթում եմ ես՝
Հաստատուն հույսով քեզ ապավինած.
«Ձեզ հետ խոսք առեք,— ասում է Օվսեն,
Դարձե՛ք ու ասեք ձեր տեր Աստծուն.
«Կարող ես դու մեր մեղքերը ներել»,
Որպեսզի, իրոք, բարիք ստանաք
Եվ բարօրություն վայելեք սրտով»:
Աիավասիկ հենց ինքն Աստված խոսեց,
Ո՛վ չի ցանկանա լսել իր տիրոջ.
Ինքն իսկ վկայեց,
Կարո՞ղ է մեկը նրան չհավատալ:
Նրա խոսքերն են վճիռ պաշտելի,
Սրբազան պայման, օրենք անփոփոխ,
Կենաց ավետիս, տերունի կանոն,
Բարիքների դուռ, սփոփման հրավեր,
Ճշգրիտ պատկեր, նվիրակ՛ան գանձ,
Հիշատակ անեղծ, անմոռանալի,
Որոնցով և ես հավատ ստացած՝
Նույնն եմ հաստատում մարգարեի հետ.
Դու, իսկապես, տե՛ր, կարող ես ներել

Բոլոր մեղքերը մեր բազմաբեղուն,
Որով կրկնապես պիտի բարձրանաս
Ամենաթռիչքառ ու բազմակործան իմ հոգու հանդեպ:
Համայնին իշխող տիրակալն ես դու,
Ամեն ինչի մեջ ամենակարող,
Ամենուրեք ու ամենքին հասու.
Հաղթում ես բոլոր բռնություններին,
Ջախջախում, փշրում ամեն կարծրություն,
Խորտակում ամեն ընդդիմահար ուժ,
Ամեն խստություն վատնում լիապառ,
Ընդոտնում ամեն ստամբակություն,
Անուշացնում ես դառնություն ամեն,
Քաղցրացնում ամեն դժվարամարս բան,
Ջիջում, բաշխում ես պարտքերը բոլոր,
Ներում, ջնջում ես ամենայն հանցանք:
Զորավոր ես դու, կարող, բազմարվեստ, ամենահնար
Ընկղմելու ողջ մեղքերն ամենքի,
Անհետացնելու մեջտեղից իսպառ
Իբրև մի չնչին, անգոյության չափ աննշմար կայծ, որ
Ընկնելով ծովը տիեզերատարած՝
Կլանվում է ու չքանում անհետ:

Դ.

Արդ. այս մատյանը ընթերցողների աղաչանքներով,
Հանուն քո որդու խաչի ու մահվան
Չարչարանքների, ո՛վ հայր գթության,
Ողորմի՛ր նրան, որն արտասուքով
Ողբերգությունն այս ստեղծագործեց.
Նա, որ մեզ համար հորինեց ղեղն այս կյանքի փրկության,
Թող ինքն էլ բուժվի քո անվամբ, հզո՛ր,
Որն այս գրքով մեզ խոստովանության ճամփան ցույց տվեց,
Թող որ պարտքերից լինի անարատ,
Եվ նա, որ կյանքի կանոնների այս պատգամ-մատյանով
Սովորեցրեց մեզ հպարտության թևերը կտրել,
Ինքն էլ ազատվի թող սկզբնական,
Միջին ու վերջին բոլոր մահառիթ
Փորձությունների չար կապանքներից
Եվ Երրորդությանդ բարեգործությամբ
Նորոգվի դարձյալ ու լուսավորվի.
Նրա հետ նաև մեզ կհամարենք մենք երջանկացած:

Ե

Դու, որ գործել ես այսքան բազմազան
Անբավ հրաշքներ, հա՜յր ամենաստեղծ,
Անունդ ահավոր, ձայն սարսափելի,
Կոչում ընտանի, համբուրելի խոսք,
Ազդում հիասքանչ, հրաման ահեղ,
Էություն անհաս, գոյություն անճառ,
Իսկություն անբավ, զորություն անխույզ, կամք բազմաբարի
Տերություն անծայր, մեծություն անչափ,
Բարձրություն վսեմ, անամփոփելի,
Անկշիռ քանակ, անբաղդատելի առավելություն,
Պատճառ որդու հայրությամբ միայն, ոչ առաջնությամբ,
Անպարփակելի զորությամբ մեծիդ
Սաստի՛ր դիվական ջերմատենդը այս տագնապախռով.
Որ սպրդելով մտավ մեղքի հետ,
Որպեսզի փախչի մարդուց՝ զարհուրած
Երկնավոր գառիդ սխրալի անբավ արյան վտակից,
Որով թեպետև սրսկվեցինք մենք միայն մի անգամ
Բայց մաքրվեցինք մշտնջենապես:

Զ

Արդ, արարչակերտ վսեմ խորհրդի
Այս պատկառելի խոնարհությունից
Թող որ ամաչի սատանան իր չար
Հրեշտակների գործերի համար,
Տանջվի, հալածվի,
Քո բնակության խորանից քշվի
Ու դուրս վտարվի խավարն արտաքին:
Ջնջի՛ր մեր դեմքից, մաքրի՛ր ողբերի արցունքներն անհետ
Ու մեր սրտերից՝ հառաչանքները այս հեծեծաձայն:
Հիշատակով այն աաժանատեսիլ,
Սահմռկեցուցիչ, դժխեմ, մահառիթ
Հեղուսահարման, որով բնեռվեց
Խաչ-աշտարակին միածինը քո,
Թող որ չարագործն ինքը կսկծա:
Կողահերձ սուրսայր հսկա սլաքի ուժգին բախումից,
Որով ստացավ նա վերքերն իր խոր,
Սկզբնարարը մահվան թող խպառ լինի չարամահ:

Քանի որ հոգին ավանդած պահին
Գրկումդ խոնարհեց գլուխն իր գովյալ.
Ապստամբությունն անբարեբարո
Բելիարի թող ի կոր կործանվի՝
Ըստ ամենայնի մատնված կորստյան:
Եվ որովհետև իսկությունն անմահ
Թաղվելով ծածկվեց երկրի արգանդում,
Թող որ դրանով հպարտությունը հոխորտ գոռոզի
Մահվան դժոխքի խավար հատակում տեսնի ինքն իրեն.
Հիշի՝ կենարար չարչարանքներով ամենազորի
Կրած առաջին այն հարվածն անբույժ,
Որով մահացավ ընդդիմությունը թունոտ վիշապի:
Խոստովանում եմ այս ի փառս քո, հա՜յր ողորմության,
Ի գովեստ որդուդ՝ սուրբ Հոգով հանդերձ,
Չի խորախորհուրդ ձեր միության մեջ
Մեկդ մյուսից խորթ, օտար ինչ-որ զորություն չունի.
Ուստի անսկիզբ անձնավոր բանիդ փառաբանելով՝
Մեծարում ենք և հորդ անժամանակ:
Քեզ՝ միասնական սուրբ Երրորդության,
Հավասարափառ տերությանդ հզոր,
Ինքնությանդ անքակ համագոյակից՝
Օրհնաբանությո՜ւն, գոհաբանություն, զորավորություն
Եվ վայելչություն անճառ մեծության,
Միաբանություն ու զուգակշիռ
Հավասարություն հավիտյանս, ամեն:

ԲԱՆ ԻԹ

Ի խորոց սրտի խոսք Աստծո հետ

Ա

Դու բարիքների սկիզբն ես միակ, անճա՜ռ գթություն,
Որդիդ միածին բարձրյալ Աստծո,
Որ ամբողջ օրը արիր մեզ համար ներման փրկարան,
Ոչ թե կորստյան դատապարտարան,
Փոխարինելով չարն օրվա՝ կենաց

Մեծ ավետիսի ակնկալության:
Բժիշկ հիվանդիս, մոլոր ոչխարիս՝ հովիվ հոգածու,
Ապավինածիս՝ բարեխնամ տեր,
Վշտամորմոքիս՝ անապակ գինի,
Վիրավորվածիս՝ սպեղանի-դեղ,
Փրկագործություն՝ մեղքով զերվածիս,
Մերժվածիս համար բարի օրհնություն,
Շնորհի կնիք՝ արհամարհվածիս,
Կողոպտվածիս՝ կոչումի օծում,
Ընկածիս՝ նեցուկ, գայթածիս՝ սատար,
Գահավիժածիս՝ հզոր ապավեն,
Տարակուսածիս՝ վերելքի սանդուղք,
Եղկելուս առաջ՝ երանության դուռ,
Մոլորվածիս դեմ՝ անշեղ ճանապարհ,
Պարտվածիս համար՝ ներող թագավոր,
Լքվածիս՝ քաղցր հուսադրություն,
Կյանքի ձեռնկալ՝ տարագրվածիս:
Ո՛վ մեծդ միակ և ամենառատ,
Որ բարիքների լիությունը քո
Սահմանում ես ու զեղում ավելի մեծ շռայլությամբ,
Քան կար՛ող ենք մենք խնդրել, իմանալ,
Ըստ սուրբ Պողոսի օրհնաբանության:
Դու պատվիրեցիր, որ վաղորդայնից
Մինչև արևմուտ, օրնիբուն անդուլ, իրար ձեռք մեկնած.
Ինն անգամ հիսուն, չորս անգամ տասն հեղ՝
Անարգել սրտով ու սիրահոժար
Ներելով՝ միմյանց բարիքներ գործենք,
Որ վեր է ամեն ակնկալիքից:
Հապա եթե իմ թշվառության ու անարգության հետ
Համեմտելու լինենք փառքը քո,
Ամենակարող զորությո՛ւն ահեղ,
Աստվա՛ծ բոլորի, օրհնյալ տե՛ր Քրիստոս,
Ի՞նչ կշռաչափով պիտի կարենա հողս կշռորդվել,
Համազուգակցել ստեղծողիդ հետ.
Չի անհուն ես դու անբավ, անքնին,
Համակ բարություն, ցամաան խավարին անմասն ու օտար,
Մինչևիսկ թիվն այն աստղերի, որոնց
Անէությունից տվիր գոյություն՝
Տարբերակելով իրենց հորջորջմամբ,
Կամ մթնոլորտում հեղված հյութն երկրի,
Որն ստեղծելով անգոյությունից՝

Կերտեցիր զանգվածն այս լայնատարած,
Քո մեծության մոտ անչափ ավելի փոքր կլինեն,
Քան վերոհիշյալ թիվն այն սակավ՝ իմ համեմատությամբ,
Որով եղկելուս դու քեզ նմանվել վարդապետեցիր:

Բ

Ահա ընկղմվեց ու ծածկվեց անհետ
Արարածներից չարությունն համայն
Քո երկայնամիտ կամքի լույսի մեջ,
Ինչպես չնչին մեզն արևի տապում.
Այդ են վկայում նաև հենց այստեղ
Մեր իսկ էության հատուկ բարքերն ու կրքերն ամենքի:
Քանզի մարդկանցից այն ո՛վ մեղանչեց՝ ու չապրեց զղջում.
Ո՛վ ապականվեց՝ ու չպատկառեց,
Գարշելի դարձավ՝ ու ամոթ չզգաց,
Սխալմունք գործեց՝ ու չապաշավեց,
Այդ ո՛վ կործանվեց՝ ու չհեծեծաց,
Ո՛վ գայթակղվեց՝ ու չվշտացավ,
Պարտություն կրեց՝ ու չպապանձվեց,
Չարաչար խաբվեց՝ չցավեց սաստիկ,
Ճաշակեց լեղի՝ ու չդառնացավ,
Բարձունքից ընկավ՝ ու չահաբեկվեց,
Կորցրած մեծության համար չսգաց,
Երանությունից զրկվեց՝ չլացեց,
Կողոպտվեց իսպառ փառքի շնորհից՝ ու չհեկեկաց,
Ո՛վ ինքնավնաս գործեր կատարեց՝ չանարգեց իրեն.
Մերժվեց բարձրյալից՝ ու չհառաչեց,
Սպառնալիքից Աստծո՝ չսոսկաց.
Մի հանցանքի տեղ՝ հազար չավաղեց,
Այդ ո՛վ մերկացավ ձմռան օրերին՝ ու չդողդողաց,
Անօրինացավ՝ ու չկոշկոճեց խիղճը քարերով,
Իր մեծության մեջ տեսավ ստրուկին՝ ու չկսկծաց,
Չարիքներ գործեց՝ չեղավ ինքնանեծ,
Լափվեց ախտերով՝ չանգոսնեց անձն իր,
Ո՛վ ամոթալի գործեր կատարեց՝ չձաղկեց իրեն,
Լրբության տրվեց՝ ու չնզովեց օրն իր ծննդյան,
Ո՛վ մտաբերեց իր արարքները՝ ու չխարշատվեց,
Ծածկություններն իր տեսավ՝ չխնդրեց մահ ու կործանում,
Գաղտնիքներն հիշեց՝ ու չխորովվեց,
Աներևույթներն երևակայեց՝

Եվ ամոթահար չհակվեց գետնին:
Այդ ո՜վ չխառնեց հեշտասիրական իր մեղքերի հետ՝
Անշիջանելի բոցը հոգի.
Ո՜վ պագշոտացավ՝ ու չպապակեց,
Կամովին գործած չարիքներն հիշեց՝
Ու չաղոթեց իր կորստյան համար,
Անպատմելիներն՝ ու չխռովվեց,
Անտանելիներն՝ ու չվշտացավ,
Մեծամեծերն՝ ու չհալվեց իսպառ,
Ապականիչներն իր անբծության՝ ու չտոչորվեց.
Հիշեց հանցանքներն, որ եղան պատճառ
Իր տարագրման՝ ու չտագնապեց.
Տեսավ իր դեմքի տեսքը աղտեղի՝
Ու չհամարեց իրեն արժանի վերնայնի ցասման.
Ո՜վ պատկերացրեց իր աչքերի դեմ
Մեկն իսկ մեղքերից կարևորագույն՝
Ու չխոցոտվեց մահվան զենքերով,
Խայտառակներից՝ չհյուսեց վայեր
Ու հեծեծանքներ հուսահատական.
Ո՜վ արքայական իր գահից դրկվեց՝
Ու չզալարվեց ջղաձգորեն.
Պերճ պսակի տեղ հող կրեց գլխին՝
Ու չմահացավ հոգով՝ կրկնապես.
Ո՜վ պայծառափայլ պատմուճանի տեղ
Քուրջեր հագավ միշտ՝ ու չմորմոքաց.
Ո՜վ կյանքն իր կորցրեց՝ ու չերկնեց անվերջ արյուն-արտասուք.
Այդ ո՜վ լուսեղեն զգեստների տեղ
Ծածկվեց խավարով՝ ու չնվաղեց.
Ո՜վ չթառամեց սիրելու ազից:
Ահա ճշգրիտ պատկերն իրական
Հանդիմանարժան վնասապարտիս.
Տխուր կերպարանք, շիջած ճառագայթ,
Իսպառ ցամաքած հյութալիություն,
Չորացած շրթունք, անշքացած տիպ, վշտագնած հոգի
Այլափոխված ձայն, ծռված պարանոց:
Բնավ սխալված չէր լինի, եթե մեկն ասեր նաև՝
Անբարձրախոհ միտք ու անհպարտ սիրտ,
Պարզն խնդրելուն անիրավասու երկչոտ տառապյալ,
Աղերսանքների իրավունքից զուրկ ծարավատոչոր.
Ինքնանարգելի հապաղկոտ, պղերգ,
Արդարալլուկ մերժված սովահար,

Ինքնանահատակ մահապարտ մի հեգ
Արժանապատիժ մի վտարանդի,
Անձնանեծ թշվառ:
Սրան օրինակ կարող են լինել
Այն փարիսեցին, որն արդարագործ
Համարեց իրեն, սակայն կշտամբվեց,
Եվ մաքսավորն այն, որ ճանաչելով
Իրեն մեղապարտ՝ բարեհռչակվեց:

Գ

Արդ, եթե բոլոր այն չարիքները,
Որոնք հնարում և սերմանում է մեր մեջ շարունակ
Մոլորյալներիս գանող բանսարկուն,
Մտցնում է իր օրվա հաշվի մեջ,
Հապա ինչո՞ւ դու նաև մեկ առ մեկ
Նկատի չառնես բարիքները այն,
Որ խնամակալ կեցուցչիդ կամքն է տնկում միշտ մեր մեջ՝
Արիացնելու համար մեր հոգին,
Ո՜վ բարեգութ տեր, հզոր ու հաղթող,
Մեղքերի քավիչ, ձեռներեց, հասու
Ամենայն ինչի, ամեն փրկության,
Դու, որ կարող ես չափազանց դյուրավ
Անդունդները խոր՝ երկնքի փոխել,
Խավարն անթափանց վերածել լույսի,
Լեղուց պատրաստել քաղցր մանանա,
Վշտահարների ողբը սաստկածն
Փոխարկել զվարթ հարսնահանդեսի
Եվ սրանցից էլ ավելին անել,
Տիրո՜ղդ ամենքին ահավորապես,
Փառավորյա՜լդ հավիտյանս, ամեն:

ԲԱՆ Լ

Ի խորոց սրտի խոսք Աստծո հետ

Ա

Արդ, թող ճշմարտվեն խոսքերդ, օրհնյալ,
Ողորմած, ներող Աստվա՜ծ բոլորի,
Այն մեղավորի հանդեպ բազմազայր,
Որը զղջումով դարձի էր գալիս.
Թեկուզև լինի այդ մեղանչողի հուսկ վերջին շնչում
Կամ նույնիսկ չարիք գործելու պահին:
Մանավանդ նրա դժնի կցորդն այս անձն իշխանական՝
Մի մարտիկ է միշտ ստության հարած, խաբող շողոքորթ,
Ըստ առակողի, հողմեր արածող,
Հաստողից փախչող, որսողին գերի,
Թեև համազոյ, բայց ներհակատարր՝ մոլեկան մարմնով,
Բազմաշարժառիթ ամենավարան.
Որոնց անսահման որքանությունը միայն դու գիտես:
Սակայն մեղքերին հաջորդում են միշտ
Ողբերգություններ հույժ ողորմագին ու վիատական,
Բազմավաղելի ու տաժանակոծ,
Որ գրի առած արդ մեղսատագնապ ամոթահարիս՝
Անբավ չարաչար տվայտանքների թառանչով թշվառ
Ու ողորմաղերս արտասուքներով,
Տե՛ր, տարածում եմ ահա քո առաջ:

Բ

Որպեսզի խոսքս կրկնաբանությամբ
Շատախոսության չվերածվի ու
Առավել ես դառնա ողբալի,
Ասեմ պարզապես, թշվառս բնավ
Արքայություն չէ, որ հանդգնում է խնդրել նրանով,
Այլ թեթևություն տառապանքների.
Ոչ թե, հավակնոտ, ակնկալում է՝
Ապրողների հետ՝ լուսաբնակ կյանք,
Այլ խավարակյաց զգայական շունչ՝ մեռյալների հետ.
Ոչ թե հույս ունի բարձրացածներին ընկերակցելու,
Այլ լքվածներին, խորտակվածներին:
Հանգստի ժամին նա միշտ լինում է տանջահար, հոգնած,
Խրախճանքի մեջ՝ տխուր ու տրտում,
Դեմքով միշտ ժպտուն, բայց մտքով խոցված,
Տեսքը ծիծաղկոտ, աչքը ողբի մեջ,

Արտաքուստ թեև ձևանում է շատ հանգիստ, սփոփված,
Բայց արտասուքը լուռ վկայում է կսկիծը սրտի:
Երկու ըմպանակ ունի ձեռքերում,
Մեկն արյունով լի, մյուսը՝ կաթով.
Երկու բուրվառներ կայծակնացնցող,
Մեկը՝ խնկաբույր, մեկը՝ ճենճահոտ.
Անոթներ, երկու համեմունք կրող,
Մեկը՝ քաղցրություն, մեկը՝ դառնություն.
Զույգ բաժա՛կ, երկու պարունակությամբ,
Մեկը՝ արտասուք, մյուսը՝ ծծումբ.
Գավաթներ, բռնած մատների ծայրով,
Մեկի մեջ՝ գինի, մյուսում՝ լեղի:
Տեսնում է բացված զույգ ներհակ դռներ,
Մեկը՝ դեպի լաց, մեկը՝ վրիպում.
Հակառակագործ երկու հոգցներ,
Մեկն արծարծում է, մյուսը՝ շիջում.
Աչքերի խոժոռ հայացք երկդիմի,
Մեկն՝ անզգալի, չնչին ողորմամբ,
Մյուսը՝ ցասմամբ, ժանտ ու անողորմ.
Բարձրացած երկու ահեղ բազուկներ,
Մեկն՝ հարվածելու,
Մեկը՝ մերժելու.
Մի դեմք, երկակի արտահայտությամբ՝
Տխուր ու ցասկոտ.
Մեկի փոխարեն երկու կշտամբանք,
Մեկը՝ ներկայի, մյուսն՝ ապառնու.
Տարակուսելի երկու ապավեն,
Մեկը՝ «թերևս», մյուսը՝ «գոնե».
Նույն բերանի մեջ երկակի բարբառ,
Մեկը՝ եղկություն, մյուսը՝ խռովք.
Երկու զգացում միևնույն սրտում,
Մեկը՝ կեղակարծ, խաբուսիկ հույսի,
Մյուսն՝ աներկբա, ստույգ կորստյան.
Ահագնատեսիլ մթին, մառնամուտ
Մի ամպ երկտարափ՝ նետեր ու քարեր.
Ահեղ որոտմունք՝ երկու պոռթկումով,
Մեկը՝ կարկտաբեր, մյուսն՝ հրացան.
Ցավագին գիշեր երկու վտանգի՝
Ողբի ու մահու.
Առավոտ սգո կրկնակի գուժով,
Մեկն՝ սպառնացման, մյուսը՝ սաստի.

Զույգ արեգակներ երկու ծագերից,
Մեկը՝ խավարի, մյուսը՝ կիզման:

Գ

Եթե հարվածի բռունցք բարձրանա,
Համոզված է, որ իր համար է հենց
Իսկ եթե պարզվի ձեռք պարզևաձիր,
Չի ակնկալի երբևէ իրեն:
Երբ պարծենում է որևէ մեկը, կորանում է նա,
Երբ հոխորտում են, ընկճվում է իսկույն,
Հեծում է ամեն չարիք հիշվելիս,
Ամաչում է, երբ անարատների մասին է խոսվում,
Իսկ երբ պատմում են հանդերձյալներից, սմքում է դողով:
Եթե բացահայտ որևէ մեկից օրհնանք ստանա,
Ինքն իրեն պիտի անիծի ծածուկ.
Երբ ինչ-որ մեկից գովեստներ լսի.
Պիտի կշտամբի, պարսավի իրեն,
Իսկ եթե հանկարծ նախատվի սաստիկ,
Ինքն է հաստատում, որ արժանի է.
Եթե ենթարկվի ծաղր ու ծանակի,
Կհամարի այդ սակավ հատուցում
Իր չափազանց մեծ պարտքերի դիմաց.
Եթե լսի, որ իր մահն են ուզում,
«Այո» է ասում ու կրկնում դարձյալ.
Եթե երկնքից մահվան շանթ ճայթի,
Հազիվ թե դեմքն իր բարձրացնի ի վեր:
Իր իրավունքի մատյանն է գցված,
Հույսն արդարացման լքել է իրեն,
Ու փակ է ճամփան վստահ ընթացքի,
Եվ չէր հապաղի լինել անձնասպան,
Եթե խեղճ գերուն այն անփրկելի կորուստ չլիներ:
Արդարև, վա՜յ այն մեղավոր մարդուն,
Ըստ իմաստունի հոգելից խոսքի,
Որ տարակուսված զույգ ճամփաների վրա կկանգնի:

Դ

Դու, որ բարձրաձայն ասելով, թե
«Ես տեր եմ ողորմած»,

Ինչպե՞ս, բարեգո՛ւթ, պիտի չողորմես
Այսքան ողբաձայն ու կողկողագին հեծեծանքներիս.
Չէ՛ որ կա գերուս չարության հանդեպ բարությունը քո,
Քաղցրությունը քո՝ մահապարտյալիս դառնության դիմաց,
Կորածիս նորից գտնելու համար՝ ճառագայթը քո,
Ողորմությունը քո՝ հանդգնածիս մոլության հանդեպ,
Վնասակարիս խակության դիմաց՝ հեզությունդ անճառ,
Աջդ՝ օգնելու կործանված անձիս,
Ընկղմվածիս դուրս բերելու համար՝ ձեռքդ հզածու,
Մատդ՝ բուժելու վերք ու խոցերս անբժշկական,
Աղաբեկվածիս խնամարկության համար՝ քո ոգին,
Երախտամոռիս հույս տալու համար՝ հանդուրժանքը քո,
Զորությունը քո՝ ամենաղժնուս օծելու համար,
Հրամանը քո՝ քավելու համար մեղանչականիս,
Փախստականիս ապավինության համար՝ ոտքը քո,
Թևդ՝ սրդողիս պատսպարելու,
Բազմավրեպիս առաջնորդելու համար՝ լույսը քո,
Հանճարդ՝ ճար ու հնար գտնելու տարակուսյալիս,
Անիծյալիս ետ դարձնելու համար՝ օրհնությունը քո,
Խրախույսը քո՝ քաջալերելու հուսալքվածիս,
Վշտամորմոքիս մխիթարելու համար՝ բաժակդ,
Կամքդ՝ արձակելու սաստիկ նեղվածիս,
Սերդ՝ կանչելու դարձյալ ատելուս,
Խոսքդ՝ ցնցվածիս հաստատման համար,
Հոգեպես ծանր խոցվածիս համար՝ կաթիլն արյունիդ,
Մթերված անտես ցավերիս համար՝ հրամանը քո,
Իշխանությունդ՝ կրկին ընտրելու հուսահատվածիս,
Հատվածիս նորից պատվաստման համար՝ կցորդությունդ,
Մահվան խավարով ծածկվածիս համար՝ շողդ կենսաձիր,
Խաղաղությունդ՝ ալեխռովիս հանդարտման համար,
Օտարացածիս մոլեգնության դեմ՝ ողջույնդ հուսատու,
Եվ մոլորյալիս դարձի բերելու համար՝ ձայնը քո:
Դու ես գթությամբ տիրում բոլորին
Քո մեջ խավարի ոչ մի հետք չկա,
Եվ առանց մեծիդ չկա բարություն.
Քեզ վայելում է փա՛ռք հավիտենից հավիտյանս, ամեն:

ԲԱՆ ԼԱ

Ի խորոց սրտի խոսք Աստծո հետ

Ա

Անցնելով ահա ամեն մի սահման՝
Բազմապատկեցի արիավրալի ու
Անսփոփ վշտիս տագնապախռով
Ու մեծահառաչ ձայնը դառնահեծ,
Որ դու, ողորմա՛ծ,
Սկզբնահայրդ անհայտ ու գաղտնի
Ծածկությունների խոստովանության,
Որդիդ կենդանի Աստծո, տե՛ր Հիսուս,
Քաղցրությամբ նայես քավելու համար:
Իրոք կարող ես և ճշմարտապես ձեռներեց, հասու.
Եթե կամենաս՝ ամենաճար ես.
Ինչ կամենում ես, կարողանում ես առավելաբար:
Հարստանում ես մեծապես տալով, ոչ թե առնելով,
Ոչ թե կիտելով, այլ ցրելով են գանձերդ բազմանում.
Ունեցվածքներդ բազմապատկվում են
Սփռելով, ոչ թե խնայողությամբ.
Ոչ թե դիզելով, ամբարվելով են
Պաշարներդ աճում, այլ տարածելով:
Սրանց շնորհիվ հավատում եմ ես՝
Քեզնով գտնելու ելք ու փրկություն,
Հավատում եմ ես, անարգագույնս պատվականի հետ
Եվ Աբրահամի ու Աննայի պես հույս եմ փայփայում,
Որոնցից մեկը խոսքիդ հավատաց,
Իսկ մյուսն անսաց մեծիդ ընտրյալին,
Որի շնորհիվ և առաջինը խոր ծերության մեջ
Դարձավ անհամար որդիների հայր՝
Հուսալով տեսնել Սառայի արգանդն ամուլ ու զառամ՝
Բազում ազգերի սուրբ մարգարեներ
Ու թագավորներ արգասավորող
Բեղուն պտղաբեր օրհնյալ անդաստան,
Իսկ երկրորդը՝ հողն անմշակ՝ սենյակն իր որովայնի,
Բարգավաճեցրեց յոթ զավակներով.
Թի՛վ անբավության, որ աստվածային

Հավիտենություն է նշանակում,
Սահմանը նրա անհիմանալի հարակայության
Եվ ավազանի նորածին որդոց հորդությունն անհատ:
Թիվն այս պանծալի, որ չունի իրեն
Զույգ ու հավասար, ո՛չ վերջ, ո՛չ վախճան,
Կուսություն է մի ընտրությամբ ուրույն, միշտ նվիրական,
Հավիտենության անճառ, անմեկին
Խորհուրդը խորին, մեր մտքին անհաս:

Բ

Դառնահեծ սրտիս ամենավարան
Ու կողկողագին ձայնն այս համարիր՝
Փրկությունից զուրկ հուսահատ հոգուս արդարացում, տե՛ր.
Աղերսախառն դավանությունն այս փոքր իմ հավատի
Ընդունելով ու դասելով հիշյալ
Երջանիկներին հար ու հավասար,
Որպեսզի ես էլ ապրեմ նրանց մոտ,
Բերկրեմ նրանց հետ՝ ապավինելով
Ոչ թե գործերիս, այլ շնորհներիդ,
Որոնք կրկնակի բարձր են, փառավոր,
Մտքի կշռության սահմաններից դուրս,
Աներկբայելի ու անվերապահ
Քավարաններ են ամենակարող,
Խաղաղարարներ հոգուս խռովքի:
Դրանց միջնորդ են՝ ահեղ արյանդ հետ՝
Նաև խնկելի ծնողդ մարմնավոր,
Առաքյալների խմբերն ու դասը մարգարեների,
Մարտիրոսների՝ հեծյալ, հետևակ,
Լոկ արիությամբ սպառազինված
Մերկամարտ կռվող գնդերն համորեն,
Գումարտակները մենակյացների,
Բանականների բույլերն ընտրագույն,
Բազմությունները բարեպաշտների,
Երկրի՝ երկնավոր հույլերն հոգեղեն,
Զորախմբերը մեզ կցորդակից վերնականների,
Երախայրիքներն ընծայաբերվող,
Մատուցումները զվարակների,
Ջահավառումներն ու խնկումները՝ օծված յուղերով,
Հաղթանակները փրկիչ նշանիդ,
Աստվածաբնակ սրբատների կառույցներն համակ,

Քահանաների ձեռքերն օրհնաբեր, շնորհամատույց:
Ամեն շարժման հետ հիշում ենք Աստծուդ.
Քայլեր փոխելիս, աջ կարկառելիս
Կամ տարածելիս բազուկներ ի վեր.
Բարության համար՝ գոհաբանություն,
Գայթման միջոցին՝ աղաչանքներ ենք վերընծայում քեզ.
Թե՛ ընտանեկան մեր զրույցներում,
Թե՛ հասարակաց խոսակցության մեջ,
Թե՛ մեր բնական ձայնարկումների,
Թե՛ մեր գործերի հաջողության ու
Առաքինական ջերմեռանդության պահերին, գթա՛ծ,
Գիշեր թե ցերեկ, արթմնի թե քուն,
Ամբողջ հոգեշահ մեր ընթացքի մեջ
Առաջնորդվում ենք միայն քեզանով.
Թե՛ ազգամիջյան պատերազմներում,
Թե՛ դևերի դեմ մարտեր մղելիս,
Թե՛ ընդհարվելիս հերձվածողի հետ,
Մեծ կամ փոքրի հետ վերաբերվելիս,
Կերակուրների, ըմպելիքների ճաշակման պահին,
Մի խոսքով, բոլոր հանգամանքներում,
Մեզ հաճելի, թե ծանր ու վշտառիթ,
Մի մասի համար աղոթում ենք, որ հենց այդպես մնան,
Իսկ մյուսների՝ որ զերծ պահես դու
Անճառ, անսահման քո հնարքներով սքանչելապես.
Քանզի ամեն ոք հավատացած է,
Որ կարող ես դու, ամենքին հասու՝
Կաթնակեր մանկանց, պատանիներին,
Վայրասուններին գազանաբարո,
Բարձրահոն, գոռոզ ստամբակներին.
Նույնիսկ մոլեկան թատերախաղի տեսարաններում,
Խառնակույտերում խուռն ամբոխների,
Ամենազորիդ կամքին անհաճո
Կայթ ու կաքավման հանդեսների մեջ
Դու չես մոռացված:

Գ

Արդ, ամենքին էլ դու ես ստեղծել.
Բոլորն էլ քոնն են, միա՛յն բարերար,
Ուստի բոլորին պիտի ողորմես.
Եթե մինչնիսկ մեղանչած լինեն,

Քոնն են, քանի որ քո հաշվի մեջ են
Եվ ճանաչում են զորությունը քո,
Ըստ առակողի աղերսանքների,
Որին ինքս էլ եմ ձայնակից իմ այս խղճուկ խոսքերով՝
Որպես հանցավոր վկայելով այդ:
Համարձակվում եմ ասել թե նա, ով
Գովեստներով է դիմում բարձրյալին
Եվ ընդունում է, որ կաս աներկբա,
Եթե մինչնիսկ կրկնակի յոթն հեղ
Վարակված լինի հանցապարտությամբ,
Համաձայն փորձով հաստատված խոսքի,
Քոնը չէ՞ միթե:
Երբեմն արջնաթույր ագռավների մեջ
Տեսնում ենք նաև երամներ ճերմակ աղավնիների,
Ձիերի մեջ, գոռ, խրոխտ, անմաքուր՝
Որոջներ, խոնարհ, հանդարտաբարո,
Գազանանման շների թվում՝ նվիրյալ դառներ.
Դաժանության մեջ՝ բարեհոգություն,
Թերատության մեջ՝ կատարելություն,
Գոռոզության մեջ՝ հեզամտություն,
Ստահողության մեջ՝ ճշմարտություն,
Խորամանկության մեջ՝ շիտակություն,
Խարդախության մեջ՝ ուղղամտություն,
Չարիքների մեջ՝ բարեբաստություն,
Լպիրշության մեջ՝ առաքինություն,
Անզգոության մեջ՝ ողորմածություն,
Անհուսության մեջ՝ ապաշխարություն,
Մոլեգնության մեջ՝ քաղցրավարություն,
Թշնամության մեջ՝ հաշտասիրություն,
Խածանողության մեջ՝ անոխություն,
Լլկանքների մեջ՝ քաջալերություն,
Նետարձակման մեջ՝ բարեմաղթություն:
Ուստի և երբեք չկարողացա դատել ճշտապես՝
Երկրածիններից ո՞վ պիտի արդյոք
Արժանի դառնա քեզ ժառանգելու,
Չի դու կարող ես միայն կշտամբել անաչառորեն
Կամ արդարացնել իրավակշիռ
Ե՛վ մաքրագործված ամբարիշտներին,
Ե՛վ այն պոռնկին, որ զղջացել է:
Բոլորի հանդեպ բարեգործ ես դու,
Միա՛կ թագավոր, օրհնյալ ի բարձունս,
Հավիտյաններում բովանդակ, ամեն:

ԲԱՆ ԼԲ

Ի խորոց սրտի խոսք Աստծո հետ

Ա

Արդ, ես հետնյալս սկզբնադրյալ արժանիքներից,
Համարելով ինձ անձամբ պատժապարտ,
Ողորմություն եմ քեզանից խնդրում՝
Բոլորին դարձրած ինձ հետ ձայնակից.
Վեհերոտներին ու նկուններին,
Թույլ ու փոքրերին,
Լքվածներին ու քամահրվածներին,
Վանվածներին ու քեզ դարձածներին,
Վարանածներին ու հաստվածներին,
Կործանվածներին ու հառնածներին,
Ընկճվածներին ու հաստատվածներին,
Տապալվածներին ու կանգնածներին,
Մերժվածներին ու ընդունվածներին,
Ատվածներին ու վեր կանչվածներին,
Ապշածներին ու սթափվածներին,
Անառակներին ու զսպվածներին,
Զատվածներին ու մոտեցվածներին,
Վտարվածներին ու սիրվածներին,
Պատկառածներին ու հրճվածներին,
Ամաչածներին ու բերկրածներին:
Սակայն ես այստեղ կպատմեմ դարձյալ
Ոչ թե մեղքերը Երուսաղեմի՝
Հրամանառու մարգարեի պես,
Կամ Հակոբի տան գործերն անօրեն,
Այլ շտապում եմ իմերը հայտնել.
Քանզի իմ մահվան աղետի վրա
Ավաղ ասելով, ըստ մարգարեի,
Պիտի նախատեմ ինքս ինձ անձամբ,
Ըստ սաղմոսողի, իմ իսկ խոսքերով,
Որպեսզի իմ այս հանձնառական ու
Համայնապատում խոստովանությամբ,
Պետք չունենալով այլևս կրկնելու,
Արարչիդ օրհնյալ հրամանով ես
Մեկ անգամ ընդմիշտ մաքրվեմ իսպառ:

102

Բ

Ես, որ խոնարհված՝ երկրին կառչեցի
Եվ անասնական գետնաքարշությամբ
Սողալով նվաստ մի սողունի պես՝
Կամովին ինքս ինձ զամեցի կյանքին այս կորստական,
Ահա ծնկաչոք կուչ եկած մեծիդ քաղցրության առաջ՝
Փռվում եմ գետնին, որ պատկերեմ քեզ,
Թե ինչպես եմ արդ ի մահ գլորվում:
Բայց ապավինած վերստին քեզ, տե՛ր,
Ասես թե կյանքի հաստատուն նեցուկ մի գավազանով,
Որ ընձյուղված է Դավթի արմատից
Եվ անճառորեն շաղկապված ահեղ քո աստվածության,
Պիտի կիսովին բարձրանամ ոտքի՝
Երախտիքներից քո ամոթահար, գետնահակ դեմքով,
Աչքերս հառած քո բարձունքներին,
Խղճալի հայացք ուղղած դեպի քեզ
Ու լիճը լույսիս լցրած արցունքով,
Ո՜վ ողորմություն, քաղցրություն համակ,
Որ կարեկից ես բոլոր վշտերին,
Հույսի պաղատանք առաքելու քեզ:
Լսի՛ր աննվազ ու ամենառատ
Բարեմտությամբ՝ քեզ դավանողիս.
Ըստ ամենայնի դու ես փրկության երաշխիք միայն,
Աստվա՛ծ բոլորի, անճառ մեծություն,
Անբավ բնություն, իսկություն անհաս,
Հզոր զորություն, անհատ լիություն,
Բարերարություն ամենակարող,
Անճառ վիճակ՝ մեր ճոխ ժառանգության,
Բարեհաճություն առատապարգև
Եվ իմաստություն անստվերաբիծ,
Տենչալի նվեր, անձկալի շնորհ,
Բաղձալի բերկրանք, անտխուր հանգիստ,
Անկասկած հնար, անկապտելի կյանք.
Անհատ ստացվածք, անփոխ բարձրություն,
Համաբույժ բժիշկ, անսասան հաստում,
Մոլորվածի դարձ, կորածի գտիչ,
Վստահողի հույս, խավարածի լույս,
Մեղսոտի քավիչ, փախածի պաշտպան,
Հուզվածի անդորր, մեռյալի Փրկիչ,
Գերու արձակիչ, մատնվածի թիկունք,

Սահածի սատար, գայթածի նեցուկ
Եվ համբերություն տարակուսածի,
Լույսի կերպարանք, ցնծության հանդես,
Օրհնության անձրև, կենսաշունչ հոգի,
Դեմքի զորություն, գլխի հովանի,
Շուրթերի շարժիչ, խոսքի ներազդում,
Անձի կառավար, ամբարձիչ բազկի,
Ձեռքի կարկառիչ, սրտի սանձակալ,
Ընտանի անուն ու ձայն մերձավոր,
Հարազատ կցորդ, հայրական խնամք,
Դավանված անուն, պաշտելի պատկեր,
Անպարագիր տիպ, երկրպագված տեր,
Բարեբանված հուշ, ուրախության մուտք,
Անվրեպ շավիղ, փառքի ճանապարհ,
Ճշմարտության դուռ, երկնաճեմ սանդուղք,
Եվ այլ բազմազան գովեստի խոսքեր,
Անհամար տողեր ու տներ անբավ,
Որոնք չեն կարող՝ ո՛չ արտաբերել երկրածին լեզուն,
Ո՛չ տանել ինչ-որ մարմնավոր գործիք,
Եվ ո՛չ էլ կշռել իղձերն հոգեղեն:

Գ

Ամեն տեսնողի աչք քեզ է նայում,
Աստվա՛ծ բոլորի,
Դո՛ւ նս նայիր քեզ հառաչաձայն
Պաղատող բոլոր քո ծառաներին,
Աղախիններին, թե նրանցից էլ լինի աղերսող:
Ընդունի՛ր, Հիսո՛ւս, և ցանկասերիս
Լացող աչքերի արտասուքների ցողն ողբերգությամբ՝
Ոտքերին անեղծ մարդեղության քո
Եվ, խորհրդավոր օրինակով այն
Մեղսոտ, հանցավոր կնոջ մազերի,
Իմ դավանությունն ու դարձը առ քեզ,
Ու կենսափրկիչ հաղորդությունդ
Ճաշակող համբույրն իմ շրթունքների
Թող ինձ կապի քեզ համաշնչորեն՝ անլույծ միությամբ,
Եվ նույն գթությամբ ու ողորմությամբ
Ընդունեմ քեզնից, փոքր իմ հավատքի դիմաց, բարերա՛ր,
Գրավականը քո մեծ պարգևի.
Թող որ զորությամբ գթառատ սիրուդ՝ ծառայիս հանդեպ,

Որ դավանում է անունդ անձկալի,
Ձմռան բքաշունչ հողմերը փոխվեն մեղմանուշ հովի,
Խոլ մրրիկները՝ ախորժ զեփյուռի,
Աhն ու տագնապներն այս չարակասկած՝ մեծ վստահության,
Աղետը պատժի՝ անանց բերկրության,
Վիշտն ու թախիծը՝ հոգևոր անհատ խրախճանության,
Ալեկոծությունն այս փոթորկահույզ՝ խոր խաղաղության,
Ու թևարկումներն հասցնեն անվրեպ՝
Ապահով, անդորր նավահանգստի:
Քեզանից հասած բոլոր բյուրավոր այս բարիքներից
Թող որ մեծանա ամենազորից
Անունը խնկված ու խոստովանված,
Ամոթահարվի, քշված, հալածված, չարյաց բանսարկուն,
Կորչեն պարտքերիս մուրհակները ողջ,
Վարմերը խզվեն, որոգայթները լինեն ցանուցիր,
Կտրատվեն, քանդվեն կապանք ու շղթա,
Վիհը վերանա, վնասը վանվի,
Պարսվեն, չքանան պատրանքները նենգ,
Մեղքերը ջրվեն, պարտքերը ջնջվեն,
Լուծը խորտակվի, ու քեղիները քայքայվեն իսպառ:
Չար հանցանքների մռայլ մթության
Ու մեզ պաշարած դևերի խուժդուժ բանակների տեղ
Աջից ու ձախից, դեմից, թիկունքից
Փառքիդ արևը թող որ ճառագի՝
Լուսավորելու, փրկագործելու, կյանք տալու համար:
Իսկ նրանց վրա, ովքեր լիահույս
Սպասում են քո լույսի հայտնության,
Թող հոգուդ պայծառ ու զարնանաշունչ
Վաղորդայնի ջինջ ճաճանչը շողա:
Չկա ոչ մի բան քեզ անհնարին,
Եվ բարերար ես բոլորի հանդեպ,
Ցանկանում ես, որ ամենքը ապրեն,
Եվ փրկություն ես տենչում բոլորին:

Դ

Ամենապարզև ձե՛ռքդ Հիսուսի, դարձի՛ր դեպի ինձ՝
Քո շնորհաձիր աջի կարկառմամբ,
Բնակվի՛ր իմ մեջ, ինձ հետ միացած,
Չհեռանալով քո սիրո սենյակ սրտից իմ անձուկ.

Եվ քո դրոշմը անեղծանելի,
Որը նշխարն է քրիստոնեական
Փրկավետ կոչման պանծալի լույսի,
Թող քո փոխարեն, միջնորդ լինելով,
Պահվի միշտ ինձ հետ՝
Երկնի արարիչ Հոգուդ ավետած
Հավիտենական կենաց մատյանի կտակարանում:
Եվ քեզ՝ միակի նախապատճառիդ,
Մյուսիդ, որը մի պատճառից է,
Եվ ունեցողիդ մի պատճառ, եռյակ անձնավորության
Ու աստվածության այդ միասնական՝
Վայել է փառք՝ վեհ երկնավորներից, արքերի դասից՝
Հավիտյաններից հավիտյանս, ամեն:

ԲԱՆ ԼԳ

Ի խորոց սրտի խոսք Աստծո հետ

Ա

Բանաստեղծությունն այս պաշտամունքի,
Որ հոգուս խորքից ընծայում եմ քեզ,
Օրհնյա՛լ բարեգութ,
Միավորելով զուգամասնապես
Խնկաբեր կանանց նվիրումներին՝
Խառնիր բարեպաշտ Մարիամի յուղի անուշության հետ:
Հավասարելով ինձ նույն երջանիկ այդ պոռնիկներին,
Որոնց հարգանքով հավերժահրաշ դու ընդունեցիր,
Պարարվի՛ր, գթա՛ծ, մեծապես և իմ նվաստ խոսքերով՝
Անհասանելի ու բարեբանյալ
Բարձրյալիդ գլխին տեղ տալով նրանց,
Ձերծ պահելով ինձ սաղմոսերգուի այս ամբաստանքից.
«Ցողն հանցավորի չպիտի օծի զագաթն հերապանծ»:
Օծվի՛ր մատյանն այս խոստովանության,
Օրհնյալ այն տան պես, բույրով համասփյուռ,
Ամենատարած ու աշխարհալիր,
Որ այն հասնելով՝ կրկնակ զորությամբ

Ազդի, ներգործի շատերի վրա
Եվ լինի նրա հիշատակի պես անմոռանալի։
Այն նույն տերն ես դու, որ զգաստացրիր
Նախկին չարախոհ մեղավոր կանանց՝
Օրինակ տալով նրանց կերպարը սուրբ մարգարեի,
Որ ճշմարտատիպ կրկնությունն էր քո,
Այդ ներգործությամբ ցուցադրելով
Անճառ շնորհիդ իրագործումը նաև իմ հանդեպ։
Դու անասնակեր գարու փոխարեն՝
Կենսատու հացի քո բազմահամբար
Ցորենի բերքը պարգևեցիր մեզ,
Ապականացու այն արծաթի տեղ՝ պատկերդ արքունի,
Ընդարմարար ու հիմարացուցիչ գինու փոխարեն՝
Բաժակն երկնավոր՝ արարչիդ արյան,
Հին ժողովրդի հայրատ կնոջից
Առած յուղի տեղ՝ շնորհին օծումիդ,
Վերցրած՝ գլխաշուք այն կտավի տեղ՝ անեղծ վերարկուդ,
Պերճապաճույճ այն ապարանջանի
Փոխարեն՝ թռիչք բարեմասնության՝
Քո օրենքով ու ավետարանով,
Այլև գործնական առաքինությամբ,
Վայելչազարդող գնդի փոխարեն՝
Հիշատակն անբիծ՝ տերունի ձայնիդ,
Կուրծքը պաճուճող այն մանյակի տեղ՝
Ավանդները քո ամենահավաք
Կրոնի քաղցր ու ճշմարիտ լծի։

Բ

Սակայն սրանով ինչո՞ւ պարծենալ,
Երբ հարկավոր է միայն ամաչել։
Եվ արդ, փոխելով ողբերգությունն այս
Այլ եղանակի, որ պատշաճ է ինձ,
Ըստ ամենայնի մեղապարտության
Պատիժն իմ ամբողջ պիտի հատուցեմ,
Պիտի մեջ բերեմ մարգարեներից
Համառոտակի ամբաստանական խոսքեր խստագույն,
Ուր կան հառաչներ, ձայներ հեծության,
Ցասման աղաղակ, սաստիկ լաց ու կոծ
Եվ նախատինքներ դառն ու խորտակիչ՝
Ոչ թե նրանց հետ պարով բերկրելու, հրճվելու համար,

Այլ լծակցելու նրանց ողբերին:
Սակայն մեծ Աստծուդ գութն ամենահաս
Կանխավ հույս տվեց ակնկալելու
Նաև զղջումներ, խոստովանություն,
Ավետիս, պարգև, երևում լույսի,
Խրախուսանքներ աստվածային ու փառքի ժառանգում,
Հրաշքների ու սքանչելիքի հայտնություն, տեսիլք,
Որոնց մի մասը հույս է ներշնչում,
Մի մասն առթում է խոր վհատություն,
Որի մեջ ընկա ինքս կամովին
Եվ կործանվելով՝ հասա կորստյան:
Եթե Եզեկիելն Աստծո զգեստ
Համարեց ծածկոց-վարագույրը այն,
Որով ժողովուրդն զգեստավորեց կարկատուն կուռքեր,
Եվ նրանց կողմից այդ պոռնկել է ինքը համարում,
Որքա՜ն ավելի խիստ պիտի լինի պատիժը պղծիս,
Որ արտաքուստ ու ներքուստ հենց իրեն՝
Աստծուն եմ հագել:
Զարմանում եմ, թե ինչպե՛ս չեմ կիզվում,
Սարսում, թե ինչպե՛ս չեմ այրվում հապա,
Ապշում, թե ինչպե՛ս չեմ բնաջնջվում՝
Տանջված, չարչարկված, լքված, ջախջախված,
Մանրված, խորտակված ու պատառոտված
Ժանտ ժանիքներից կորուսչի, ինչպես ասված է Գրքում:
Սակայն պահված է ինձ համար նաև
Փրկության հույսի հուշարար մի շող,
Այն, որ Հիսուսի ավետարանը կյանք է բացարձակ,
Ինչպես որ նաև բառն է ցույց տալիս,
Չի խոստանում է այն մեղքերին դարձ,
Պարտքերին՝ զիջում, եղծման՝ նորոգում,
Քավություն ամեն անօրենության,
Վերքերին՝ բուժում, տագնապին՝ անդորր,
Պատերազմներին՝ հանգիստ ու դադար,
Կրակին՝ անձրև, հանցանքին՝ ներում,
Պատժի տեղ՝ պարգև, սատակման տեղ՝ ձիր,
Մահվան փոխարեն՝ կյանքի փրկություն:

ԲԱՆ ԼԴ

Ի խորոց սրտի խոսք Աստծո հետ

Ա

Ահա իղձերը թշվառ իմ շնչի
Եվ դավանանքն իմ քեզ պատշաճական,
Որոնք թեպետև գրված են եղել արդեն նախապես
Եվ հայտնի են քեզ լիովին, սակայն կրկնում եմ նորից:
Իսկ մեծակուտակ բազմության առաջ
Գրաբանական բեմախոսության
Եվ ժողովրդին մեկնաբանումներ անելու համար
Այս աղերսներն եմ նվիրաբերում՝
Շարադրելով ահա հետևյալ
Գոհաբանական դրվագների մեջ:

Բ

Աղաչում եմ մեծ, անփոփոխելի
Ու ամենազոր տերության Հոգուդ,
Առաքի՛ր, գրա՛ծ, ցողդ քաղցրության,
Ներազդի՛ր հոգուս և զգայության տիրակալ մտքիս,
Օժտի՛ր բազմաձիր, առատապարգև
Ու ամենալիր քո շնորհներով:
Հերկի՛ր բանական անդաստանները
Իմ այս մարմնեղեն կարծրացած սրտի,
Որ կարող լինի պտղաբերելու սերմդ հոգևոր:
Խոստովանում ենք՝ քո ամենիմաստ
Էությամբ է, որ ծաղկում են մեր մեջ
Ու բարգավաճում պարգևներն համայն.
Դու ես ձեռնադրում առաքյալներին,
Մարգարեներին օժտում ներշնչմամբ,
Ուսուցանում ես վարդապետներին,
Բարբառել տալիս համրերին անխոս,
Բացում խուլերի ականջները փակ,
Ինչպես բոլորն այդ ազգակիցը քո՝
Հոր էակիցն ու անդրանիկ որդին
Քո գործակցությամբ իրագործելով՝

Քեզ հոր իսկության հավասարակից աստված հռչակեց:
Շնո՛րհի արա արդ և մեղավորիս,
Որ ես էլ խոսեմ համարձակությամբ,
Մեկնեմ կենսատու խորհուրդն ավետյաց ավետարանից՝
Արագաթռիչ մտքի ընթացքով
Անցնելով անհուն ասպարեզները
Քեզնով ներշնչված կտակարանի:
Եվ երբ ձեռնարկեմ այդ հանդիսավոր մեկնաբանության,
Թող որ հասնի նախ գթությունը քո՝
Իր ժամանակին ներշնչելով ինձ
Այն, ինչ պիտանի, արժանավոր ու հաճելի է քեզ՝
Քո աստվածության, փառքի, գովեստի
Եվ Կաթողիկե սուրբ եկեղեցու
Կատարելության, շենության համար:
Կարկառի՛ր վրաս աջդ ամենամերձ
Եվ զորացրո՛ւ ինձ շնորհներով՝ մեծիդ գթության.
Փարատի՛ր մտքից իմ՝ մոռացության մեգը մթամած,
Ցրի՛ր նրա հետ նաև մեղքերի խավարը անհետ,
Որպեսզի մտքով և իմաստությամբ
Կարողանամ այս երկրավոր կյանքից ի վեր բարձրանալ:
Թող որ ճառագի վերստին իմ մեջ
Ծագումն անստվեր քո աստվածային հրաշք-գիտության.
Որպեսզի, որպես բարի օրինակ,
Արժանի լինեմ ուսուցանելու
Աստվածանվեր ունկնդիրներին:

Գ

Արդ, գաղտնածածուկ խորհուրդները իմ
Պատկերելով այս ողբամատյանում՝
Ահա բարձրագոչ ընծա բերեցի,
Տե՛ր, ականջներին քո ամենալուր
Եվ դրանով էլ սպառազինված՝ մտա ասպարեզ.
Ոչ նրա համար, սակայն, որ կարիք ունես իմ ձայնին
Եվ դրանով դու պիտի մեծանաս
(Դեռ այն ժամանակ, երբ այս բոլորը չէիր ստեղծել՝
Ո՛չ երկինքն՝ անմահ փառաբաններով,
Ո՛չ երկիրն ու իր բանականներին
Փառավոր էիր արդեն դու ինքնին ամբողջ լրությամբ),
Այլ որպեսզի ինձ՝ մերժվածիս նույնպես

Արժանի անես քեզ ճաշակելու
Խոսքիս հաղորդմամբ, անճա՛ռ քաղցրություն:
Սակայն ի՞նչ օգուտ, որ կյանքի կանոն
Քո հրամանի համաձայն ասեմ «Աղոնայի տեր»,
Բայց չկատարեմ պատվիրանը քո
Ես, որ հենց իմ իսկ ձեռքով ջնջեցի,
Ո՛չ, ավելի ճիշտ, խորտակեցի ինձ՝
Քո մատով գրված ու սուրբ պատգամիդ
Նվիրված ոսկյա տախտակս խոսուն,
Իսկ այժմ ահա տխրատես մրով
Նրա այս երկրորդ նմանությունն եմ ջանում հարդարել:
Արդ, քանզի բազում խանդաղատական
Այլ դրվագներով պաղատել եմ քեզ,
Որոնք գրված չեն այս ողբի կարգում,
Լսիր, բարեգո՛ւթ, այս խոսքերի հետ և այն բոլորին.
Թող աղերսագին այս աղոթքներն էլ հոդվեն նրանց հետ.
Թերևս նվերն այս, որպես պան-բաղարջ յուղազանգված հաց,
Մաքուրների ու կամարարներից
Ձեռքով մատուցվի փառքիդ սեղանին:

Դ

Բայց դու, բարերա՛ր, համակ մարդասեր,
Մեկ Աստծո միակ Քրիստոս, հզոր և ամենակալ,
Որ խնամածու քաղցր գթությամբ
Գերազանցում ես ոչ միայն մարդկանց
(Որոնք, թեպետև էակից, սակայն,
Իրար նկատմամբ համակված են միշտ խռովումներով
Եվ բյուրապիսի թշնամանքներով ու ներհակությամբ),
Այլ նաև անախտ հրեշտակներին
Եվ սրանցից էլ նույնիսկ ավելի
Սրբասուններին, անբիծ, անարատ,
Որոնցից մեկն էր նաև Եղիան.
Բայց մինչևիսկ սա ուներ խստություն,
Որի նշաններն երևան եկան
Քորեբի վրա երեք ձևերով՝
Շարժմամբ ահավոր, ուժգին հողմով ու կրակով կիզիչ:
Իսկ հեզությունը քո երկայնամիտ
Հայտնվեց հանդարտ, հուշիկ, մեղմաշունչ հովի քաղցրությամբ,
Զի դու ունես լոկ ողորմասեր կամք, համաձայն Գրքի:
Այնպես որ, թեև մերանյութերն այդ

Առաքինությամբ վերափոխվելով՝
Այլ՝ երկնային տեսք ստանալով՝ քեզ հաճելի դարձան,
Երկրածիններ են և նրանք, սակայն, ընտրյալ մարդկանցից.
Իսկ դու չես կարող բնավ չարանալ,
Քանզի բարի ես ամբողջ իսկությամբ,
Համորեն օրհնյալ, համակ փրկություն,
Կատարյալ հանգիստ, ամենքի անդորր,
Ամենատեսակ ախտավորների առողջության դեղ
Եվ անմահական ջրի ակն-աղբյուր, ըստ Երեմիայի:
Դարձի՛ր դեպի ինձ քո ողորմությամբ, անկարո՛տ Աստված,
Դու, որ փրկության իմ ծարավի ես այնքա՛ն անձկայրյաց,
Որ մինչև անգամ երկնային անմահ
Ու օրհնաբանյալ զվարթուններից
Մարդկանց փրկության համար սահմանված՝
Քահանաների, քավչապետների
Հավիտենական պաշտոններ տվիր,
Որպեսզի ի դեմս երկրավորներիս՝
Թշվառ լքյալիս հաշտության համար
Մշտնջենապես պաղատեն օրհնյալ մեծիդ գթության՝
Լուսախորհուրդ այս խոսքով՝ «ողորմի՛ր Երուսաղեմին».
Որ դու երկրավոր Երուսաղեմի
Ավետարանված սույն օրինակով՝
Քո՛ մեծ հայտնությամբ՝ ողորմես վերին Երուսաղեմին
Եվ գահավիժած հրեշտակների տեղերը թափուր
Քեզ միաբանած մարդկանցով լցնես:

Ե

Եվ դու, արդարն, լսեցիր, գթա՛ծ,
Անսացիր, արքա՛, ունկնդրեցիր, կյա՛նք,
Տեսար, ծածկագե՛տ, ի միտ առար, հո՛ւյս,
Հարգեցիր, հզո՛ր, նայեցիր, հոգա՛ծ, օգնեցիր, անճա՛ռ,
Խոնարհվեցիր, վեհ, իջար, ահավո՛ր,
Հայտնվեցիր, վսե՛մ, մարմնացար, անհո՛ւն,
Չափվեցիր, անհա՛ս, թանձրացար, ճաճա՛նչ,
Մարդացար, աննյո՛ւթ, զննվեցիր, անբա՛վ,
Կերպավորվեցիր, անտա՛րր-անորակ,
Իրագործեցիր, իրոք, բաղձանքներն աղաչողների:
Հրեշտակների թախանձանքներով եղար թշվառիս՝
Բարի բարեխոս, կենդանի միջնորդ,
Անմահ պատարագ, սպանդ անվախճան,

Նվեր մաքրունակ, անձախ ողջակեզ, անսպառ բաժակ:
Ահա, ողորմա՛ծ, օրհնյալ, մարդասեր,
Թող որ մշտապես կամքովդ կենսատու
Բարեբաստ լինի հոգիս մեղապարտ.
Ո՜վ երկայնամիտ, քեզ վայել է փա՜ռք հավիտյանս, ամեն:

ԲԱՆ ԼԵ

Ի խորոց սրտի խոսք Աստծո հետ

Ա

Արդ, տե՜ր զորության, մեծություն ահեղ,
Աներկբայելի տեսավորություն,
Կամք ամենաբաշխ և առատություն աննվազելի,
Ո՞վ կկարենա պարերգության ճոխ հանդեսով տոնել
Ցողի մի կաթիլն իսկ քո բարության,
Քո, որ շարունակ զբաղված ես ինձ
Փրկության միջոց, ճար պատրաստելով:
Բայց պիտի գրեմ մեծը առավել,
Որպեսզի պատմվի և ապազայում.
Հրեշտակասեր չանվանվեցիր դու,
Թեև հիմնեցիր պետությունները նրանց համորեն,
Ոչ էլ երբևէ ասացիր, թե քո մատների գործը՝
Երկինքն ես սիրում իր լապտերներով.
Որպես առավել մեծ գովեստների արժանի պատիվ՝
Մարդասիրությունը նախընտրեցիր,
Որով կրկնապես փառավորեցիր
Անունդ անճառ վսեմ խորհրդով:
Լուսակերպարան հրեշտակներին
Սպասավորներ կոչեցիր, հատուկ
Մատակարարման վերակացուներ,
Իսկ մահկանացու երկրածիններիս
Պերճազարդեցիր մեծիդ տիրական
Ու աստվածային պաշտելի անվամբ:
Չափի ու կշռի սահմաններն անցնող
Վերին ծայրագույն քո անապական բարության ծոմամբ՝

Ներշնչեցիր՝ քեզ հորինել ճառ ու կտակներ անբավ:
Այլ նաև մեկդ Էականներից,
Երբ որ մարդացար, զեղեցիր, ոմանց
Հենց իրենց համար, իսկ ոմանց՝ այլոց,
Առատաշնորհ կյանքի պարգևներ,
Հրաշքներ պես-պես,
Սքանչելիքներ աստվածազործ և
Նորանշաններ ճշմարտատեսիլ:
Եթե գթալով ողորմեցիր դու
Այն թերահավատ անդամալույծին՝
Տեսնելով, որ քեզ դիմում են նրան
Խնամողները հույս ու հավատով,
Որքա՜ն առավել զորավոր պիտի
Լինի խոսքը քո ամենակարող՝
Մաքրելու համար մարմինն ախտահար
Քեզ հառաչաձայն աղաղակողիս.
Քանզի առավել մեծ հրաշք է, տե՛ր,
Արդեն լվացված պատկերն անարատ
Ձերծ պահել աղտի ներգործությունից,
Քան սրբագործել անմաքուր հոգին.
Մանավանդ նախորդն ավելանալով
Ավազանի լույս շնորհի վրա՝
Բարձրացնում է փառքը հայրենի:

Բ

Դո՛ւ ես, տե՛ր գթած, որ մաքրում ես մեզ,
Ինչպես նախօրոք, որպես օրինակ,
Ցուցաբերեցիր այդ քո ընտրյալի՝ Մովսեսի վրա.
Դո՛ւ էիր այն, որ անօրենության ու մեղքերի մեջ՝
Վերահսկեցիր Հակոբի տոհմին,
Երբ Եգիպտոսում բնտանում էին
Նրանք խավարին հեթանոսության:
Մեղավորներին լուսավորելով՝
Դո՛ւ ես բերում միշտ ճիշտ ճանապարհի,
Երգասաց Դավթի խոսքի համաձայն.
Դո՛ւ ես փոխարկում սրտի քարեղեն
Կարծրությունը՝ լույծ կակղության մարմնի,
Որ կարող լինի խոսքդ ընդունելու.
Դո՛ւ ես ընձեռել կարենում այլ սիրտ և մի ճանապարհ,
Որ ամբողջ կյանքում երկնչենք քեզնից.

Դո՛ւ ես ներշնչում երկյուղդ բոլոր խստամիտներին,
Որ ուշ դնեն քեզ, անսան հավատով,
Մարգարեների խոսքի համաձայն:

Գ

Քո աշխարհաստեղծ բերանի օրհնյալ
Շրթունքների սուրբ ու կենդանարար շիթն անձրևային,
Որպես բանալի, ցողի՛ր դռներին իմ լռության
Եվ բուժի՛ր խպառ թույնից խորամանկ, նենգ բանսարկուի:
Դու, որ ամենքին շնորհում ես ձիրք ընտիր խոսելու,
Ամենակարող ձեռքովդ օժտի՛ր ինձ ձայնի զորությամբ,
Որ պատշաճապես տիրապետելով խոսքի արվեստին,
Չլինի հանկարծ, մեր նախահոր պես,
Վայրախոսելով հանդուգն ու անկարգ,
Քո հույսից զրկված ու հաղթահարված որսողի կողմից,
Մատնվեմ լքման ու անբանության:
Կարկառելով քո աջը կենսաձիր՝
Լուսավորի՛ր, տե՛ր, կրկին՝ խավարած աչքերը հոգուս,
Որպեսզի հանկարծ վիշապի շնչից
Մարած լապտերով համարձակության՝
Չստորածածկվեմ գրվանի ներքո:
Հա՛ն արատներն ու չարությունն իմ ողջ,
Նետի՛ր, ընկղմի՛ր խորքերը ծովի,
Որ փոքր է անչափ քո աստվածային մեծության հանդեպ:
Հաստատի՛ր հավատ ու վստահություն կործանվածիս մեջ,
Որպեսզի կոթողն հուսահատության
Վեր չխոյանա՝ որպես ազդարար ծածուկ ախտերիս:
Բա՛ց, հզո՛ր, գթած, աչքերիս առաջ
Կյանքի ուսմունքը քո ամենաբույժ,
Որ կորստական բողբոջներն իմ մեջ
Արմատից հնձես կամքիդ մանգաղով:
Պետրոսի նման, Աստվա՛ծ բոլորի,
Կամեցա քայլերս ուղղել դեպի քեզ,
Խորասուզվեցի, սակայն, աշխարհիս
Մեղսածուփ ծովի խոլ հորձանքներում.
Հասի՛ր օգնության ու սասանվածիս
Մեկնի՛ր ձեռքը քո ամենակեցույց:
Քանանուհու պես աղեխարշ ձայնով
Սրտիս խորքերից պաղատում եմ քեզ.
Որպես սովատանջ ամենաթշվառ կաղկանձող մի շան՝

Քո ամենազեղ ու ճոխ սեղանի
Հացի փշրանքից բաժին հան և ի՛նձ:
Դու, տե՛ր, որ եկար, որպեսզի փնտրես
Ու կյանք տաս նորից կորուսյալներին,
Փրկի՛ր նյութեղեն խորանն իմ վշտոտ, դառնացած հոգու:
Քանի որ քոնն են և՛ մեծությունը,
Ե՛վ զորությունը, և՛ հաղթությունը,
Դու ես քավություն և բժշկություն,
Ե՛վ նորոգություն, և՛ երանություն.
Քեզ վայել է փառք, երկրպագություն հավիտյանս. ամեն:

ԲԱՆ ԼՋ

Ի խորոց սրտի խոսք Աստծո հետ

Ա

Որքան էլ անթիվ լինեն պարտքերս,
Արգասիքները քո շնորհների
Չարչարանքներիդ հանձնառությունն ու
Հանդեսները, տե՛ր, որպես փրկանակ՝
Գերազանցում են նրանց մշտապես:
Հոգիներն համայն իր մեջ ամփոփող
Ափդ արարչագործ մահվան գործիքի՝
Խաչի նշանի վրա գամեցիր,
Որպեսզի ընդդեմ կամքիդ ծառացող ձեռքս թուլացնես:
Փրկիչ ոտքերիդ զույգը համընթաց
Իմ անսանձության պատճառով պատժի փայտին փակցրիր,
Որպեսզի զսպես բարեգթությամբ
Վայրագությունը փախչող թշվառիս:

Բ

Չիրամայեցիր՝ օրինյալ գագաթդ
Կոփողների ձեռքն իսկույն գոսանա,
Դու, որ թզենին այն չորացրիր մի ակնթարթում,
Որպեսզի կանխավ այդ օրինակով

Եվ ի՛նձ ներելդ ավետարանես:
Չսպառնացիր քեզ՝ դավանված Աստծուդ,
Գանահարող այն ապիրատներին,
Դու, որ արեգակն իսկ մթնեցրիր,
Որ մահացածիս բարությամբ հանդերձ հանգիստ շնորհես:
Գունավորողդ պատկերը լուսնի արյան երանգով՝
Կապտացնելով չպապանձեցիր
Հայհոյիչներից բերաններն անարգ, նենգ ու չարախոս,
Որ անհամարձակ լեզուս զորացնես գովեստիդ համար:
Չսաստեցիր քեզ նախատողների մոլեգնությունը,
Դու, որ տարերքներն իսկ սասանեցիր,
Որպեսզի թշվառ գլուխս օծես յուղով գթությանդ:
Աստվածասպաններն այն երբ բարձրյալիդ
Մոլորեցուցիչ էին համբավում,
Չբաժանեցիր, իրարից քակտած,
Նրանց ծնոտի հոդերն համորեն,
Դու, որ ճեղքեցիր ժայռերն ամրակուռ,
Որ բարիքներին անունակ հոգիս
Ընդունակության հոժարությունից
Քո ողորմությամբ ետ կանգնեցնես:
Պահապանների սրերը իրենց
Պատյանների մեջ ետ չմխեցիր,
Դու, որ մատնեցիր որովայնն օձի հողին սողալու,
Որ ոսկորներն իմ տառապյալ մարմնի
Պահելով իբրև մի գանձարանում՝
Հարության կյանքին արժանացնես:
Երբ կնքում էին փականքները քո կենսակիր շիրմի,
Նրանց նույն պահին թիկունքին փռած՝
Երկրի անդունդները չսուզեցիր,
Որպեսզի հոգուս տապանակի մեջ
Հանգրվանել տաս նշխարը լույսիդ:
Երբ քեզ կորած ու իբրև երկրավոր
Մարմին՝ գողացված էի համբավում,
Դու սերմը նրանց ծննդի անհետ
Ու սպառսպուռ բնաջինջ չարիր,
Որպեսզի բարի հիշատակության անարժանիս իսկ
Անկորնչելի, անխաթար պահած՝
Փրկվածների հետ բաժնեկից դարձնես:
Երբ գանձարանից հորդ տաճարի
Կողոպտում էին արծաթն համորեն՝

Մասն հանելով և քեզ մատնողներին, անարգողներին՝
Կրկնակապենքի, կաշառքի համար,
Ուրացողներին այդ մոլեգնոտած՝
Մովաբի հանին հասած՝ վաղեմի
Պատուհասների օրինակով դու
Չվերածեցիր քարե արձանի.
Որ վրիպյալիս հաստատությունից,
Մատնվածիս մահվան՝ քո արյամբ փրկած՝
Հաստատուն վեմիդ վրա ամրացնես:
Օրհնյա՛լդ կրկին, օրհնյա՛լ վերստին,
Օրհնաբանյա՛լդ միշտ, ամեն ինչում՝
Հավիտյաններից հավիտյանս, ամեն:

ԲԱՆ ԼԷ

Ի խորոց սրտի խոսք Աստծո հետ

Ա

Արդ, թեպետև ինձ բարբառելու համար շնորհած
Հիշյալ բազմակույտ պարգևներից քո
Քչերը այստեղ հիշատակվեցին,
Ո՜վ ամենազութ բարերար, գովյալ և ամենազոր,
Սակայն բոլորն էլ արքայազուն են,
Ինքնակալ իշխան, զորության որդի,
Վեհերի ծնունդ, սքանչելափառ,
Լուսանորոգ ու հրաշապատիվ,
Բարեհռչակված ի վեր ամբարձած հաղթ դրոշներով.
Գեղազարդված ու պսակապաճույճ,
Իրենց հետ մեկտեղ բերելով նաև
Անթիվ օրհնաբան, հեզ, բարեհամբույր,
Երջանիկ, խաղաղ, աստվածահաճո
Հրեշտակներ հենց այն նահանգներից,
Որոնց մասին և մաղթեց մարգարեն.
«Արթնացրո՛ւ, տե՛ր, զորությունը քո, ե՛կ մեզ փրկելու»:
Սրանք կարող են մեղքերն հալածել,
Հալել կարկուտը հուսահատության,

Փախցնել անհետ ավելի սաստիկ,
Քան վերին գնդի առաջամարտիկ զորավարը քաջ՝
Գիշերավարին այն խավարասեր,
Նախանձերիակին բարերար Աստծո:
Անհնարին է թվել անհամար շնորհները այն,
Որ անձրևեցին բարձրյալի կողմից
Տկար, թշնամի ու երախտամոռ ծառայիս վրա.
Իսկ եթե մեկը համարձակություն առնի խոսելու,
Ապա թողնելով իսկությունն համակ՝
Բազմաթիվներից քչերը ասել կկարողանա,
Դրանց համեմատ՝ մտաբերելով
Նյութն այն առաջին, որից ստեղծվեց,
Որպես մի տկար ու նկուն՝ պարտված
Մեծ զորությունից՝ պիտի պապանձվի:

Բ

Թեպետ, արդարև, այդպես գրեցի
Եվ դարձյալ նույնը պիտի հաստատեմ
Ամենաստեղծիդ կատարելության
Եվ հողանյութիս թերի խակության
Ու բարիքներիդ իսպառ անարժան լինելու մասին,—
Բայց ամենալույս ու բազմազեղուն, աննախանձ, գովյալ
Քո արարչության զորության հանդեպ
Խափանվում է և ներգործությունը սկզբնաչարի,
Որ ջանում է միշտ հուսահատությամբ
Սիրտս քարի պես կարծրացնելով՝ խոպան դարձնել,
Սպառելով այս աղբյուրներս զույգ,
Որոնք եղեմում իմ զգայական
Տնկարարն ինքը հենց բխեցրեց,
Որ ոռոգվելով նրանցով՝ ծաղկի
Իմ մեջ մշտապես կենսատունկ դրախտ բարեգործության:
Ուստի չլինի՛, որ պատրանքներով աղանդահնար,
Խորամանկությամբ նենգ ու չարարվեստ
Արտասուքներս ցամաքեցնելով՝
Զրկի վերստին ինձ վայելչական նախկին վիճակից:
Իսկ երբ երևա Աստվածն համբարձյալ իր հրաշքներով՝
Խաղաղարար ու հաշտության միջնորդ աստվածների մեջ,
Շնորհաց կտակն իր հետ բերելով,
Բախվելով նրան, ինչպես ժայռակոփ ամրակուռ լեռան,
Կցնդի ամեն մի խարդախություն, նենգություն, չարիք,

Ամեն փոքրոգի կարճամտություն՝
Հողի գուղձի կամ մի բուռ ջրի պես:

Գ

Կշտամբանքներս գալիս են, ավա՜ղ,
Ըստ Հոբի խոսքի, ոչ թե մարդկանցից,
Այլ ամենատես աչքերից վերին հրամանի քո,
Որի երկյուղից սոսկում եմ, դողում՝
Խղճով վարանած ու տագնապահար.
Եվ արդ, սրտաբեկ ապավինում եմ
Հույսիդ հաստատուն, կենդանի, անեղծ,
Որպեսզի նայես ինձ ողորմությամբ՝
Իբրև կորստյան դատապարտվածի,
Երբ ներկայանամ երկնավոր մեծիդ բարերարության
Իսպառ անպաշար, ձեռնունայն, դատարկ,
Երախտիքները անպատում փառքիդ
Բերելով ինձ հետ՝ քեզ հիշեցնեմ,
Քեզ, որ չես նիրհում մոռացմամբ տարված,
Ոչ էլ երբեւէ գեթ մի ակնթարթ
Հեծեծանքներն ես անտեսում վշտի:
Վերացրո՛ւ ինձնից, աղաչում եմ քեզ,
Խաչովդ լուսավոր՝ խեղդը վտանգիս,
Հզածությամբ քո՝ տխրություններս ամենավարան,
Փշե պսակովդ՝ բողբոջը մեղքի,
Գանահարությամբ՝ հարվածը մահու,
Ապտակի հիշմամբ՝ տանջանքն ամոթի,
Թքի անարգմամբ՝ գարշություններս ամբաստանելի,
Լեղու ճաշակմամբ՝ դառնությունն հոգուս:
Քոնն են այս բոլոր բարությունները,
Միածի՛ն որդի միակ Աստծո,
Որոնց համեմատ չարություններն իմ հիշատակելով՝
Քո ամենօրինյալ անվանն եմ դիմում արդ բարձրաղաղակ
Պաղատանքներով մտքիս ու հոգուս:
Նայի՛ր այս զղջման խոստովանության
Մեղապարտությամբ ամոթահարիս.
Սատակման որդուս ողորմի՛ր՝ անմահ մահով մեռնելու.
Որպեսզի անթիվ մեղքերիս չափով՝
Ողորմությունդ բազմապատկվելով առավելապես՝
Կրկին ու կրկին ավետարանվի,
Բարեհռչակված հնչի վեհորեն

Թե՛ երկնքում և թե՛ երկրի վրա.
Եվ քեզ, քո հոր և սուրբ Հոգուդ հետ փա՜ռք հավիտյանս, ամեն:

ԲԱՆ ԼԸ

Ի խորոց սրտի խոսք Աստծո հետ

Ա

Ինչպես նախընթաց մի դրվագի մեջ
Պատկերեցի ես գլխավորագույն
Մեղքերի խավար ծնունդները, որ
Մարմնի բնության օրենքներով են պայմանավորված,
Որոնք տիրեցին մահու ժառանգիս,
Այնպես էլ այժմ այստեղ, այս գլխում
Կհիշատակեմ քիչը շատերից,
Ինչպես անսահման ծովի ջրերից առած մի կաթիլ,
Հզոր կյանքի օրենքները այն,
Որ ազատում են լուսածիններին տեր Քրիստոսով:

Բ

Կայսերական են դրանք, արդարև.
Բազմած վեհապանծ գահերի վրա
Եվ շնորհների պաշարով լցված ու հարստացած.
Թագավորը՝ իր սիրելիներով,
Արքան՝ խմբերով իր վսեմաշուք,
Պսակավորն՝ իր իշխանների հետ,
Բարեհռչակվածն՝ իր համբավներով,
Հաղթողն՝ իր փողով, գովյալն՝ իր փառքով,
Զորավարը՝ իր մարտիկների հետ,
Փեսան՝ բոլորված պարավորներով,
Դշխոն՝ իր անբիծ օրիորդների մեջ,
Փեսավերը՝ իր հանդերձավորմամբ,
Ազատությունը՝ իր շնորհներով,
Օգնությունն՝ աջով, պահպանությունն՝ իր ձեռքով հոգածու,
Խոստումն՝ իր քավմամբ, պարգևն՝ իր զարդով,

Կենաց նշանը՝ իր ամրապնդմամբ,
Կնիքը՝ դրոշմով, ամպն՝ իր հովանիով,
Արվեստն՝ իր անճառ հրաշագործմամբ,
Հոգին՝ սրբությամբ, ուխտն՝ իր լրումով, խոսքն՝ իր կատարմամբ,
Զորությունը՝ իր հրամաններով,
Լվացարանն՝ իր սքանչագործմամբ,
Մանանան՝ անխառն անապականությամբ,
Կենդանի վեմը՝ իր վտակներով,
Հրեղեն սյունը՝ իր ճառագայթմամբ,
Որոտն՝ ազդումով,
Երկնային հույսը՝ իր փրկության հետ,
Օրհնության ծառն՝ իր պտղառատութամբ
Եվ բարունակը՝ իր բարիքներով:
Սակայն որպեսզի ամբողջն ասելու ցանկությամբ տարված՝
Չվրիպեմ ես հանկարծ բոլորից՝
Արնի պայծառ լույսից այլայլված
Ու տկարացած, շաղված աչքի պես,
Հրաժարվում եմ շատը ասելուց,
Որպեսզի գոնե սակավին հասնեմ՝
Բավարարվելով ամենապիկար իմ կարողությամբ:

Գ

Բայց ավա՜ղ հավետ այստեղ իմ թշվառ եղկելի հոգուն,
Չի խոսքերիս կարգն ստիպում է ինձ,
Որ ավետաբեր ձայնին խառնեմ և գուժկան աղաղակ.
Քանզի սրանց հետ, սրանց առընթեր
Գալիս են նաև արդարությունը՝ իր կշիռներով,
Վճիռն՝ հատուցմամբ,
Քննությունը՝ իր լույսով երկնային,
Ամբաստանությունն՝ իր լապտերներով,
Մերկացումը՝ իր խայտառակությամբ,
Հայտնությունը՝ իր ամոթանքներով,
Անապականն՝ իր վաստակների հետ,
Իսկ թյուրընթացն՝ իր պատիժներով լոկ:

Դ

Դարձյալ ու դարձյալ ո՜ղբ ինձ՝ կրկնակի թշվառ եղկելուս,
Քանզի անպատում բարկությամբ ահա

Գալիս հասնում են հասակիս հասկին
Մանգաղն՝ հնձելու,
Դատավորն հզոր՝ ատյան տանելու,
Սպառնացողը՝ դատապարտելու
Պատժիչ մտրակը՝ պատուհասելու,
Սպառազենը՝ վրեժխնդրության,
Իսկ հովվապետը ընտրության համար:
Եվ քանզի վերջին օրը հատուցման
Դատապարտյալիս պիտի դատի քո
Հենց այն խոսքը, որ ինձ հաղորդեցիր,
Նախընծայելով քաղցրությունը քո՝
Կանխի՛ր, բարեգո՛ւթ, ամենավարան
Երկյուղիս նվաղ հեծեծանքները
Եվ մխիթարի՛ր, բժշկի՛ր, քավի՛ր
Ու կենագործի՛ր նախկին օգնությամբ՝
Ընձեռելով ինձ օրհնյալ քո ձեռքով
Զորություն վերջին տանգապիս պահին:
Քեզ վայել է փառք ըստ ամենայնի
Հավիտյաններից հավիտյանս, ամեն:

ԲԱՆ ԼԹ

Ի խորոց սրտի խոսք Աստծո հետ

Ա

Քանզի նախնական կերպարանքը իմ
Չարի սաղրանքով և իմ ծուլությամբ
Ձեռքից բաց թողած՝ իսպառ կորցրի,
Պիտի ցույց տամ և նմանությունն այն,
Որ արդի պատկերս ունի հնի հետ.
Թախծալի հոգուս ողորմ հեծությամբ
Համայն ազգերի բազմության առաջ
Հրապարակավ անաչառորեն խայտառակելով՝
Պիտի մեծաձայն ու բարձրաղաղակ բոլորը պատմեմ:

Բ

Մի մատյան եմ ես, մատյան շնչավոր,
Ըստ Եզեկիելի տեսիլքի, բարդված ներսից ու դրսից
Հառաչանքներով, ողբ ու վայերով,
Քաղաք՝ անպատվար ու անմահարձան,
Տուն՝ առանց ամուր դռնափակերի,
Աղ՝ տեսքով միայն և ոչ թե համով,
Ջուր՝ դառնալեղի, անպետք ըմպելու,
Գետին՝ անօգուտ երկրագործության,
Դաշտ՝ լքված, դարձած լոկ հեղեղավայր ճահճախոտերի,
Անդաստան՝ խոպան ու տատասկաբեր,
Աստվածախնամ հող եմ անձնավոր,
Մշակված, սակայն, պատրանքով դնի,
Ձիթենի՝ ամուլ ու պտղակորույս,
Կտրատելու ծառ՝ գոս, անբարեբեր,
Կրկնամեռ խոսուն տունկ հուսակորույս,
Լիովին մարած անլույս մի կանթեղ։
Արդ, սրա նման պիտի վերստին
Կրկնեմ և բազում այլ ավաղումներ,
Այն, որ պահված են հեգիս՝ ամոթի դաժան պատուհաս,
Ատամնակրճում ու անհատնում լաց՝ եղկելուս աչքին,
Անողոքելի հայրական ցասում՝ դառնացած որդուս,
Մեղսամած մարմնիս՝ աննորոգելի ապականություն,
Ախտավոր հոգուն չարիք գտնողիս՝ նոր կշտամբանքներ,
Թշվառ գերյալիս՝ տագնապալից ու տարտամ տվայտանք,
Որ պիտի հասնեն երկնային զորքից օրհասիս պահին,
Երբ հայտարարեն, թե պիտի այրվեմ
Որոմների չոր խրձերի նման
Եվ ազդարարեն ահարկու ձայնով հուսալքվածիս՝
«Անբուժելի ես»։

Գ

Ահա, արդարև, այն պոռնկուհի քնարահարի
Խեղկատակային երգերն են սրանք,
Որ թափառելով, կուրծքը ծեծելով,
Հնչեցնում էր նա մեծ ճարտարությամբ՝
Կսկծեցուցիչ ու աղիողորմ,
Ըստ առակավոր խոսքի Եսայու՝

Տյուրոսի մասին գրած պատգամում:
Եթե նա դիպվածն այդքան աննշան՝
Անցքն ապազայի, պատկերացնելով որպես մոտավոր՝
Գանգատվում էր դառն ավաղումներով, պես-պես, բազմակերպ՝
Կաքավումներով կոծող կանանց պես,
Հապա ես՝ գերիս, որ սպասելով
Տիրոջ գալստյան, ստույգ, անվրեպ՝
Մնացի այսպես լրիվ անպատրաստ,
Որչա՞փ, ինչպիսի՞ վհատեցուցիչ ողբեր մրմնջամ:
Եթե վերհիշեմ ահավորությունն այն դատաստանի,
Միայն վշտերս պիտի սաստկացնեմ.
Եթե փորձությունն իսկությամբ ցույց տամ,
Երկյուղս կաճի.
Եթե կատարվող տեսարանները ճշտիվ պատկերեմ,
Հատուցումներս պիտի մեծանան.
Քանզի նախապես այդ իմանալով՝
Գոնե ուշացած չապաշավեցի:
Բայց խնայի՛ր ինձ, գթա՛ծ, մարդասեր, հզոր, բարերար,
Ամենապարգև արքա՛ Քրիստոս,
Օրհնաբանյա՛լդ հավիտյանս, ամեն:

ԲԱՆ Խ

Ի խորոց սրտի խոսք Աստծո հետ

Ա

Ո՜վ ամենակալ Աստված բարերար, հաստիչ բոլորի,
Լսի՛ր վշտաձայն հառաչանքներիս տագնապախռով
Եվ ապազայի կասկածներից ու երկյուղից փրկի՛ր՝
Կարող զորությամբ ազատելով ինձ պարտքերից բոլոր,
Քանզի մեծությամբ, իմաստությամբ քո, անբավ, անսահման,
Ամենայն բանի զորավոր ես դու
Եվ ամեն ինչի հնարներ ունես:

Բ

Ահա մտովին դիտելով հեռվից
Ապազա հանդեսն ահավորափայլ՝
Այստեղ իսկ կանխավ տեսնում եմ արդեն
Սրբերի հույսի ցերեկը պայծառ
Եվ պատժապարտիս պատուհասների օրը մառնամուտ,
Որից փախուստի ապավինություն
Լինել չի կարող ոչինչ և ոչ ոք.
Ո՛չ անդունդները խորախոր և ո՛չ վիհերն անհատակ,
Ո՛չ բարձունքները լեռների և ո՛չ այր ու քարանձավ,
Ո՛չ կարծրությունը ապառաժների,
Ո՛չ խոռոչ ու ծերպ, ո՛չ փոս ու փապար,
Ո՛չ սորսորները հեղեղատների, ո՛չ բավիղ ու խորշ,
Ո՛չ շտեմարան ու ամբարներ տան,
Ո՛չ սենյակների ինչ-որ թաքստոց,
Ո՛չ հովիտների ձոր, ծմակ ու գոգ,
Ո՛չ ծործորները անանցանելի,
Ո՛չ բլուրների շարքը թանձրախիտ,
Ո՛չ շունչն հողմերի, ո՛չ ծովերն անծայր,
Ո՛չ սահանքները հորձանուտների,
Ո՛չ եզերքների հեռավորություն,
Ո՛չ ողբերի ձայն, ո՛չ արցունքների առատ հեղեղներ.
Ո՛չ մատների դող, ձեռքի ամբարձում,
Ո՛չ շրթունքների անզոր պաղատանք:

Գ

Այս բոլոր սաստիկ անճողոպրելի փորձություններից
Լոկ դու կարող ես փրկել, տե՛ր Հիսուս,
Եվ ամենամեղ հոգուս շնորհել հանգիստ ու անդորր,
Ուստի և նայի՛ր դու, որ քաղցր ես բոլորի հանդեպ,
Ինձ շրջափակող անզերծանելի այս վտանգներին:
Կենազեն խաչիդ սրով հաղթական
Կտրատի՛ր վարմիս ցանցերը բոլոր,
Որոնք ամենուստ պարապատել են մահապարտ զերուս.
Տո՛ւր հանգստություն թյուր ընթացողիս ոտներին երեր.
Բուժի՛ր հրատապ տոչորումը բորբ մահախեղդ սրտիս,
Վանի՛ր դիվային ու չարահնար խռովքս հանցավոր.
Չարի կենակցիս մթամած հոգու

Անձկությունն անհույս հալածի՛ր անհետ.
Ցրի՛ր բռնակալ մեղքիս ծխամած թանձրությունն անլույս.
Ջնջի՛ր, կործրո՛ւ զազիր, թխատիպ
Ախտը կրքերիս ապականարար։
Նորոգի՛ր մեծ ու հզորիդ անվան
Պաշտելի փառքի լուսապատկերը պայծառ՝ հոգուս մեջ,
Հզորացրո՛ւ փայլը շնորհիդ՝
Հողազանգվածիս դիմազարդելու,
Մտատեսությամբ օժտելու համար.
Սուրբ ճաճանչումով պարզի՛ր մեղսամած
Այս մռայլն ու ինձ վայելչազարդի՛ր,
Որ պատկերը քո երևա իմ մեջ,
Եվ աստվածային կենսատու անեղծ
Երկնավոր լույսով ծածկի՛ր եռադեմ էությանն անձիս։
Զի դու ես միայն օրհնյալ հորդ հետ՝ ի գովք սուրբ Հոգուդ՝
Հավիտյաններից հավիտյանս ամեն։

ԲԱՆ ԽԱ

Ի խորոց սրտի խոսք Աստծո հետ

Ա

Ո՜վ ամենօրհնյալ որդիդ Աստծո,
Կենդանարար հոր անքնին ծնունդ,
Քեզ համար չկա անկարելի ու անհնար ոչինչ.
Բավական է, որ ծագի անստվեր ճաճանչը փառքի քո ողորմության,
Որպեսզի իսկույն հալվի ամեն մեղք,
Դևը հալածվի, հանցանքը ջնջվի,
Կապանքը խզվի, խորտակվի շղթան,
Մահացածները կենդանածնվեն,
Խոցը բժշկվի, վերքն առողջանա,
Վերանա ամեն ապականություն,
Թախիծն ընկրկի, ողբը նահանջի,
Խավարը փախչի, մութը վերանա, գիշերը գնա,
Չարիքը չքվի, տագնապն հեռանա,

Հուսահատությունն հալածվի անհետ,
Եվ թագավորի ձեռքդ ամենակար, քավիչ բոլորի:

Բ

Դու, որ եկել ես մարդկային ոգին
Փրկելու, ոչ թե կորցնելու համար,
Ների՛ր անհամար չարիքները իմ
Ամենաառատ քո ողորմությամբ,
Զի դու ես միայն երկնքում անճառ, երկրում անզնին,
Գոյության բոլոր տարերքների մեջ,
Աշխարհի բոլոր եզրածագերում,
Սկիզբն համայնի և ամեն ինչում՝ ամբողջ լրությամբ,
Օրհնյա՛լ ի բարձունս.
Եվ քեզ սուրբ Հոգուդ ու հորդ հետ փա՛ռք հավիտյանս, ամեն:

ԲԱՆ ԽԲ

Ի խորոց սրտի խոսք Աստծո հետ

Ա

Աստվա՛ծ փրկության և ողորմության,
Բուժման, նորոգման և առողջության,
Լուսավորության և կենդանության,
Քավման, հարության և անմահության,
Հիշիր ինձ, երբ գաս արքայությամբ քո,
Ահավո՛ր, հզոր, բարերար, գթած և ամենաստեղծ,
Կենդանի , գովյալ, ամենակատար,
Մերձավոր համայն արարածների հեծություններին:
Պաղատում եմ և ես խաչակցիդ հետ,
Որ քեզ համար ո՛չ բռնված է եղել և ո՛չ էլ կապված,
Ո՛չ կախված, ո՛չ էլ գամված, բևեռված,
Ո՛չ խոշտանգվել է հանուն արարչիդ, ո՛չ էլ անարգվել,
Ո՛չ չարչրկվել է, ո՛չ արհամարհվել,
Ո՛չ ՛խորտակվել է, ո՛չ էլ մահացել,
Բայց արժանի է դարձել հասնելու

Արքայության այն բղձալի լույսին,
Որն արդարների համար է միայն,
Եվ դու «ամենի» հաստատուն ուխտով
Ազդարարելով, որ անփոփոխ է
Շնորհումն առատ քո բարիքների,
Փառատրեցիր նրան՝ փրկության
Հույս ներշնչելով իսպառ լքյալիս:

Բ

Օրհնյա՛լ և օրհնյա՛լ և դարձյալ օրհնյա՛լ,
Ընդունելով ինձ այդ նույն հավատով՝
Կործանումից է՛տ պահիր, բարերա՛ր.
Բուժի՛ր, ողորմա՛ծ, այս ախտավարակ հիվանդությունից.
Մահվան եզերքից է՛տ դարձրու կյանքին, ո՛վ կենդանություն.
Քոնն եմ նաև ես, կյա՛նք տուր նրա հետ, ապավինությո՛ւն.
Հոգով մեռածիս ընծայի՛ր նորից շունչ կենդանության.
Ո՛վ կյանք, հարություն և անմահություն,
Անհատ բարություն, անսպառ շնորհ,
Անփոփոխ ներող, աջ ամենազոր,
Ձեռն ամենիշխան, մատն ամենամերձ:
Կամեցի՛ր դու, տե՛ր, և ես կփրկվեմ.
Ակնարկի՛ր միայն քաղցր գթությամբ, և կարդարանամ.
Ասա՛ լոկ խոսքով, և վայրկենապես կդառնամ անբիծ.
Մոռացի՛ր թիվը իմ չարիքների՝
Իսկույն կստանամ համարձակություն.
Առատաձեռնի՛ր, և անմիջապես քեզ կպատվաստվեմ,
Փառավորյա՛լդ ըստ ամենայնի հավիտյանս, ամեն:

ԲԱՆ ԽԳ

Ի խորոց սրտի խոսք Աստծո հետ

Ա

Արդ, բժշկական արվեստի ամբողջ
Քո բազմահմուտ ու ամենափորձ հնարանքներով՝

Նախապատճառն ես դու անախտ կյանքի,
Երկնավոր զորեղ թագավոր Հիսո՛ւս Քրիստոս, Աստված
Իմանալի և տեսանելի ողջ գոյությունների,
Ըստ մարգարեի խոստման, շուտափույթ
Ճառագի՛ր իմ մեջ՝ նոր կցորդությամբ,
Որպեսզի քեզ հետ միավորվելու
Բարի դաշինքով այդ լուսավորվեմ,
Շնչով ու մարմնով ողջացած կրկին,
Ըստ ամենայնի կարո՛ղ և անպարտ:

Բ

Հոգեկան վերքեր բուժելու համար
Կարիք չես զգում ո՛չ սպեղանու,
Ո՛չ ժամանակի, ո՛չ գործիքների,
Ո՛չ օրըստօրե երկարաձգման,
Ո՛չ տարբեր դեղեր օգտագործելու,
Ո՛չ հերձման, խարման, ո՛չ վիրահատման
Եվ ո՛չ երկրավոր այլ բուժումների,
Որ ենթակա են միշտ էլ վրիպման,
Ամենասխալ ձախողումների:
Հոգու և մարմնի արարչիդ համար
Ամեն ինչ պարզ է, գրված, ակներև,
Ամեն ինչ դյուրին ու հնարավոր.
Մտադրվեցիր՝ իրագործված է, խոստացար՝ արված,
Կամեցար՝ արդեն ի կատար ածված.
Կտակդ՝ կենաց ավետարան է,
Վճիռդ՝ փրկում, մատյանդ՝ շնորհ:
Ո՛չ օրենքների կապանքի մեջ ես,
Ո՛չ կաշկանդված ես ինչ-որ կանոնով,
Ո՛չ նվաղությամբ ես արգելակված,
Ո՛չ խոնարհված ես հպատակությամբ,
Ո՛չ պարփակված ես փոքրկության մեջ,
Ո՛չ չափավորված ինչ-որ սահմանով.
Ո՛չ բարկանալով վրիպում ես դու,
Ո՛չ այլայլվում ես ցասման սաստկությամբ,
Ո՛չ խստանալով՝ սխալներ գործում,
Ո՛չ ալեկոծվում խռովությունից.
Ո՛չ անգիտությունն է քեզ շփոթում,
Ո՛չ փոփոխվում ես ողորմությունից,
Ո՛չ մեծությունից փոքր-ինչ նվազում,

Ո՜չ օգնությունդ լքում երբևէ,
Ո՜չ տկարանում փրկագործումից:
Դու ես սկիզբն ու լրումն համայնի,
Եվ ամենայն ինչ քեզանից է լոկ,
Ուստի և քեզ փա՜ռք, երկրպագությո՜ւն հավիտյանս, ամեն:

ԲԱՆ ԽԴ

Ի խորոց սրտի խոսք Աստծո հետ

Ա

Աստված անսահման, անբացատրելի,
Հարազատ ծնունդ միակ Աստծո,
Արարիչ համայն արարածների, արքա՜ Քրիստոս,
Լույս՝ խավարի մեջ մթնած սրտերի,
Որ և մե՛զ հետ ես՝ լրությամբ ամբողջ,
Ե՛վ առաքչիդ հետ՝ էականությամբ,
Մեր կերպարանքով՝ քոնն ես ճանուցում սքանչելապես:
Օրհնյալ է հայրդ երկնավոր անճառ,
Որ առաքեց քեզ մեզ մոտ ի վերուստ,
Ում փառակից ես դու արարչությամբ.
Այնքան հոգաց նա փրկության համար տարագիր գերուս,
Որ մինչև անգամ քեզ մատնեց մարդկանց:
Իսկ դու, որ առանց որևէ վշտի
Կարող էիր քո տնօրինության խորհուրդն ավարտել,
Հանցապարտիս տեղ հանձն առար ըմպել բաժակը մահվան,
Անթերի՝ որպես մարդ և կատարյալ՝ աստվածությամբ քո;
Համակամ է ձեզ նաև սուրբ Հոգին կենդանապարգև.
Որն իսկակից է ու համապատիվ
Ե՛վ քեզ՝ ծննդիդ, և՛ ծնողիդ հետ:
Ահա կատարյալ մի երրորդություն,
Անբաժանելի, անմասնատելի երեք դեմքերով,
Անսկզբնավոր ու անժամանակ,
Համակ բարեգործ, համակ կենսատու ու խաղաղարար,
Հաստիչ բովանդակ արարածների,
Անբաժանությամբ ու մի բնությամբ միշտ փառաբանված:

Բ

Իսկ եթե զթած հայրը երկնավոր՝
Ամենակարող մեկն էությունից,
Իմ՝ մահապարտիս մեղքերի համար
Զոհաբերեց իր ծոցի անքնին ծննդին միակ,
Չխնայելով իրեն փառակից սիրելի որդուն՝
Կամովին հանձնեց մահվան զենքերով չարչարողներին
(Զաքարիայի այն մարգարեությամբ,
Թե՝ «Պիտի զարթնի սուրն հովվի վրա,
Պիտի զարկվի հենց հոտապետն ինքը,
Ու ոչխարների ողջ հոտը ցրվի»,
Այլն նախագրի օրինակը նուրբ,
Ուխտը խորանի, նվիրումն արյան
Եվ աբրահամյան պատարագների խորհուրդն արդեն իսկ
Պատկերել էին վաղուց, կանխապես
Փրկությունն հեգիս կեցուցչի կամքով),
Ինչո՞ւ ես տխրում ուրեմն, անձն իմ,
Երբ կործանվել ես քո իսկ գործերով, հակամիտությամբ
Եվ ոչ թե կամքով բարերար Աստծո,
Կամ ինչո՞ւ ես ինձ խռովում այսպես
Սատանայական հուսահատության մտալլկանքով.
Հուսա՛ Աստծուն ու խոստովանի՛ր,
Եվ նա քեզ համար կհոգա անշուշտ,
Դավթյան սաղմոսի ու մարգարեի
Կենսախրախույս խոսքի համաձայն:

Գ

Իսկ ստեղծողի խնամարկության
Չափն ու եղանակն ավելի վեր է,
Քան սահմանները հրեշտակների
Ու բոլոր մարդկանց մտքի կշռության.
Եվ եթե դրանք բյուրապատկվեն իսկ,
Միննույն է, այն չափել չեն կարող,
Զի անպարագրի և բարերարելն է անճառելի:
Մանավանդ որ մեկն օրհնյալ համագո Երրորդությունից
Ուղարկեց մյուս օրհնաբանյալին,
Որ և մեռավ իր առաքչի կամքի հաճության համար.
Իսկ ահեղն երրորդ նրանց միաբան՝

Բարեմաղթում է մեծաջան ըղձով։
Միննույն բարի ներգործման համար՝
Նրանք համաշունչ միակամությամբ
Հարաբերում են մեկմեկու այնպես,
Ինչպես, ասենք թե, հոգին՝ կենդանուն,
Լեզուն ու միտքը՝ բանականներին,
Պայծառությունը՝ փառքին, կերպարանքն ու տեսքն՝ էության։
Կյանք շնորհելու համար՝ փութաջան,
Գթալուն՝ սթափ, փրկելուն՝ պատրաստ,
Ձեռնկալության՝ միշտ բարեհոժար,
Առատությամբ՝ հորդ, լիությամբ՝ զեղուն,
Անբավությամբ՝ հեղց, անհատությամբ՝ ճոխ,
Վեհանձնությամբ՝ պերճ, անհասությամբ՝ վեհ,
Մի երրորդություն եռանձն անթերի՝
Օրհնյա՛լ, փառավոր հավիտյանս, ամեն։

ԲԱՆ ԽԵ

Ի խորոց սրտի խոսք Աստծո հետ

Ա

Բարի հույսն ահա տնկած սրտիդ մեջ, ա՛նձն իմ կործանված,
Եվ ամրապնդած հավատի գոտով
Երիկամներիդ մասերն երկակի՝
Գործարանները տարփա-ցանկական
Մութ խորհուրդների քո կրկնապդտոր,
Խոստովանի՛ր արդ բարերար Աստծուն
Մտքովդ անցածներն՝ իբրև կատարված,
Խորհածներդ՝ իբրև գործված հանցանքներ,
Անտեսներն՝ իբրև արդեն բացահայտ,
Սրտիդ մեջ ծածուկ պահվածներն՝ իբրև բարձր ասվածներ,
Ակնարկներդ՝ իբրև արդյունք մեղքերի,
Շուրթերիդ շարժումն՝ իբրև ավարտված չարագործություն,
Ոտնաքայլերդ՝ ընդվզում Աստծո պատվիրանի դեմ,
Ձեռքերիդ ցասկոտ արձակումն՝ իբրև արյունհեղություն,
Ծիծաղն անխտիր՝ իբրև ինքնակամ լքում շնորհի,

Երդումներն, ի դեպ, թե ի տարադեպ,
Իբրև խաբողի հետ գործակցություն,
Գոռոզությունը՝ իբրև կործանիչ
Սկզբնաստեղծի փառքի, բարձրության,
Սրտնեղությունը՝ թերհավատություն,
Մեղկությունն՝ իբրև պարտություն ամուր, կայուն զորության,
Տրտունջը վշտից՝ իբրև տիրոջ դեմ ուխտազանցություն,
Հեստությունն՝ իբրև թոռ անզթության,
Մեծամտությունն՝ իբրև հոխորտանք
Չքոտիներով՝ ընդդեմ վեհերի,
Հպարտությունը՝ իբրև անձնահաճ
Հարազատություն չարահնարին,
Ակամաները՝ որպես կամավոր,
Բռնադատները՝ որպես ինքնախորժ,
Եկամուտները՝ որպես բնածին,
Չարությունն՝ իբրև անաստվածություն,
Փոքրը՝ իբրև մեծ, սակավը՝ բազում,
Անպատումներն ինձ՝ իբրև պատմվածներ ամենագետին,
Անգրելիներն՝ իբրև տեսնողի աչքերի առաջ
Մագնիսաքարին փորագրվածներ,
Մտքով շատ թեթև համարվածները՝
Իբրև մեծաստվար բեռներ ծանրագույն,
Ծածուկներն՝ իբրև ճշգրիտ չափով լիովին հայտնի՝
Կետի կորյունի բերանից հանված
Չորեքդրամյան սատերի նման,
Իսկ անդնդային գործերը՝ իբրև
Արագ հասածներ ականջին Աստծո:
Այսպես շարունակ կուտակի՛ր, դիզի՛ր
Սրանք կրկնակի հանձնառությամբ ու
Դառը հեծությամբ պատմի՛ր վերստին՝
Չեղածներն իբրև իրողություններ,
Ներկայացրո՛ւ խորտակված անձիդ պարտությունն Աստծուն,
Որ փոխատուից շնորհ ընդունես
Թողությունը քո բազում պարտքերի՝
Այն մեղավորի նման, որին տերն արդարացրեց,
Բարեհոչակեց փառավորապես
Եվ բազմապատիկ ներբողով կրկնեց գովեստը զղջման,
Ոչ թե մեղքերի պարսավանքները:

Բ

Բարդի՛ր ու դիզի՛ր, ա՛նձն իմ հանցապարտ,
Անթիվ կշտամբանք, պարսավ, նախատինք՝
Ամբաստանելով խոսքերով ձաղկիչ ու բազմախթան
Ճահճացեխերը քո բազմապիսի.
Չարություն, գայթանք, անօրենություն,
Պարտություն, փախուստ մարտահանդեսից,
Մոլագարություն, ամբարշտություն, թմբիր, ապշություն,
Արթմնի քուն և ընթանալիս նիրհ,
Մտորումներ խորթ ու օտարոտի, նանրաբանություն,
Հաճություն՝ անվերջ զվարճանալու զազրություններով,
Փափագում Աստծո ատելիների.
Աներկյուղություն, ստահակություն,
Հեղհեղուկություն, թերհավատություն,
Թյուրընթացություն, թուլամորթություն,
Մանրակծծություն, ցոփություն շվայտ,
Խեղկատակություն, աճպարարություն ու ծաղրածություն,
Տարփամոլություն, գայթակղություն,
Քաջություն անդեպ, մարտեր անհարկի,
Արիություններ խոլ ու անհեթեթ,
Հոգու խեղդումներ, երկչոտություններ տատանողական,
Բազմոստյան ճյուղեր, թափուր, անպտուղ,
Անպատկառ քծնանք, լկտ՛ի գզվռտուկ,
Գժտություններ ու գժդմնություններ,
Ատելություններ անմիտ, անիրավ,
Հրապուրանքներ պատրական, դյուրորս,
Փոքրոգություններ, ճղճիմ, անկշիռ,
Դրժումներ խոստման, ուխտազանցություն,
Այլակերպություն յուր նմաններից,
Կեղծավորությամբ ինքնաքողարկում,
Խելահեղություն փառամոլական,
Հավակնոտություն, ժպիրհ, բարձրահոն,
Ապիրատություն, եսասիրություն,
Նախագահության մարմաջանք ու տենչ,
Հիշաչարություն, քինախնդրություն,
Այլոց նկատմամբ անշահ բարբաջանք,
Խորամանկություն, բանսարկություններ,
Մտքի ու խոսքի օնանկանություն,
Կրքեր փանաքի,
Կյանքի վաճառում՝ ի գին սատակման,

Ավանդի կորուստ, անհոգի վատնում հայրական ինչքի,
Ձգող կապանքներ
Եվ երինջների լծափոկերով
Անզերծ բռնված անօրենություն,
Տղմաբնակություն միշտ զազրաթաթավ,
Լավերի լքում, գծծությունների հակամիտություն,
Դարձի զալուց ետ՝ վերադարձ նախկին դժնություններին,
Նորամտություն, խոկումներ օտար ու անկայուն կամք,
Աղվական հոգեր, զզայականի էականացում,
Մոլազարություն անսանձ՝ իշխելու
Ամենասփյուռ, անսահմանափակ,
Այլև բոլորն այն, որ անասելի, անգրելի են,
Անպատմելի ու անպատկերելի:

Գ

Արդ, ինչպե՞ս հիմա պիտի բժշկվես, ա՜նձն իմ եղկելի,
Երբ խոցոտված ես այսքան տեղերով,
Ըստ մարգարեի՝ ծզված ու լքված,
Տարազիր մի մարդ, անամոք ու հեզ.
Կուտակված անթիվ ցավերից միայն
Մեկն իսկ լիովին բավական է քեզ
Չարաչար մահվան մատնելու համար.
Այնինչ դեռ որքա՜ն դժնի, սպանող,
Ժանտ դաժիձների հրոսակներ են շրջապատում քեզ:
Բայց այս էլ քիչ է արտահայտելու
Տաժանավորիս վիճակը թշվառ:
Ինչպես վխտացող բազմությունն անթիվ
ժանտ կարիճների,
Որոնք կրում են պոչի վերջույթում թույն օրհասական,
Պահած մաշկեղեն մի անոթի մեջ,
Արգելարանի թույնամուղ ուղին՝
Խայթոցն, ամփոփած շրջափակությամբ,
Արտաքուստ թեև բարի են թվում,
Սակայն ներքնապես ամբար են չարի,
Կորստյան պահեստ, կսկիծի կույտեր,
Մշակներ մահու և սպանության գործոններ դժխեմ,–
Այդպիսին ես և դու՝ տաժանագին
Անօրենությամբ ամբարած բոլոր
Թշվառաքրտինք քո վաստակներով,
Ա՜նձն իմ, պարտական կրկնակի մահվան:

Կամավոր քո մեջ ընդունեցիր դու
Այն բոլորն, ինչ որ թշնամին ցանեց
Աշխարհի արտում ցորենի վրա,՝
Ո՜վ այր անմաքուր,
Ծույլ ու ամբարիշտ, ատելի խպառ,
Ախորժահոժար սիրող ամենի,
Ինչ որ լցված է անառակությամբ,
Ինչ առաքյալն է թվել մեկ առ մեկ
Իր սարսափելի կշտամբանքներով,
Վերջում գրելով նաև կանոնն այս.
Նրանք, ասում է, որ վերահասու
Լինելով հանդերձ Աստծո օրենքին՝
Գործում են դարձյալ այսպիսի բաներ
Կամ կամակից են, արժան են մահվան:
Արդ, ես ինքս եմ ինձ արժանի գտնում կրկնակի պատժի՝
Կործել՝ սատկելով որպես մահապարտ:
Սակայն խնայի՛ր ինձ ողորմությամբ,
Բարեգո՛ւթ, հզոր, կամարար, կարող,
Կենսաձիր, օրհնյա՛լ հավիտյանս, ամեն:

ԲԱՆ ԽՁ

Ի խորոց սրտի խոսք Աստծո հետ

Ա

Հավիտենական մոլորյալ եմ մի ամենապատիժ,
Մշտապես դժնի վայրենաբարո,
Ինքս ինձ անձամբ մահով կշտամբիչ,
Վայրագասուն ու զազիր խոզերի բոլուկ արածող՝
Գարշելի, նվաստ, անարգ մի վարձկան,
Ամայաբնակ ուլերի հորան խնամող հովիվ՝
Հոտարածների վրանների մոտ.
Ըստ «Երգ երգոցի» ինձ պատշաճ խոսքի,
Որ ինքս ինձ բնավ չճանաչեցի,
Չիմացա՝ ումի՞ց, ո՞ւմ պատկերով ինչո՞ւ գոյացա:

Բ

Ահա քեզ կրող երկու միաբան
Անանջատելի ոտներիդ վրա
Հրեշտակաձև դու կառուցվեցիր,
Որ միշտ կրկնաբարձ, վերասլացիկ քո բազուկներով,
Ասես թևավոր, թռիչքով միայն
Երկիրն հայրենի դիտես բարձունքից.
Ո՜վ հիմար, հապա ինչո՞ւ կամովին գետնին կորացար
Ու միշտ երկրային հոգսերով տարված՝
Անապատական վայրի ցիռերի կարգը դասվեցիր:
Ինչպես բազմաձյուղ մի կանթեղ, մարմնիդ պերճ աշտանակին
Բոլորությունը գլխիդ հաստատվեց,
Որպեսզի նրա շնորհիվ երբեք
Չօտարանալով շնորհի վսեմ օրինատիպին՝
Տեսնես Աստծուն, անանցականը իմաստասիրես:
Դրա հետ նաև ճոխացար պատվով բանականության,
Որ քեզ շնորհված բարեմասնության հաղթանակները
Անկաշկանդ լեզվով պատմես բոլորին:
Կրելով գործուն, արվեստող ձեռքեր,
Ճարտար մատներիդ շառավիղներով,
Իբրև գործակից ամենապարգև աջին Աստծո,
Համացեղությամբ՝ աստված կոչվեցիր:
Բաղադրվեցիր դու երեք հարյուր վաթսուն հոդերով,
Ի լրում պատշաճ թվի՝ դրանց հետ
Միավորելով ճանաչողական հինգ զգայարան,
Որ անքննադատ չմնա մտքիդ տեսության կողմից
Քո տեսանելի կազմը նյութեղեն,
Ուր կան անդամներ՝ հաղթ ու զորավոր,
Կան, որ փոքրիկ են, բայց և պիտանի,
Որ կարծրակերտ են, բայց և զգայուն,
Կան, որ գողտրիկ են, ընտիր, պատվական,
Ինչպես նաև կան, որ կարևոր են, բայց ամոթալի:
Իսկ մեկնությունը դրա կգտնես
Նկարված քո մեջ, ա՜նձն իմ եղկելի,
Ինչպես մի անեղծ արձանի վրա.
Ժամանակի տարրն ու տարին կազմող
Իրարահաջորդ թիվը օրերի,
Սահմանված ասես ինչ-որ օրենքով
Մարմնիդ մասերին համապատասխան,
Պետք է որ պահվեն անսխալ ու միշտ անայլայլելի:

Գ

Ահա հոգևոր մի այլ օրինակ,
Որ նույնպես քեզնով է մեկնաբանվում՝
Միրո հողերով ի մի շաղկապված
Միասնությունը սուրբ եկեղեցու.
Բոլոր մասերը եթե անխտիր,
Վեհը փոքրի հետ որպես համարժեք,
Համահաճորեն չներդաշնակվեն՝ մի լծով կապված,
Խաթարված կլինի Քրիստոսի սուրբ
Անվան շինության ամբողջությունը,
Ինչպես որ, ասենք, մարմնի որևէ
Անդամը թեկուզ աննշան, չնչին,
Եթե կտրվի, պակասի հանկարծ,
Կաղճատվի ամբողջ կազմվածքը մարմնի,
Որն զգայական սենյակն է մարդու,
Եվ բուն կերպարը կենթարկվի անարգ մի փոփոխության:
Ահա այսպիսի, ինչպես և բազում
Այլ անզուգական հրաշակերտմամբ՝
Եղական պատկերն ես դու Աստծո,
Ո՛վ անձդ իմ զերի, իսպառ կշտամբված.
Ճիշտ է, առաջին նմանությունից,
Կյանքի դրախտում մեղանչելով սուրբ
Պատվիրանի դեմ, դու կողոպտվեցիր,
Բայց ավազանի լույս շնորհներով՝
Ոգու փչման հետ չէ՞ օր ստացար
Նաև պատկերի նմանությունը:
Արդ, ինչո՞ւ կորցրիր փառքը երկնային,
Ինչպես երբեմն Եդեմ-դրախտում
Նախաստեղծը այն՝ վիճակն երկնավոր.
Ինչո՞ւ փակեցիր ինքդ քո ձեռքով երկինքը քո դեմ,
Վերելքիդ դուռը կողպեցիր իսպառ.
Ինչո՞ւ խառնեցիր մաքուր ջրի հետ
Ախտն արցունքների քո տաժանաբուխ.
Ինչո՞ւ լվացված ձորձը ծածկույթիդ
Աղտեղեցիր քո զազիր գործերով.
Ինչո՞ւ մեղքերիդ պատմուճանը, որ
Մի կողմ էր դրված,
Անառակ վարքով՝ հազար վերստին.
Ինչո՞ւ ժանտերի ճանապարհներով
Ապականեցիր մաքրությունը քեզ կրող ոտքերի.

Ինչպե՞ս վերստին ուխտազանց եղար իրավաղատին՝
Մեղանչելով հին պատվիրանի դեմ.
Ինչո՞ւ զրկվեցիր շնորհի պտղից,
Ինչպես Ադամը՝ ծառից կենարար.
Ինչո՞ւ նենգեցիր ինքդ կամովին
Հավերժությունը անստվեր հույսի.
Ինչպե՞ս օգնեցիր, որ անհամարձակ
Ամոթը սաստիկ ծածկի դեմքը քո.
Ինչպե՞ս զինվեցիր ինքդ ընդդեմ քեզ,
Ո՛վ ընդունարան խելագարության.
Ինչո՞ւ որս դարձար մահվան ծուղակին՝
Թողած արահետն ամենավստահ.
Ինչպե՞ս բռնվեցիր պատրանքի կարթով
Հաղո՛րդդ մարմնին կենդանարարի:
Սակայն դու դարձյալ հուսալով նրան՝ պաղատի՛ր իրեն.
Ապավեն և լույս քավիչ, նորոգիչ,
Փրկիչ, կեցուցիչ և կենդանարար,
Ողորմած, հոգած, մարդասեր, անոխ,
Բազմագութ, օրհնյա՛լ հավիտյանս, ամեն:

ԲԱՆ ԽԷ

Ի խորոց սրտի խոսք Աստծո հետ

Ա

Արդ, ամաչելով սաստկապես մեծիդ ահեղությունից՝
Ի՞նչ կարող եմ ես ասել, եթե ոչ
Համրանալ իսպառ և հող ի բերան՝ լռել սրտիս մեջ,
Մարգարեական խոսքի համաձայն,
Հայացքս հառած լոկ բարի հույսին:
Իսկ եթե բացեմ փականքը շարժման գոց շրթունքներիս՝
Բռնադատելով նրանց, որ խոսեն,
Խղճմտանքս ինձ կթելադրի
Վերստին հյուսել միայն ողբագին
Ու կրկնակական եղերերգություն:

Բ

Եվ արդ, ողբակից մեծ մեղավորին,
Որը կամովին մահացու կերպով անօրինացավ,
Նրա գոչն իր հետ կրկնում եմ և ես.
«Մեղա՜, տե՛ր, մեղա՜,
Անօրենությունս ինքս եմ վկայում»:
Չափը պարտքերի մեղավոր հոգուս,
Ըստ հիսուներորդ սաղմոսի խոսքի,
Շատ ավելի է, քան հյուլեները
Օդում տարածված հողմավար փոշու:

Գ

«Մեղա՜ երկնքի, այլև քո առաջ».
Անառակ որդու պես ամոթապարտ՝
Վերադառնալով գթիդ հայրական՝ թախանձում եմ քեզ
Եվ մոտենալով դեմքով տխրագին՝
Արտասվահեղեղ ողբերիս գոչմամբ
Խղճալի ձայնը աղերսանքներիս
Տարածում եմ, տե՛ր, ահա քո առաջ.
Ո՜վ հայր գթության, Աստված բոլորի,
Արժանի չեմ ես բնավ ոչ միայն որդի կոչվելու,
Այլև անպիտան ու անբան վարձկան:
Ընդունի՛ր դարձյալ սովալլուկիս.
Տարագրական ու վնասապարտ,
Եվ բազմաչարչար հոգնանվաղիս
Քաղցը փարատի՛ր կենացդ հացով.
Ե՛լ ինձ ընդառաջ քո ողորմությամբ,
Քանզի նախ քեզ եմ ես ապավինել.
Հագցրո՛ւ, գթա՛ծ և անոխակալ,
Զգեստն այն, որից կողոպտված էի արդեն նախապես.
Ավանդակորույս, մեղքերով իսպառ աղտոտված ձեռքիս
Մատուցի՛ր կամքովդ ամենաշնորհ
Մատանին, կնքով համարձակության
Եվ մերկությունը թշվառ ոտքերիս գարշապարների,
Ավետարանի ամրածածկ կոշկով պատսպարելով.
Ապահովիր միշտ օձի թույնի դեմ:
Մեծիդ անխոտոր մարդասիրությամբ
Նվիրի՛ր հոգուն իմ բարեկարոտ
Երկնային պարարտ եզդ զվարակ,

Որ է միածին օրհնյալ քո որդին,
Որ մատուցվելով միշտ՝ չի պակասում իր լրությունից,
Զոհաբերվելով հավիտենապես
Ամեն սեղանի սպանդարանում՝
Անսպառորեն մնում է համայնն ամեն ինչի մեջ,
Ամբողջությունը՝ ամեն մի մասում,
Էությամբ՝ երկնում, խսկությամբ՝ երկրում,
Անհատ՝ մարդկությամբ և աստվածությամբ իր՝ լիակատար.
Փշրվելով միշտ անթիվ մասերի՝ բաշխվում է անվերջ,
Որ միավորի այդպես բոլորին
Որպես մի մարմին իր՝ գլխի համար.
Փա՜ռք քեզ նրա հետ, հա՜յր ողորմության, հավիտյանս, ամեն:

ԲԱՆ ԽԸ

Ի խորոց սրտի խոսք Աստծո հետ

Ա

Բարձրյա՜լ, մեծազոր, անսկիզբ, անեղ, անպարփակելի,
Աչք աննիրհելի, ամենանկատ,
Ծնող միածնիդ անքնին փառքով,
Երկնավորների, երկրայինների առաջ ճշմարտի՛ր
Ողորմությունդ մերժվածիս հանդեպ:
Վերնականների ճոխ պարերգությամբ
Տոնի՛ր վերապրելը կորուսյալիս,
Մահացածիս նոր կենդանությունը
Բարեհոչակի՛ր խոսքովդ օրհնաբեր,
Ի հայտ բեր կամքը քո բարեխնամ
Գովյա՜լդ համայն արարածներից,
Բարձրացրո՛ւ քո անունը, անճա՜ռ,
Տալով թշվառիս նորոգ փրկություն,
Կործանո՛ւ մուրհակը մեղսագործ անձիս ամբաստանության,
Սիրելի որդուդ արյան կայլակով
Ջնջի՛ր, տե՛ր, մահվան վճիռն իմ հոգու,
Հիսուսիդ արյամբ նկարի՛ր իմ մեջ
Վստահությունը բարի փրկության,
Բարեգթության հրաշքդ ցո՛ւյց տուր

Քո հարազատի հարսանքաճաշին:
Մի՛ փակիր սրահն-առագաստարան
Կենացդ հարկի՝ քեզ դիմողիս դեմ,
Մի՛ բաժանիր ինձ բազմականներից,
Մի՛ զրկիր անճառ բարիքներից քո,
Մի՛ պահիր օրհնյալ գանձարանիդ մեջ
Պարտքերն իմ նյութած անօրենության,
Ոչ էլ կնքիր քո բարյաց քսակում
Գարշությունը իմ զազրությունների,
Վերքը մեղքերիս մի՛ ծածկիր երկար մարմնումս ախտավոր.
Ցավերիս նեխվածքն ու փտությունը
Մի՛ թող տնկակից ինձ մահամնա,
Ողորմությանդ խոսքով վերացրո՛ւ
Ժանտություններն այս ապականարար,
Որպեսզի զտված հյուծող ախտերից՝
Առողջանալու համար պատրաստվեմ.
Խորը խոցերիս հնարի՛ր զորեղ
Սպեղանիներ, ո՜վ հայր գթության,
Օգնի՛ր կարեվեր կործանված անձիս,
Քանզի քոնն եմ ես, ո՜վ հոգեսեր տեր:
Եթե մինչևիսկ միանգամից բյուր հանցանքներ գործեմ,
Դարձյալ մեղավոր ես չեմ ճանաչվի՝
Ապավինելով քո շնորհներին կենդանապարգև,
Ո՜վ բարերար իմ և կյանքի տվիչ.
Զի քեզ ճանաչելն արդարություն է արդեն կատարյալ,
Իսկ զորությունդ իմանալն՝ արմատն է անմահության,
Ինչպես գրել է իմաստունը դեռ.
Տիրեւդ,– ասում է,— ամենքի վրա՝
Քեզ խնայել է տալիս բոլորին».
Եվ դարձյալ՝ «մոտ է քեզ, երբ կամենաս, կարող ես գտնել»:

Բ

Հուսատու աղերսն այս Սողոմոնի
Ես օրինակ եմ առնում ինձ համար,
Քանզի ոչ մեկը բազմամեղությամբ
Ինձ զուգաշավիղ չեղավ նրա պես.
Երբեմն որդի, հետո ատելի.
Նախ խաղաղության միջնորդ ջատագով իր ժողովրդի,
Իսկ հետո բազում խռովության ու պառակտման պատճառ.
Նա, որ երբեմն օրենքն էր կենաց,

Հետո վերածվեց մահվան մուրհակի՝
Ոտնահարելով երկնավոր տիրոջ պաշտամունքը սուրբ
Եվ ընդունելով անունն օտարի.
Անշահ պառակտիչ, անկարիք զրկող,
Անսովելի զող, շոյված տրտնջող,
Գրգված դրուժան, խրտչած հացանենգ,
Հանցապարտ, պապանձ ու անպատասխան,
Շփացած լուտող, հայրատյաց զավակ,
Ավետարանի մատնիչ, Մովսեսի հանդեպ չարախոս,
Երախտամոռաց, գայթուն իմաստուն, մեղսոտ բազմագետ,
Զղջացած, նկուն ու ամոթապարտ,
Տարտամ ապաշավ, կռապաշտ մաղթող,
Հապաղ դարձիեկ, անհայտ ընդունված.
Կեղակարծ քավված, խրատ գալիքի,
Անստույգ փրկված, անհավաստի գյուտ,
Մեծության թերմացք, պատրական գերի,
Կիսավարտ պրծած, կամա ինքնամատն,
Տմարդ հղփացած, բազմավրեպ հանճար:
Եվ նրա մասին, իբրև ինքնադատ կորստականի,
Զանազան խոսք ու զրույցների մեջ
Արտահայտված է իրար հակընդդեմ
Երկու զգացում՝ և՛ ձաղանք, և՛ ողբ,
Ե՛վ մեծ պարսավանք, և՛ փոքր գովեստ,
Երգիծանք, խառնված ափսոսանքի հետ.
Իր գրվածքներով ամեն հասակի
Բարգավաճության թելադիր է նա,
Իսկ իր խոտորմամբ միշտ պատճառել է բոլոր շուրթերին
Ողորմագին ու թախծալի թառանչ:

Գ

Զարմանում եմ ու վհատվում՝ ապշած տարակուսանքով.
Քանզի եթե նա այնքան սայթաքեց,
Հապա ի՞նչ պիտի պատահի ինձ հետ.
Բարձրացածն ինչպե՞ս ընկավ վայրապար,
Ամուր հաստատվածն ինչպե՞ս սասանվեց,
Ինչպե՞ս կործանվեց կանգնածն անհողդողդ,
Ճանաչվածն ինչպե՞ս հանկարծ խորթացավ,
Ընտրյալ զավակը ինչպե՞ս մոլարվեց,
Մերձավորն ինչպե՞ս թողեց հեռացավ,
Ճաճանչափայլը ինչպե՞ս մթագնեց,

Ազատվածն ինչպե՛ս տրվեց պատանդի,
Ուսուցիչն ինչպե՞ս անօրինացավ,
Հռչակվածն ինչպե՞ս վայելչազրկվեց,
Ինչպե՞ս անարգվեց փառավորն հանկարծ,
Ինչպե՞ս փոքրացավ մեծատունը պերճ,
Բարեպաշտն ինչպե՞ս ամբարշտացավ,
Ընտրողը ինչպե՞ս ամբարիավաճեց,
Կատարելությունն ինչպե՞ս սնացավ,
Ինչպե՞ս խզեց ուխտն իր՝ բարձրյալի հետ,
Ամաչում եմ ես ասել՝ մինչնիսկ
Դժոխապետի հետ մտերմացավ:
Ի՞նչ գործ ուներ նա այդ կուռքերի հետ,
Որտեղի՞ց էր սերն այն պատկերների,
Ինչո՞ւ համակվեց կեղծ պաշտամունքով,
Ինչպե՞ս չհիշեց գոնե Սամվելի
Հանդիմանանքը, ուղղված Սավուղին.
«Հմայությունը մեղք է, — ասում է,—
Մարդակերպ կուռքը բերում է միայն ցավ ու նեղություն»:
Ինչպե՞ս չհիշեց, կշտամբանքն իր հոր.
«Հեթանոսների կուռքերը բոլոր
Դներ են անշունչ, և նրանց նման
Կլինեն նաև պաշտողներն իրենց»:
Դեռևս Մովսէսն է այդպիսիներին
Կանխապես ձաղել ու ամբաստանել սաստիկ՝ ասելով.
«Առաջնորդում էր նրանց տերը լոկ,
Չկար նրանց հետ օտար մի աստված,
Որ հայրերն իրենց չէին ճանաչում»:
Ո՞ւր է Փագովրի մահաբեր արձանն այլանդակատես.
Ո՞ւր՝ սիդոնացոց տգեղ անպարկեշտ
Էգի ձուլածոն ամենանգով,
Ո՞ւր է կանացի կերպով զազրատես
Խայտառակությունն այն անգրելի,
Որին անձնատուր՝ պիղծ պաշտամունքի
Մարգարեները անաստվածաբար
Եվ անասնական մոլագարությամբ,
Բոլորն անխտիր, ձոն էին անում՝
Հանուն չարության անժուժկալ դևի:
Կինը, որ որսաց դեռ նախահորն ու մատնեց կորստյան,
Տարավ և սրա բարեբաստության երաշխիքը ողջ.
Փառամոլությունն հաղթեց զերապանծ իր իմաստության,
Գոռոզությունը զերեց լիովին,

Հեշտասիրությունն հիմարացրեց,
Իշխեց արծաթը ստրկացնող,
Կործանարարի զենքը վաղեմի
Հոգով սպանեց տոնելի մարդուն
Եվ նրան Աստծո գրկից հանելով՝
Ստամբակի պիղծ ոտքի տակ նետեց,
Մեղկությունը ցոփ մեռցրեց նրան,
Պղերգությունը ընդարմացրեց,
Շվայտությունը արբեցրեց խպառ:
Ո՛վ դյուրապատիր մարմին երկրածին,
Ի՞նչ ողբ ու կոծով ավաղեմ ես քեզ
Քանզի հատուկ է հակասությունն այս
Ոչ միայն նրան, այլև շատերին.
Որոնք սխալվում և խոտորվում են ինքնակամորեն:
Այս օրինակով պետք է հասկանալ,
Որ ընդունայն է պարծենալն, անմիտ՝
Երկրավոր խելքով և իմաստությամբ,
Եթե Աստծո դատելով դրանք ընտիր չդիտվեն.
Ըստ այսմ, եթե մեկը մինչնիսկ հիմար էլ լինի,
Բայց հույսը դնի Աստծո վրա,
Նա զերծ կմնա այն չարիքներից,
Որոնց Սողոմոնն այդպես ենթարկվեց:

Դ.

Սողոմոնն ունի իր դարձի մասին
Հույժ քստմնելի և ինքնապարսավ
Կշտամբանքներով հիշատակարան,
Որպես մի մարդ, որ ինքնասիրության
Աշխարհին համորեն մեռցրել է իր մեջ:
Եթե մեկն ուզի տեղեկություններ առնել այդ մասին,
Ապա կգտնի «Ունայնությունք»-ում
Ու մատյաններում քահանաների
Կամ սիլոնացի Աքիայի գրքում:
Սրա մեջ ողբով իր տառապալից
Կյանքի ընթացքն է պատկերում այսպես.
Անօգուտ ջանքեր, իզուր աշխատանք,
Հետամտումներ անմիտ, անհեթեթ,
Գործեր ապարդյուն, անշահ արշավանք, միտումներ խոտոր,
Ոչնչության խենթ հորձանապտույտ,
Նախատելի բերք, վարկածներ անճիշտ,

Սերմեր սնոտի, անկայուն վաստակ,
Խոտելի տաժանք, ավազափուլ շենք,
Ինքնամարտ կռիվ, իր հոգու դեմ դատ,
Ջրաջան քրտինք, վնասակար իղձ,
Ճանապարհներ ծուռ ու կորստաբեր,
Կրթություն-ուսում կործանարար ու մոլորապատիր,
Մշտասխալ ու թյուր տեսողություն,
Հայրատահայաց աչքերի պչրանք,
Պոռնկակերտ տեսք, ախտաբորբոք նյութ,
Դժնատեսիլ գույն, բազմատխուր գեղ,
Թանձրակուտակ ծուխ, ցնդելի շոգի,
Ավարառության ենթակա վաճառք, քանդվող տաղավար,
Անտեղի գոչյուն, ծիծաղ անառիթ,
Արհամարհելի անձուկ ասպարեզ,
Ինքնավաճառ գիր, մահացու ընթացք,
Անաստված մտքեր, ճառեր ստահոդ,
Վրդովիչ զրույց, դատարկ խծբծանք, անմիտ փնտրտուք,
Ցուցադրումներ ամոթանքների,
Խայտառակության բացահայտություն, գալիք անարգանք,
Ցավալի գործեր, անարգ պատմություն, հեղգության տիպար,
Ծածուկ խորխորատ, որս խավարային,
Մահագուշակ վիհ, անհատակ անդունդ,
Ոճրագործների ընկերակցություն, հիմար բարբաջանք,
Վայր՝ դարանակալ դավադիրների,
Խարխուլ օթևան, խախտված շինություն, սասանված կամուրջ,
Փութանցիկ տեսիլ, խաբող շողոքորթ, տմարդի մատնիչ,
Ընդդեմ բարձրյալի հակառակություն:
Խոստովանական խոսքերի բոլոր
Մասերն այս որպես կանոնադրություն
Ամենքի սրտում, որոնք զղջումով դարձի են գալիս,
Ժողովողն ինքը նախասերմանեց,
Որ չպարծենա ոչ ոք մարդկանցից
Եվ բամբասանքի նետերով զինված՝
Խոցոտի իրեն ու իր ընկերոջ.
Կռապաշտ է նա, ով ծածկված քողով՝
Ձևացնում է իրեն բարեպաշտ,
Բայց կատարում է արարչի համար անախորժ գործեր:

Ե

Նա, որ ո՛չ այնքան մեղանչեց, որքան զղջաց դառնորեն,

Թող որ լիովին չպախարակվի, այլ հիշվի սիրով՝
Իբրև հիմք նրանց հուսադրության,
Որոնք տերունի ոտքին դիմեցին,
Երբ աստվածությամբ անբաժանելի
Նա այցելության իջավ իր Հոգով՝
Այնտեղ ճշմարտի դավանողներին կենագործելու,
Որի մասին և մեռածներն ահա
Կենդանիներիս ավետիս բերին:
Ես՝ հանցապարտս, որ իմաստությունն իր չունենալով՝
Մասնակից եղա, սակայն, մեղքերին,
Նրա հետ մեկտեղ աղոթում եմ արդ
Ու բարեբանված մեծիդ պաղատում.
Լցրո՛ւ, տոգորի՛ր քերթվածքն իմ համեստ
Այն երջանիկի հանճարեղությամբ.
Թախանձանքներն իմ թող միահյուսվեն
Այն վսեմափառ արքայի թշվառ
Ու ողբահառաչ աղերսանքներին.
Խնդրանքները այս անտես մի՛ արա,
Ընդունի՛ր՝ իբրև բարձրյալիդ ընտրյալ վեհ արքայորդուց,
Որին միածնիդ օրինակեցիր,
Ի դեմս որի, արյունակցությամբ,
Մեծիդ փառակցին մենք ճաշակեցինք:
Փրկի՛ր ծառայիդ, ամենահնա՛ր, զորեղ, ահավոր,
Եվ անքավելի մեղքերի ջնջմամբ
Ավելացրո՛ւ փառքն ստեղծողիդ:
Հիշելով բարի խրատները իր՝
Ներվածների հետ նորոգի՛ր նրան,
Որն ամենահամ ախորժաճաշակ
Եվ բազմապաճույճ առակագրությամբ,
Իր մատյաններով լուսազարդ ու ճոխ
Աստվածությունդ միայն քարոզեց
Եվ ժողովրդին ցույց տվեց, ո՛վ հայր,
Խոստովանությամբ քեզ մոտենալու բարի ճանապարհ:
Սա վկայում է, որ նա հեռու չէր ողորմությունից,
Եթե ըղձեռանդ իր սրտում հանկարծ
Հուսահատություն կաթած չլիներ,
Որը և զղջման աճապարանքը քիչ կասեցրեց:

Ջ

Հիշելով անճառ բարիքները քո՝

Գթասրտությամբ ողջունի՛ր դարձյալ
Եվ երանությանդ արժանացրո՛ւ
Դարերից ի վեր ամբաստանության
Քարաձգությամբ բազմակոշկոճին,
Որն արցունքներով հորդ ու բազմաբուխ
Խրախճանական իր ապարանքի հատակն հեղեղեց
Եվ դառնակսկիծ ապաշավներով
Ու ողորմագին հեծությամբ հոգու
Գերազանցեց հոր տառապանքներին:
Արտասուքներն այդ իր, ներողությամբ քո երկայնամիտ,
Խառնի՛ր, միացրո՛ւ, գթա՛ծ, միածնիդ արցունքների հետ,
Որն ընդունելով բնությունը մեր՝
Կրեց նաև մեր վշտերը բոլոր.
Բարեբանությունը այն սաղմոսի,
Որ թեպետ անդեպ, անճշտորեն է նրանն համարվում,
Վճռելով ի փառս էակից որդուդ՝
Փրկի՛ր և նրան բարեգթությամբ
Աղքատ ու տնանկ ժողովրդի հետ:
Պուետիկոս մի առատաշնորհ
Լիովին վարձք էր համարում իրեն
Սողոմոնի հետ ու նրա համար, իբրև կենդանու,
Զուգաձայնությամբ աղերսել առ քեզ,
Որն հաջորդ խոսքով կպարզաբանվի:
Քանի որ նրա ստեղծագործած՝
Օստացի Հոբի պատմությունը հենց,
Զարմանահրաշ, մարգարեաճառ,
Ուր աստվածությունն է ջատագովվում,
Վկա է ինքնին, որ Սողոմոնը
Արժանացել է ողորմածության.
Ուրեմն ավելի անպարսավելի
Կլինի նրա համար աղոթել, քան չարախոսել:

Է

Ուստի ես էլ եմ աղերսում ահա մեծ վստահությամբ՝
Նրա պես ողբիս աղաղակները քեզ ընծայելով,
Եթե դատելով ըստ մեր գործերի՝
Կորցնես մեզ, փառքդ չի խամրի բնավ,
Քանի որ արդար վարված կլինես,
Բայց եթե գտնես, կբարձրանաս, տե՛ր,
Որքան վայել է լոկ քո մեծության,

Զի դու ավելի ողորմությամբ ես օրհնաբանելի,
Քան թե սաստկությամբ նախահրաման:
Դարձի՛ր, տե՛ր, դարձի՛ր քո խնամարկու
Քաղցր գթությամբ ու ամենառատ
Սիրուդ պարգևով մխիթարի՛ր մեզ,
Որ համանման անբժշկելի
Վիշտ ու տագնապի տապով տոչորված՝ տրտմել ենք հավետ.
Փրկարար ձեռքդ դնելով՝ կրկին
Նորոգի՛ր, քավի՛ր ու պատսպարի՛ր
Խորտակումներից այս մեղսակործան:
Սկզբիդ միակ և անսկզբիդ,
Հետի սկզբիդ և սկիզբների սկզբնավորիդ,
Սուրբ Երրորդությանդ՝ մեկ աստվածությամբ
Իշխանությո՛ւն, փա՛ռք հավիտյաններից հավիտյանս, ամեն:

ԲԱՆ ԽԹ

Ի խորոց սրտի խոսք Աստծո հետ

Ա

Անօրենություն թող որ չտիրի
Մեծիդ երկնային թագավորության
Կայսերական իմ պատկերին, Աստվա՛ծ, ո՛վ լույս բոլորի.
Թող չկողոպտի գոռոզն ապստամբ
Շնորհիդ զարդն իմ կերպարանքից, որ դու ստեղծեցիր.
Մահացու մարմնիս չթագավորի մեղքը խափանված՝
Գրավելով ինձ իր ծուղակի մեջ:
Քեզանից բացի չունեմ, Քրիստո՛ս,
Իմ շնչին իշխող մի այլ թագավոր,
Դու ես միմիայն, որ անբռնադատ
Հնազանդում ես ինձ քաղցր լծիդ,
Ամենակարող խոսքովդ ցրում կրքերս հանցապարտ.
Որ ստացար ինձ քո արյամբ, մարմնովդ կերակրեցիր
Եվ սահմանեցիր կյանքի հաստատուն ու անխափան ուխտ.
Հոգովդ ինձ կնքած՝ քեզ կցորդելով՝
Հանձնեցիր հորդ ժառանգակցապես.

Որ հիշատակով չարչարանքներիդ
Եվ մշտամատույց զոհիդ անունով՝
Համարձակություն ավիր աղոթել նույն բարերարին,
Ո՛վ ամենայնի ստեղծիչ ու կյանք:
Ողջ հոգիների Աստվածն ես դու, որ
Շնորհատրումն այս շատ ավելի մեծ համարեցիր,
Քան հրաշափառ գործերդ բոլոր.
Ո՛չ երկինքը իր վարդերով համայն
Եվ պայծառությամբ հրեշտակների,
Ո՛չ երկիրն ամբողջ մարդկությամբ հանդերձ
Եվ զարմանասքանչ գործերով սրանց,
Ո՛չ անծայրածիր ծովն իր բովանդակ արարածներով,
Ո՛չ անդունդները՝ խորքերում փակված ողջ անբավությամբ,—
Այո՛, ոչ այնքան այս բոլորի վեհ
Արարչությամբ էր, որ դու բարձրացար,
Որքան իմ հանդեպ գութ ու կարեկցանք ցուցաբերելով,
Երբ մարգարեի բերնով ասացիր,
Քաղցր հույսերի բարեշնո՛րհ տեր.
«Ո՞վ կա ինձ նման մի աստված, որ միշտ
Կարող է ներել մեղքերը մարդկանց
Եվ ջնջել ամեն անօրենություն»:
Խնկյալ են ահա խոսքերդ, ողորմա՛ծ,
Եվ խոստովանված՝ բարությունը քո,
Փառավորված են խորհուրդներդ խորին,
Եվ երկրպագված՝ շնորհներդ զեղուն:

Բ

Արդարև, ոչ ոք արարածներից
Նյութական լեզվով չի կարող մեկնել
Չնչին մի մասնիկն իսկ քո գթության,
Որ իմ նկատմամբ ցուցաբերեցիր.
Քանզի, իսկապես, ավելի մեծ է զորությունը այն,
Որ հնացածն է կրկին նորոգում,
Ըստ առաջնային իր պայծառության.
Քան ստեղծողը անգոյությունից:
Արդ, քանզի չունես դու տկարություն
Եվ զորություն ես ըստ ամենայնի,
Որից մի խոսքն իսկ բավական է, որ
Ամեն գործ հասնի կատարյալ լրման,—

Հառնի՛ր, ուրեմն, հառնի՛ր, բարեգո՛րծ,
Փառավորվելու իմ անհուսալի փրկագործությամբ,
Որպեսզի ուխտիդ հավաստմամբ, իրոք,
Հաստատվի ձայնը քո օրհնաբանված ու ավետավոր,
Բարեհոչակված առավելապես
Քավության շնորհ ցուցաբերելով
Եվ ուղերձելով ողորմության լույս, քան արարչությամբ:
Զի եթե մեկով ստեղծիչ ես դու միայն ճանաչվում.
Ապա մյուսով՝ նախորդ կոչման հետ՝ և երախտավոր.
Ոչ միայն կերտող, այլ նաև քավիչ,
Բարերարման հետ՝ նաև նորոգող,
Ոչ միայն հաստող, այլև ողորմած,
Կազմելու հետ՝ և ամենահնար,
Հորինելու հետ՝ և հեզաբարո,
Կերպավորման հետ՝ և ամենազոր,
Առաջնորդությամբ հանդերձ՝ նաև լույս,
Խնամարկության հետ՝ նաև հովիվ,
Ոչ միայն բժիշկ, այլև հոգածու,
Ձեռնկալությամբ հանդերձ՝ զորավար,
Անպարտության հետ՝ նաև թագավոր,
Արարչության հետ՝ և բարեհամբույր,
Ամենաշնորհ պարգևմամբ հանդերձ՝ և առատաբուխ,
Ոչ միայն լսող, այլև բարեմիտ,
Չբարկանալու հետ՝ անոխակալ,
Կարեկցության ու վշտակցության հետ՝ նաև ծածկագետ,
Ոչ միայն գթած ու խնամարկու, այլև ապավեն,
Անճառ զորովով հանդերձ՝ և Աստված,
Անհատ բարությամբ հանդերձ՝ և օրհնյալ ըստ ամենայնի:

Գ

Չկայի բնավ, ինքդ ստեղծեցիր
Եվ ճանաչվեցիր ինձ գոյացուցիչ,
Այժմ էլ, ուրեմն, հարդարի՛ր նորեն
Հոգին մաղթողիս, տաղավար մարմնով,
Գոյացության իր նախնական մաքուր
Ու ամենասուրբ անարատությամբ,
Որպեսզի, գթա՛ծ, նորոգ ներկայիս՝
Քո հրաշքների անսահմանելի պարգևները ճոխ
Աճեն բազմանան ավելի պայծառ,

Քան ստվերական հներն անցյալի:
Երբ որ թվարկեմ հանցանքներս անբավ,
Որքան որ զորեն թները մտքիս,
Թող արդարանամ հանուն քո, հզո՛ր.
Անձիս բծերը ինքնակամորեն
Պատմելու համար՝ խոստովանողիս
Ների՛ր ամբարիշտ մեղքերը բազում,
Հզո՛ր, ծածկատես, ամենափրկիչ,
Որ չլինի՛ թե ավետումների
Այս բաղմազեղուն առատության մեջ
Հնին կարոտեմ՝ երանի տալով,
Սաղմոսի խոսքի համաձայն, նրանց,
Որ մկրտությամբ գտան փրկություն:
Այժմ, երբ հոգիս խոցոտված է խոր մեղքի փշերով,
Դու էլ վերստին ձեռքդ ուժգնորեն մի՛ մխիր իմ մեջ՝
Ավելի ևս ծանրացնելով բեռը պարտքերիս,
Քան քաղցրությունն է շնորհների քո.
Աղաչում եմ քեզ, տե՛ր ամենայնի,
Ազատի՛ր, փրկի՛ր օրհնյալ սուրբ Հոգովդ
Մեղքի ու մահվան այս օրենքից ինձ:
Քա՛վ լիցի, լույսը քո ճշմարտության
Չի տկարանա հին օրենքի պես;
Չի ուր քավությունն է թագավորում, մեղքն է վտարված.
Խրախույսներով կենարար խոսքիդ
Ցնդում է ամեն հուսահատության,
Որտեղ հասնում են շնորհները քո, պարտքն է հալածված,
Աստծուդ ձեռքի մերձավորությամբ
Չի կարող լինել անհնարություն,
Այլ ամենասփյուռ լուսավորություն, զորություն համակ
Եվ կարողություն, ուժ անպարտելի:
Քոնն են փրկություն ու կենդանություն,
Նորոգություն և ողորմածություն,
Այլև քաղցրություն, միաժամանակ,
Արքայություն և անեղծություն, փա՛ռք հավիտյանս, ամեն:

ԲԱՆ Ծ

Ի խորոց սրտի խոսք Աստծո հետ

Ա

Ինչպես որ առանց Քրիստոս Աստծո
Չի կարող լինել հոգու փրկություն,
Եվ ոչ էլ առանց աչքի տեսության՝ լույսի զվարճանք,
Ոչ էլ արևի քաղցրություն՝ առանց արևածագի,
Այնպես էլ առանց ծածկությունների խոստովանության
Եվ ինքնաձաղկման՝ չկա քավություն:
Զի ի՞նչ օգուտ քեզ մաքրությունից քո,
Երբ պիտի դատվես փարիսեցու հետ.
Կամ ինձ ի՞նչ վնաս իմ հանցանքներից,
Եթե ես պիտի մաքսավորի հետ զովեստ ստանամ.
Որտե՞ղ և ինչո՞ւ պիտի պարսավվի Հովել մարգարեն՝
Երիցս կրկնելով եղկությունն անձի.
Կամ մեղադրվել կարո՞ղ է մի սուրբ՝
Մեծագույն օրը հիշելու համար.
Եսային ինչո՞ւ պիտի ճանաչվի փոքր-ինչ պղծաշուրթ,
Երբ հեռու մնաց Իսրայելի տան բոլոր գործերից.
Կամ Հիսուսն ինչպե՞ս ադամյան մարմնով հաշվվի մեղավոր՝
Ինձ կարեկցելուց՝ հանցավորապես
Իր հորն աղոթած լինելու համար.
Կամ ինչպե՞ս մեկնել միտքն այս առածի՝
«Միրտն իմաստունի սգատան մեջ է,
Իսկ սիրտն անմտի՝ ուրախության տան»:
Նա, որ Ադամի սխալն իր անձին չի վերագրում,
Մեղքերն համայնի չի հաշվում իրեն,
Ինչպես երջանիկն այն արքաներից,
Որը իրենն էր համարում նաև
Ողջ հանցանքներն ու մեղքերն հայրերի,
Մեղանչած կլինի արդարության դեմ,
Ինչպես մեկը, որ անախտակիր է
Կարծում մարդկային բնությունը իր.
Այդպիսի մարդու սիրտը չի բերկրի այն զվարթությամբ,
Որ պարգևում է ավետումն հույսի,
Եթե Հիսուսի առաքյալների խոսքի համաձայն
Չկարողանա «տրտմել ըստ Աստծո»:

Բ

Արդ, ըղձալի է ինձ հիշել այստեղ
Հինավուրց, սակայն մշտապես նորոգ
Խրատն հոգեշունչ այն հանճարեղի, որ տերն իսկ կրկնեց.
Ոչ թե գնալ ու նստել մանրախոհ
Ամբարիշտների ժողովարանում
Ժանտամիտների առաջին բարձին.
Որից Դավիթն ու Երեմիան նույնպես
Հաստատուն ուխտ ու կանոնադրմամբ
Միշտ հրաժարվել հանձնարարեցին,
Այլ նրանց հետ, որ սրտանց զղջացած՝
Ամոթահար են իրենց մեղքերից
Ու ահաբեկված մեծ դատաստանի հատուցման ահով.
Հետիններն հետ, նրանց հավասար,
Նրանց պես խոնարհ ինքնակամորեն,
Որից բավական՝ բերկրում է Աստված,
Այսպիսով ես էլ կարող կլինեմ
Նրանց հետ հուսալ՝ արժանանալու
Երանության վեհ բազմականներին,
Այլն զերծ մնալ մարգարեի այն մեղադրանքից,
Որն ակնարկում է վեսերից ոմանց.
«Մի՜ մոտեցիր ինձ, քանզի սուրբ եմ ես»,
Եվ ո՞վ կարող է ինձ նայել անգամ:
Ես օգտվում եմ, սակայն, երջանիկ
Դավթի անսահման խոնարհությունից՝ ասելով իր հետ,
«Համարվեցի ես անասուն» անմիտ, անզգայացած.
Չարիքներն հասան պաշարեցին ինձ.
«Նեխեցին վերքերն անզգամիս ու փտեցին անբույժ»:
Այլն կկրկնեմ Ասորեստանի
Այն մի խումբ ընտիր ու անբիծ անձանց
Կշտամբանքները ինքնադատափետ,
Որոնց հետ և Եզր մեծ քահանայի խոսքն այս հոգեշահ՝
«Ոչ իսկ հայացքս կարող եմ առ քեզ վեր հառել, Աստվա՜ծ»:

Գ

Ես, որ տիպարն ու պատկերն եմ ճշգրիտ հանուր մարդկության,
Նրանց բոլորի հանցանքներն ահա իմին խառնելով,
Նրանց դառնությամբ սաստկացնելով իմը կրկնապես՝
Նրանցով հանդերձ հեծեծում եմ արդ,

Թեպետ հարկ չկար գարշելի գույնին
Գումարելու և նոր տգեղություն:
Ահա և այժմ ես մեղանչեցի՝
Անխոհեմաբար գործելով այն, ինչ անհաճո է քեզ՝
Հանցավորապես թույլ տալով դարձյալ սխալներ բազում:
Նայի՛ր ինձ, գթա՛ծ, ինչպես երբեմն
Ուրացության մեջ բռնված Պետրոսին,
Քանզի լիովին ես ունայնացա:
Լուսավորի՛ր ինձ քո ողորմության ճառագայթներով,
Ո՛վ ամբողջովին բարերարություն,
Որ ընդունելով օրհնությունը քո՝
Արդարանա՛մ ես, կյանք առնեմ դարձյալ,
Մաքրվեմ լլկող մեղքերից, որոնք դու չես ստեղծել:
Չեմ համարձակվի կարկառել առ քեզ
Գոսացած, կարկամ ձեռքերս հանցապարտ,
Մինչև չմեկնես օրհնյալ աջը քո
Ու չնորոգես դատապարտյալիս:
Հաղթի՛ր վերստին համառությունն իմ հեզությամբ մեծիդ՝
Մարդասիրաբար հասած օգնության.
Ամենահնար կարողությամբ քո
Ների՛ր առաջին, միջին և վերջին չարիքները իմ,
Ո՛վ անհասներին հասու ապավեն
Եվ արդարների լույսի թագավոր:

Դ

Արժանի չեմ ես օրհնյալ անունդ հիշելուն անգամ.
Զի հանցավոր եմ մահապարտորեն բարեգործիդ դեմ.
Կնիքիդ հանդեպ, շնորհիդ, փչմանդ,
Պարգևներիդ ու անվանդ, ավանդիդ,
Պատկերիդ, պատվիդ թագավորական,
Որդեգրությանդ, օծմանդ, դրոշմիդ,
Առատությանդ ու ընտանությանդ,
Համարձակությանդ, կյանքիդ ու լույսիդ,
Երանությանդ ու բարձրությանդ վսեմ,
Հույսիդ, պսակիդ անկապուտ, փառքիդ
Եվ խոստումներիդ այն ամենայնի, ծածուկ ու անհայտ,
Որոնք, տե՛ր Հիսուս, բազում ձևերով ավետեցիր ինձ՝
Համառիս, իժիս, քարբիս չարաթույն,
Ականջներիս խուլ, անլուր, ունկնախից:
Մեծիդ հարաճուն բարության դիմաց՝

Բազմապատկվեցին չարություններն իմ,
Կործանեցին ինձ, կապեցին մահվան՝ կյանքից զրկելով,
Կարգելով ծառա ապականության:
Արդ, դու ես միայն ճշմարտադատ ու իրավակշիռ,
Ո՜վ բարերարդ օրհնյալ գթությամբ,
Ես մեղանչեցի, անօրինացա, անիրավեցի,
Ուստի եղծվեցի, զեղծվեցի իսպառ,
Հանցավորապես ամբարշտացա,
Չանսացի խնկյալ պատվիրաններիդ,
Թեպետև ինքդ իսկ երևացիր ինձ անճառ քո սիրով,
Որ գրել այստեղ ծանր է չափազանց
(Սարսափելի է հիշելը նույնիսկ):
Քեզ արդարություն, մշտնջենական գովեստներ ու փա՜ռք,
Իսկ ինձ՝ քո հանդեպ ամոթահարիս,
Քավություն, բուժում, ողորմածություն
Եվ պահպանություն սրտի ու հոգու,
Բարեբանյա՜լդ ըստ ամենայնի հավիտյանս, ամեն:

ԲԱՆ ԾԱ

Ի խորոց սրտի խոսք Աստծո հետ

Ա

Մի՞թե երկրածին ամենապատիր
Անցավոր մեկին պաղատեցի ես,
Որ աղաղակն իմ հնչի ընդունայն.
Կամ բանականի՞ մի մահկանացու,
Որ իմ փրկության հույսը լինի սին.
Կամ թե եղծական մի ադամորդո՞ւ,
Որը ո՛չ միայն տկար է խոսքով, այլև՛ զորությամբ.
Ինչ-որ երկրավոր զահակալների՞ աղերս ուղղեցի,
Որոնց հետ նաև անցողիկ լինեն բարիքներն իրենց.
Հարազատ եղբո՞ր, որն ինքն է կարոտ
Փնտրելու անդորր սեփական անձին.
Հո՞րն իմ երկրավոր, որ հասած կյանքի արևամուտին՝

Անկարող լինի հոգատարության,
Թե՞ ծնող մորս, որն արդեն զրկված կենդանությունից՝
Կորցրած լինի գորովանք ու գութ.
Կամ թե աշխարհիս թագավորների՞ն,
Որոնք ճարտար են միմիայն մահվան ու սպանության
Արվեստների մեջ, ոչ թե կյանք տալու։
Այլ քեզ, միայն քեզ, բարերար Աստվա՛ծ, օրհնյալ երկնավոր,
Որ կենդանի ես, կենդանություն ես տալիս բոլորին,
Այլև կարող ես վախճանից հետո անգամ լիովին
Ու անեղծորեն վերանորոգել։

Բ

Եթե փախչելու լինենք քեզանից, կհետևես մեզ.
Կզորացնես, եթե թուլանանք.
Եթե խոտորվենք, կհանես դարձյալ հարթ ճանապարհի.
Եթե ամաչենք, կքաջալերես.
Կբուժես, եթե ախտացած լինենք մարմնով ու հոգով.
Կմաքրես, եթե մեղքով գարշանանք.
Թե ստենք, կուղղես ճշմարտությամբ քո.
Եթե կործանված՝ խորասույզ լինենք
Անդունդներն անտակ, երկինք ցույց կտաս,
Եթե չուզենանք մեր կամքից դառնալ, ինքդ կդարձնես.
Եթե մեղանչենք, դառնորեն կողբաս.
Կժպտաս, եթե մենք արդարանանք.
Կսգաս, եթե օտարանանք քեզ.
Տոն կկատարես, եթե մերձենանք.
Թե տանք, կընդունես, եթե հապաղենք, կհամբերես լուռ.
Եթե ուրանանք, կառատացնես շնորհները քո.
Կտրտմես, եթե լքված թուլանանք.
Կցնծաս, եթե արիանանք մենք։

Գ

Ինչպե՜ս է հարյուրներկուերորդ
Սաղմոսն, օրհնաբան ու հրաշագեղ,
Սփոփում սիրտը հուսահատյալիս,
Ավետելով ինձ կյանքի մեծ հույսեր՝
Որպես հավաստիք անձիս փրկության։
Հաղթական է նա ընդդեմ դևերի

Եվ բանսարկուի համար ահազդու.
Ինչպես նշանը տերունի խաչի,
Պանծալի է այն, բարեբաստիկ ու սքանչելափառ՝
Աշխարհատարած բարձրությամբ լուսո
Եվ երկնավորի անպարտ զորությամբ.
Հավիտենական ախոյան է մի,
Կանգնած անվկանդ, անհաղթ, անհողդողդ՝
Ընդդեմ բռնության անբարեբարո նենգ Բելիարի.
Բովանդակում է իր մեջ՝ ըմբռնող
Մտքերի համար հոգեշահ գանձեր,
Որ ընծայում են՝ մահվան պարտություն, մեղքերի լուծում,
Կրկնակի հույսեր՝ զույգ աշխարհների՝ այս ու անվախճան,
Եվ արդարներին՝ անեղծանելի նորոգման խոստում,
Բարեհրավեր ա կենսապարգև
Կանոններ, գրված Աստծո հոգով:
Բոլոր երգերն էլ սաղմոսարանի
Մի-մի կտակ են մարդկության համար կենդանագրված,
Որ, սակայն, միայն տեսանելի են մաքուր սրտերին:

Դ.

Նախկին օրենքը, որ նորի տկար օրինակն էր լոկ,
Մի նախաշավիղ մեծ ավետագիր մահվան կործանման,
Պարունակում էր իր մեջ երկնավարք
Ու վերնակենցաղ կյանքի ավետիս ու վստահություն.
Սակայն իբրև գիրք ջնջելի էր այն,
Իբրև օրինակ՝ վերափոխելի.
Հանցավորությամբ հուսահատներին
Դատապարտելն էր պաշտոնը նրա.
Մի թույլ միջնորդ էր հաշտարարության,
Խափանելի մի կտակ երկրային:
Այդ է վկայում և փրկությունը զոռ Մանասեի՝
Ծանր, անքավելի այնքա՛ն հանցանքներ գործելուց հետո,
Այն Մանասեի, որն արդարների արյամբ հեղեղեց
Մեծ թագավորին նվիրված չքնաղ քաղաքն հայրենի,
Ըստ մարգարեի անսուտ պատմության,
Որ տեսնողներից մեծագույնին իսկ,
Տեչին, պաշտպանին հայրական իր տան,
Իր ազգականին, իր իսկ ուսուցչին
Ու դաստիարակին բազմերախտավոր
Մահվան գործիքով սղոցեց միջից երկու մասերի.

Դժնի չարչրկմամբ խոշտանգեց անլուր,
Կորցնելով, իբրև ապստամբամիտ, փրկանակն հույսի:
Սրա հետ նաև մի այլ մոլագար չարություն գործեց.
Հանդգնեց մղել ընդդեմ բարձրյալի դժնի վերնամարտ.
Չամաչեց երբեք արտաքսել անունն ու փառքն արարչի.
Եվ հալածելով հոգին Աստծո
Իր բնակության խորանից անձառ՝
Իրեն նվիրեց սկզբնաչարի պիղծ դավանանքին:
Այն նույն տաճարը, որ սահմանված էր
Բարձրյալ արարչի խնկարկման համար,
Համայն աշխարհում հռչակավոր այդ հանդիսատեղին,
Օտար ցեղերի համար ահազդու սրբավայրը այդ,՝
Որտեղ տեսիլներն հրեշտակային
Եվ ամենահաղթ պատգամներն Աստծո
Ճաճանչում էին՝ ազդարարվելով պայծառ հայտնությամբ,–
Երկնանման վայրն այդ, վսեմափառ, սքանչելատես,
Քեվան անունով ինչ-որ նախանձոտ
Ու քառադիմակ մի կուռքի համար
Ավերակ, անշեն, զարշ ու աղծապիղծ աղոթատեղի
Ու դիվաճենճեր զոհարան դարձրեց:
Երկնավոր տիրոջ զրկելով կայքիցիր արքայական,
Ամենընչեղին իր ունեցվածքից թափուր թողնելով,
Բուն տնատերին արած անհանգիստ ու աստանդական՝
Բեհեղզեբուղին ձեղուն հարդարեց
Վտարանդելով անունն ահեղի,
Ավանդն օրհնյալի զերի վարելով,
Մասն ողորմածի նվազեցրեց ողբալիորեն.
Լույսի սրահը փոքր աղվեսի ապարանք դարձրեց,
Իսկ նրան, որ տերն էր ամենայնի,
Մի տաղավար իսկ չթողեց գլուխ դնելու համար,
Քանդեց, խորտակեց պատվարն հզորի
Եվ մեծախորհուրդ արյամբ սրսկված սեղանն ընծայեց
Բախտագուշակման ու հմայության:
Լայնորեն բացեց ճամփաներ՝ ամեն
Գայթակղության ու ախտի համար՝
Ինքը դառնալով սատակման հոտի կերստյան հովիվ
Եվ մոլորության դժնի վարդապետ,
Այն էլ կրոնի սուրբ օրենքների գիտությամբ հանդերձ,
Հայր ունենալով Դավթի հանգունակ մեծ Եզեկիային:

Ե

Այնքան դաժան ու չարահնար էր ոճիրների մեջ,
Որ նույնիսկ իրեն արքայական փառք շնորհող Աստծո
Պատիվն անարգեց, լուտեց, հայհոյեց
Եվ սրախողխող սպանեց բազում աղոթողների՝
Որպես առտնին նենգող դավաճան,
Մերձավոր վատնիչ, սպանող ընկեր,
Չարամահության մատնող հարազատ:
Չէր կարող դառնալ այլես Աստծուն,
Զի ուրացել ու դրժել էր նրան.
Չէր կարող հիշել և Աբրահամին,
Զի խորթացել էր նրանից արդեն.
Իսահակով չէր կարող աղոթել,
Զի նզովված էր նաև նրանից.
Իսրայելով չէր կարող պարծենալ,
Քանզի մերժված էր այդ մեծախորհուրդ
Անվամբ կոչվելու շնորհից իսպառ.
Չէր կարող երգել երգերը Դավթի,
Քանզի եղել էր նրան անարգող.
Քավարանին չէր կարող մերձենալ, զի պղծել էր այն.
Չէր կարող հուսալ և աստվածագործ սուրբ տապանակին,
Զի փոխարկել էր այն զազրաթորմի ձուլածոյի հետ.
Չէր կարող ձայնել նաև Մովսեսին,
Քանզի նրա դեմ մեղանչել էր ծանր ու անքավելի.
Ահարոնին չէր կարող աղերսել,
Զի հանցապարտ էր և նրա առաջ.
Չէր կարող դիմել մարգարեների մերձավոր խմբին,
Քանզի եղել էր նրանց սպանող:
Եվ այդուհանդերձ նրա մեղքերին եղավ քավություն,
Ու նա վերստին շնորհատրվեց թագավորությամբ,
Որպեսզի, գթա՛ծ, բազմապատկես քեզ
Գովեստներ անճառ ու անլռելի
Սերնդե-սերունդ անվերջ, դարեդար
Եվ դարբասն հույսի՝ մտնելու համար միշտ անփակ պահես՝
Ի փառս բարձրյալիդ և ի փրկություն դատապարտյալիս.
Ո՛վ անմահության շնորհապարգև Հիսուս Քրիստոս.
Գովաբանյալդ հավիտյանս, ամեն:

ԲԱՆ ԾԲ

Ի խորոց սրտի խոսք Աստծո հետ

Ա

Օրհնյա՛լ տիրաբար էությանդ մեջ
Անսահմանելի, անփոփոխելի բարի իսկությամբ,
Համայն աշխարհի պաշտում խնկելի,
Խոստովանելի ակն երջանկության,
Երկար փայփայված հույսի ժամանում ամենապատրաստ,
Գթած, ողորմած, որ ոխ չես պահում մի ակնթարթ իսկ
Ընդդեմ բազմամյա ու բազմակուտակ մեղքերի անգամ:
Անսահմանորեն ավելի առատ,
Քան նախնիների սերունդներին ողջ,
Շնորհաբաշխմամբ նոր լուսանորոգ՝
Մեկի փոխարեն կրկնակին դու մեզ հաճեցիր հեղել
Զարմանահրաշ, անճառ վերնահոս
Վտակներն օրհնյալ քո ողորմության:
Երբեմնի տմույն լուսամուտն անձուկ,
Որով չափավոր գիտությունների
Նշույլներն էին, աղոտ ու նսեմ,
Ըստ Սողոմոնի, հազիվ թափանցում,
Դու, ինչպես նրա, այնպես նաև ինձ՝
Թշվառիս համար, բացիր լայնորեն՝
Հանելով պատվարն արգելափակող
Ելքն աստվածային քո ողորմության ձիր-պարգևների.
Որոնք թեպետև մասնակի, սակայն
Ավետապատում օրինակներով
Պատկերել էիր կանխավ անցյալում՝
Ասելով ձայնով մարգարեների.
«Դարձե՛ք ինձ, և ես կդառնամ առ ձեզ».
«Երբ դառնաս հեծես, կապրես դու այնժամ».
Աղջամուղջային գույնը սևաթույր
Կփոխարինես ձյան պայծառության
Եվ արյամբ ներկված մարդկանց կդարձնես գեղմի պես մաքուր.
Ըստ Զաքարիայի ու Երեմիայի,
Բարկության մեջ իսկ ողորմությունդ կհիշես դարձյալ.
Իսրայելի ողջ քաղաքները նախ կանապատանան,

Եվ բնակելի կդառնան նորեն.
Ճանապարհները մարդ չլինելուց թափուր կմնան,
Ապա վերստին կդառնան բանուկ.
Հոգեկան սովից մարդիկ կլքվեն
Ու կզորանան դարձյալ քո ձեռքով,
Աստված զայրացած կգնա տեղն իր,
Բայց ողորմությամբ կվերադառնա,
Ներելով՝ նորից ելք ցույց կտա մեզ.
Թեև կսաստի ու խիստ կսպառնա,
Սակայն վերստին պաշտպան կկանգնի.
Սրտի խռովման պահերին անգամ
Կշարժվի գթով իր խնամարկու:

Բ

Խնկյալ խոսքերն այս մարգարեների,
Որ կանխապես քո օրհնյալ գալստյան
Ամենափրկիչ հրամանն էին մեզ ազդարարում,
Հնարավոր չէ նյութեղեն լեզվով
Մեկ առ մեկ պատմել, քանզի անբավ են,
Բայց, այդուհանդերձ, դրանք մինչնիսկ
Օրինակներ են միայն աննշան,
Ուրվապատկերներ, փոքր, նվազ, հին, ժամանակավոր,
Քո ավետաբեր հայտնության, խաչիդ
Փրկագործության համեմատությամբ:
Վեր խոյացրիր դու ամենուրեք
Խորաններ բազում մարտիրոսական քո արյան ուխտի,
Որ մեծաբարբառ միշտ աղաղակեն
Ավելի բարձր, քան դատակնիքն Աբելի մահվան,
Բարեգործությանդ հաղթահանդեսներն ազդարարելով՝
Շնորհիմամբ երկրորդ ու անմահ կյանքի,
Մկրտությամբ ու վերանորոգմամբ,
Հարությամբ, քեզ հետ ընտանեցումով,
Քավմամբ, միությամբ քո սուրբ Հոգու հետ,
Ազատությամբ ու լուսավորությամբ,
Երանությամբ ու մաքրագործությամբ մշտնջենավոր,
Վերնայինների հետ հաղորդությամբ,
Փառքով անկապուտ,
Մեր շրթունքներով բարձրյալին ուղղված
Աղաչական ու հաշտարար խոսքով:
Եվ այն, ինչ ասելն իսկ ահավոր է,

Գրում եմ այստեղ որպես հիշատակ մեծ երախտիքիդ.
Կարող ենք նույնիսկ մենք աստված լինել
Շնորհներով ու ձիրքերով ընտիր
Ու միավորվել ստեղծողիդ հետ՝
Տերունական քո մարմնի ճաշակմամբ
Եվ միաձուլմամբ քո կենաց լույսին.
Մինչդեռ, Պողոսի խոսքի համաձայն,
Նախկին օրենքը չուներ այսպիսի
Կատարելության երջանիկ խոստում:
Բայց դու, փրկությո՜ւն,
Եկար հայրենի քո հարստությամբ
Եվ մեր աննվազ, երկար փայփայած
Հույսերն, ուղղված քեզ, քավի՛չ բոլորի,
Իրագործեցիր կատարելապես:
Փա՜ռք քեզ հորդ հետ՝ ի գովք սուրբ Հոգուդ բարերարության,
Հավիտյաններից հավիտյանս, ամեն:

ԲԱՆ ԾԳ

Ի խորոց սրտի խոսք Աստծո հետ

Ա

Տե՜ր, տեր զորության,
Թագավոր բոլոր գոյությունների,
Օրհնաբանյալդ ողորմածությամբ,
Մեծությանդ հանդեպ փոքր են ու չնչին
Սահմաններն համայն ամենատարած ընդարձակությամբ.
Դու ես ամենայն անբավության չափ ու որքանություն
Չկա քեզ համար անհնար ոչինչ,
Ո՜վ ամենահաղթ զորություն ահեղ,
Այնքան որ կարծրը հոսանուտ է քեզ, իսկ հեղուկը՝ պինդ,
Կրակն ամեհի՝ ցող է զովասուն,
Իսկ անձրևը՝ բոց կիզանողական:
Քարին կարող ես դու տալ կերպարանք ու օժտել կյանքով,
Իսկ բանականին վերածել անշունչ, անխոս արձանի.
Մեղապարտին, որ ողոքում է քեզ, դարձնել պատվական
Եվ դատապարտել, արդար քննությամբ, կարծեցյալ սրբին.

Մահվան մատնվածին արձակել ազատ՝ բարի բերկրությամբ
Եվ զվարթությամբ օծել երեսը ամոթահարի.
Ծուղակն ընկածին վեր հանել նորեն
Եվ սասանվածին ապահովաբար հաստատել վեմին.
Ախտաժետվածին, թշվառ, բազմահեծ, դարձնել երջանիկ,
Իսկ բարձրացածին ետ մղել դարձյալ:
Երբ սպառվում են բարիքները մեր,
Այնժամ ավելի մեծ հրաշքներ ես սքանչագործում,
Քանզի գիտես մեր մեղքերը ներել,
Ջնջել պարտքերը անօրենության,
Քավել ամենայն անիրավություն,
Հանցանքները մեր չհիշատակել:

Բ

Գոհաբանությամբ հետնելով նոր
Փրկագործության այս շնորհներին,
Տեսնելով նրանց բազմությունն անբավ՝
Լռեցի իսկույն ու պապանձվեցի.
Սակայն հիշելով վերստին լույսիդ բարիքներն անհատ,
Պարգևված քեզնից համառ թշվառիս,
Քո աղերսով քեզ պիտի պաղատեմ՝
Ողբամատյանն այս լցնելով դարձյալ
Դառնագին վիշտ ու հեծեծանքներով:
Բայց, շնորհատվիդ ի հաճույս, պիտի
Առնելով խառնեմ ցավերիս հետ՝ դեղ,
Վհատության հետ՝ քաջալերություն,
Անհուսության հետ՝ հիշատակն անեղծ հաստողիդ անվան,
Վիշտ ու թախծի հետ՝ սփոփանքը քո,
Իմ դառնության հետ՝ քաղցրությունն օրհնյալ կենդանարարիդ.
Օրենքի պատժին՝ շնորհներդ անճառ,
Անեծքների հետ՝ օրհնանքդ փրկիչ ու ազատաբեր,
Մարմնական մահվան՝ նորոգությունդ կատարելագործ:

Գ

Հավատում եմ ես հզորիդ խոսքին ու հաստատում այն.
Լսի՛ր, տե՛ր Հիսուս, լռության սրտիս,
Որ մեծահառաչ ու երկարագոչ հնչումն է առ քեզ:
Ինքդ դառնալով մեզ համամարմին ու պատկերակից,

Անօրինակ մի քահանայապետ,
Խորտակելով լուծն հին օրինակի,
Անասունների զոհման փոխարեն՝
Բարեբանյալ քո մարմնի նվիրմամբ
Պատարագվում ես միշտ անմահապես,
Աննվազաբար բաշխում քավություն
Ոչ միայն սակավ մեղանչողներին,
Այլ նաև նրանց, որոնք կորցրել են հույսը փրկության:
Արդ, մեղքերն ի՞նչ ուժ պիտի ունենան
Եվ ի՞նչ կարող են անել մեր մարմնին,
Եթե մինչնիսկ գոյատևելու
Լինեն նրա մեջ հազարամյակներ,
Երբ դրա համար Աստված համայնի
Կամավորապես ու սիրահոժար
Զոհումն հանձն առած, մահն հանդուրժելով՝
Պատարագվում ես անվերջ ամեն օր՝ մեզ ի քավություն
Եվ ի հաշտություն բարձրյալ հորդ հետ,
Ըստ որում ոչ թե որպես մահապարտ, աղբյո՛ւր մաքրության,
Այլ կամա՝ Հոգուդ գործակցությամբ ու հաճությամբ քո հոր:
Եվ այսպես, անհաս Աստված համայնի,
Իմ բնությամբ ու կերպարանքով՝ իմ քավության համար,
Այնպես որ կարծես ես լինեմ մարմնով
Միավորված քեզ, քո էության հետ,
Իմ պիղծ անունով դարձած հանցավոր,
Վնասապարտիս պատիժներն համակ հանձն առած վրադ,
Ասես կամովին ինքս կրեի
Տանջանքները քո՝ մեծիդ փոխարեն,—
Անմեղապարտդ մահ ընդունելով՝
Բազմիցս մեռնում, բայց կենդանի ես մնում հանապազ.
Սակայն դու ոչ թե ուրացողների,
Այլ քեզ դավանող մարդկանց ձեռքով ես
Նվիրաբերվում միշտ աստվածորեն՝
Բաշխվելով անհատ, անբավ մասերի:

Դ

Ոմն աղոթավոր, որ չաստվածների
Պաշտոնատար էր եղել նախկինում,
Չկշռադատված ինչ-որ կարծիք էր հայտնում այս մասին՝
Իր անձի համար հույժ կասկածելի հուսադրությամբ.
«Հավատում եմ ես այս անցողական մարմնիս վախճանին

Ստանալու փառք ու երջանկություն,
Ոչ թե ուղղելով ընթացքն իմ թշվառ
Արդարությամբ կամ մարտիրոսությամբ, այլ սուրբ խորհրդով»:
Բայց նկատեցի, որ համոզված էր ինքն հաստատապես,
Թե մաքուրներն իսկ առանց նվիրման անճառ խորհրդի,
Առանց խառնվելու հոգով այդ վսեմ հիշատակի հետ,
Չեն կարող լինել իսպառ կատարյալ:
Ապա ասելով, թե «մեղավորիս
Համար կրկնապես դու մատուցվեցիր»,
Հույս էր տածում, թե իբր «Ճշտորեն իմ եսը եղար,
Ընդունելով քո համեղության տեղ դառնությունը իմ,
Պատարագվեցիր շաղված քոյանյութ
Մարմնով իսկ՝ կյանքի լույսի նշխարով»:
Այսպիսով, քանզի վերնատանը նա
Իր նախանվեր շնորհաբաշխման ժամանակ, իբրև
Մեր անբուժելի ախտերին դարման,
Իր մարմինն ու իր արյունը բաշխեց՝ մեզ ի քավություն,
Ուստի և, ահա, հաղորդությունն այս
Սա վեր է դասում նախատակների
Արյամբ կատարած վկայությունից,
Հավատացնելով, որ այս փրկանքով
Ավելի ստույգ կկարողանա
Հասնել պատվի ու տիրանալ փառքի,
Քան թե քավությամբ, շնորհաբաշխմամբ ու ողորմությամբ.
Այնքանով, որքան աստվածայինն է զորավոր մարդուց.
Աստվածախառն տիրական մարմնի
Նվիրաբերումն ինքնակամորեն՝
Մատուցումներից անասնասպանդ,
Անմահն ինքնակա՝ մահկանացուից,
Ստվերայինից՝ լույսը երկնավոր,
Հավերժականը՝ անցողականից,
Բարձրյալն՝ երկրայնից, եղականից՝ Էն,
Իսկությամբ բարին՝ թյուրից բնությամբ.
Մանավանդ որ ինքն է տնօրինում
Ե՛վ կամենալուն, և՛ կենագործման,
Իսկ ինքն առիթ է օրհնության, ոչ թե պատճառ անեծքի

Ե

Աղաչում եմ քեզ, տո՛ւր երկնաշնորհ կենաց դեղը քո
Հոգով ու սրտով խոցվածիս, գթա՛ծ.

Քաղցրությա՛մբ նայիր մեղքերով խպառ ախտաժետվածիս.
Քավի՛ր պարտքերից, ամենակատա՛ր բավականություն:
Իսկ իմ կողմից ես կարող եմ միայն
Ճշմարիտ, անխաբ այն միտքն հավաստել,
Որ բնակվում ես հաստիչդ համայնի սրբերի մեջ լոկ.
Ճիշտ է նաև այն, թե՝ ինչ որ ցանես, այն էլ կհնձես,
Պողոսի անսուտ խոսքի համաձայն,
Եվ աչքացավով հիվանդը երբեք
Չի կարող բերկրել արևի տապով:
Բայց դու, բարերա՛ր, հաստիչդ անէից,
Կյանք տալու համար բավարարվում ես
Մինչևիսկ միայն քեզ դավանելով:
Օրենքներով չես սահմանափակված,
Եվ նրանից վեր լինելով՝ նույնիսկ
Կարող ես քանդել կապանքն օրենքի՝
Ինքդ մնալով ավետյաց միակ պայման ու խոստում
Բոլոր վարանած հանցավորներին:
Եվ քեզ Հորդ ու Սուրբ Հոգուդ հետ փա՛ռք
Ու իշխանություն հավիտյանս, ամեն:

ԲԱՆ ԾԳ

Ի խորոց սրտի խոսք Աստծո հետ

Ա

Ողորմությունդ է հույսը բոլորի,
Սկզբնալո՛ւյսդ աչքի, սրտի ու մտքի տեսության,
Հիսո՛ւս, զի դու ես լոկ բարերարում,
Դու ես պարգևում կյանք, անմահություն:
Գթությամբ դարձի՛ր ինձ, որ պատրաստես
Իմ դարձը առ քեզ՝ կրկնակ բերկրությամբ.
Զի առանց կամքիդ անկարող եմ ես վերանորոգվել,
Թե մահապարտիս գթալ չուզենաս, փրկվել չեմ կարող.
Կառավարդ՝ եթե դեպի քեզ բերող
Ուղիս չհարթես ու չհարդարես,
Աջից ու ձախից ինձ կկլանեն վիհերը խորունկ:

Բ

Չեմ պարծենում ես, որ ամեն ինչով նախատված եմ միշտ,
Եվ անարգվածս չեմ հպարտանում,
Հուսալքվածս չեմ խրոխտանում,
Պապանձվածս էլ չեմ մեծաբանամ,
Խայտառակվածս չեմ ըմբոստանում,
Թշվառականս չեմ երջանկանում
Եվ ամբարիշտս չեմ արդարանում:
Ինչպես որ առանց սանձակալի ձին
Անխոտոր, անգայթ չի գնա երբեք,
Եվ աննավավար նավն ալիքներով չի սուրա առաջ,
Ինչպես արորը առանց մաճկալի
Հերկ չի կատարի հավասարապես,
Ամոլի զույգերն առանց հոտաղի
Չեն ընթացակցի հաշտ ու համաքայլ,
Ինչպես ամպերը չեն չվում բնավ առանց հողմերի,
Եվ անժամանակ չեն ցնդում աստղերն ու չեն գումարվում,
Արեգակն առանց օդի տարրերեն
Շրջանապտույտն իր չի բոլորում,
Այնպես էլ և ես առանց ակնարկող հրամաններիդ
Ոչ մի բան անել չեմ կարող երբեք:
Դու ես կյանք տալիս բանականներին,
Արարածների փոփոխման կարգը նախախնամում,
Եվ քեզանից է իմ փրկությունը, ըստ սաղմոսողի.
Ձայնում ես բոլոր հասակի մարդկանց ականջին ի լուր՝
Կանչդ խնդալի ավետաբարբառ.
«Հոգնատանջներդ ամենայն եկե՛ք հանգիստն իմ, և ես
Կմաքրագործեմ ձեզ հանցանքներից»:
Սակայն ի՞նչ օգուտ ինձ լվացումից,
Եթե կրկնակի պիտի զազրանամ,
Կամ ճաշակումն ինձ ի՞նչ շահ պիտի տա,
Եթե զեհենին պիտի մատնվեմ:
Ինչպե՞ս պարծենամ ես Աբրահամով,
Երբ խորթացել եմ նրա գործերից,
Գարշելի որդիս ամովրհացի հոր
Եվ մոր՝ քետացի կամ քանանացի,
Ըստ մարգարեի խոսքի, որն, իրոք, ինձ է պատշաճում.
Մերժելի ժառանգս, եթովպացի,
Եվ ոչ Սառայի արգանդի ծնունդ,
Ըստ տեսնողի՝ ինձ պատշաճ առածի.

Եղբայրս Շամրինի և կամ Գոմորի,
Համբակս անլվա ու անաղելի, վիժված խակակութ՝
Պորտից Ռողի, Ողողիբայի,
Ըստ Եզեկիելի կրկնանախատիչ ամբաստանության:

Գ

Ինչպես մեկը, որ սաստիկ հողմակոծ,
Բազմավտանգ ու ալեծուփ ծովում
Ծեծկված, չարչրկված, լլկված ուժգնորեն՝
Քշվում ընկնում է հոսանքների մեջ վայրենահեղեղ,
Ուր տագնապահար մատները ձեռքի
Զգում է տարտամ այս կողմ ու այն կողմ,
Զերթ զարնանազայր գետերի բռնի հոսանքով մղված՝
Տարվում է, սակայն, ակամա վազքով ու թավալգլոր
Եվ խառնախռիվ, մամռոտ, տղմախառն,
Գարշահոտ, պղտոր ջրեր կուլ տալով,
Իսպառ շնչասպառ, գալարքով մահվան՝
Ի վերջո խեղդվում հորձանքների մեջ խորասուզվելով,—
Ճիշտ այդպիսին եմ և ես՝ եղկելիս:
Խոսում են ինձ հետ, և չեմ իմանում,
Գոչում են, սակայն չեմ լսում ոչինչ.
Ձայն են տալիս ինձ, և չեմ արթնանում,
Կանչում են, սակայն չեմ շարժվում տեղից,
Փողհարում են, և չեմ ելնում մարտի,
Վիրավորվում եմ նույնիսկ՝ չեմ զգում:
Զազիր կուռքերի նման թափուր եմ
Բարի մտքերի ներգործությունից,
Բայց իսկությունը եղուկ պատկերիս
Այս օրինակից շատ ավելի չար,
Ատելի է ու մեղադրելի
Եվ Քրիստոսի ատյանին արժան:

Դ

Քանզի ընկնելով անդարձ ճանապարհ՝
Ընթերցողներին կտակն այս պիտի
Թողնեմ հիշատակ երկրային պարտքիս,
Որ իմ խոսքերով հանապազորեն դիմեն Աստծուն,
Թող որ մնա այս որպես ողբարկու

Խոստովանության մի ընդունելի
Մշտնջենական ավանդ քո առաջ, ո՜վ ամենակալ,
Որպեսզի գիրը՝ մարմնիս, իսկ խոսքը՝ հոգուս փոխարեն՝
Անսահմանելուդ անվերջ թախանձեն,
Եվ դու ընդունի՛ր իմ ձայնով հյուսված աղերսանքներն այս՝
Իբրև կենդանի, անմահ մաղթողից,
Բարեգո՜ւթ, հզոր, մարդասեր, օրհնյա՜լ հավիտյանս, ամեն:

ԲԱՆ ԾԵ

Ի խորոց սրտի խոսք Աստծո հետ

Ա

Հոգուս թևերով ճախրեցի երկար,
Շրջեցի մարդկանց անթիվ-անհամար սերունդների մեջ,
Կշռադատելով, սակայն, մտովին՝
Չգտա մեկին իմ չափ հանցավոր.
Ուստի և խոսքն այս դավթյան սաղմոսի
Արած դառնաշունչ կշտամբանքի երգ՝
Գավազանավոր գործավարի պես
Ինքս ինձ անխնա պիտի մտրակեմ.
«Ո՞վ կկարենա հավասարվել ինձ
Անօրենությամբ ու չարիքներով»:
Վկայում եմ ես, հաստում կրկնակի,
Որ դա իմ հանդեպ հավաստվեց, իրոք, ու ճշմարտացավ.
Այդ պատճառով էլ անձամբ ավելի
Արդարացի եմ համարում միայն ինքս խիստ տուժել,
Քան դատապարտել իզուր շատերին.
Այսպիսով, իմ դեմ մեղանչողներին ներելու համար՝
Թերևս դու էլ ինձ ներում շնորհես:

Բ

Այժմ այստեղ քեզ ավելի հաճո ի՞նչ աղերսանքներ,
Ի՞նչ ընդունելի ու անուշաբույր
Խնկի ծխումներ պիտի մատուցեմ,

Եթե ոչ խնդրել, որ օրհնես ինձնից անիծվածներին,
Որ բանտվածներին կապանքից փրկես,
Դատապարտներին տաս ազատություն,
Նզովվածներին բարիքներ գործես,
Անարգվածներին զուգես պսակով,
Սրտաբեկների վշտերն ամոքես,
Խորտակվածներին հասնես օգնության,
Վախվորածներին թևիդ տակ առնես,
Հովանավորես խարդախվածներին,
Ինչպես և մարմնով վիրավորներին բժշկես հոգով:
Եթե օրհնության խոսքով մոտենամ, կլսես, գթա՛ծ,
Եթե անեծքով՝ բնավ չընդունես:
Ես տառապյալս ամենաթշվառ
Մատյանիս վերջին մաղթանքների մեջ
Բովանդակ սրտով ներեցի իմ դեմ մեղանչողներին,
Քանի որ ինքդ հենց արգելեցիր
Դժխեմ անեծքի իղձը չարաշուք,
Եվ նենգողներին իմ դժնաբարո
Խղճահարվելով, բարիների հետ,
Մաղթեցի սրտանց գտնել հաշտություն,
Որոնց համար և ահա ծնրադիր պաղատում եմ քեզ,
Հապա դու ինքդ, ըստ քո մեծության,
Որչա՛փ ավելի, ինձ ձեռք մեկնելով,
Պիտի ողորմես, գովյա՛լ հոգածու,
Կենդանությունդ՝ մահկանացուիս,
Հզորդ՝ անզորիս, ամենակալդ՝ խեղճիս վարանած,
Եվ իմաստության ակն ու աղբյուրդ՝ թմրած հիմարիս:
Քանզի մի անփորձ, մթա՛ն անընտել ջրասույզի պես,
Սաստիկ մոլորված, չզգալով՝ ընկա ծուղակը մահվան.
Չկռահեցի կորուստը պահված,
Անգիտակ եղա որոգայթներին,
Չնկատեցի որսի ծածկանենգ մեքենաները,
Գայթակղվեցի խաբուսիկ տեսքով կեղծավոր վարմի,
Չնշմարեցի գայթ ու թակարդներն ինձ շրջափակող,
Չշոշափեցի պաշարող ցանցարկն իր կարթերի հետ,
Եվ չարիքները վրա հասան ինձ,
Ըստ սաղմոսողի, ու ես ճանաչել չկարողացա:

Գ

Ինչպես այլազգի մի իմաստասեր

Մահն համարում է մեծագույն չարիք,
Եթե իսկապես իմաստավորված, գիտակցված չէ այն,
Ես էլ իմ խոսքով նույնն եմ հաստատում.
Քանզի անզգա ու պաճարամիտ անասունի պես
Մեռնում ենք իզուր՝ ու չենք զարհուրում,
Կորչում ենք՝ ու չենք սոսկում ապշահար,
Չենք երկյուղում, երբ հողն ենք իջնելու,
Տարագրվում ենք՝ ու չենք տագնապում,
Եղծվում ենք՝ ու չենք ստրջում բնավ,
Մաշվում ենք՝ ու չենք մտառում նույնիսկ,
Հատնում ենք անհոգ, անփույթ, անտարբեր,
Գնում ենք անդարձ՝ ու չենք սթափվում,
Գերեվարվում՝ ու չենք էլ զգում այդ:
Իսկ երանելի Հոբն համարում է մարդուս մահն հանգիստ.
Համաձայնեի թերևս սրբի հետ,
Եթե մահացու գործերի բեռը տաժանալլուկ
Այսպես ծանրացած չլիներ վրաս.
Մանավանդ վարմն ու որոգայթները գաղտնի են, ծածուկ,
Իսկ հնարաղիրն՝ աննկատելի,
Ներկան անգո է, անցյալն՝ անորոշ, գալիքն՝ անստույգ,
Ես անհամբեր եմ, իսկ բնությունն իմ՝ տարտամ, թերիավատ,
Ոտքերս՝ անհաստատ, մտքերս էլ՝ ցնդած,
Կրքերս՝ բռնավոր, բարքս՝ անժուժկալ,
Մարմինս համակ մեղք է մակարդված, կամքս՝ երկրասեր,
Հակամարտությունն էակից է ինձ, խառնվածքս՝ ներհակ,
Բնակարանս կավեղեն է, իսկ անձրևներն՝ ուժգին,
Անթվելի են կարիքները իմ,
Պատահարներն էլ՝ ամենազրավ,
Միտքս՝ չարամետ, տենչերս՝ բարյատյաց,
Կյանքս՝ կարճօրյա, զվարճություններս՝ աննշան, չնչին,
Խաբվում եմ անվերջ հիմարի նման,
Խաղում են վրաս, ինչպես մանկական խաղալիքի հետ,
Աշխատությունս է իզուր, ընդունայն,
Վայելմունքներս՝ փուչ, երազային,
Ամբարներս լոկ ոչնչով են լի, պահեստներս՝ հողմով,
Ինքս դարձել եմ ստվերանման,
Իսկ կերպարանքս՝ եղկ ու ծաղրելի:
Քանզի, Պողոսի խոսքի համաձայն,
Երբ պատվիրանը եկավ հասավ ինձ,
Անպատրաստ գտավ լիովին իրեն.
Մեղքերն իմ իսկույն հարություն առան՝

Հանդիմանվելով արդարությունից.
Այնժամ մահացա ես կյանքի համար
Եվ կենդանացա կորստյան համար:

Դ

Գողացան չարի հորդաներն օտար
Սրտիս ու մտքիս գանձերն համորեն,
Համաձայն Գրքի կանխաբանության,
Որից և իսկույն նվազեց իմ մեջ
Իմաստությունը, ըստ առակողի,
Եվ ավելացավ հակումն անբարու:
Հոգու աչքերը չհառեցի ես
Իմ կյանքի գլուխ սուրբ Քրիստոսին,
Որ ընթանայի ճիշտ ճանապարհով:
Կամելով գնալ ավելի ուժգին՝ թաղվեցի սաստիկ,
Անչափին միտված՝ իմին չհասա,
Բարձրագույններին ձգտելով անդուլ՝
Նախկին տեղիցս էլ գահավիժեցի,
Երկնային ուղուց անդունդներ ընկա,
Որքան ավելի շատ զգուշացա,
Այնքան ավելի վնաս կրեցի,
Ջանալով պահվել անեղծ, անխաթար՝
Ավերակվեցի դառն ու մանրապես.
Մաքառել նաև ձախ կողմի վրա՝ գայթեցի աջով,
Նորը ձեռք բերել՝ նախկինն էլ կորցրի,
Չքոտիների ետնից ընկած՝
Կարևորներից զրկվեցի հավետ.
Մինչդեռ ուխտն էի պահել ցանկանում, դաշնը դրժեցի,
Կտրվել հոռի մոլություններից՝
Գտա առավել կորստաբերներ,
Փոքրերից փախած՝ մատնվեցի ձեռքը մեծամեծերի.
Ինչ որ ես ինքս ստեղծել էի,
Չարաչար ոսոխ դարձրի իմ դեմ:
Արդ, այս բոլորից՝ մատնված գերուս
Լոկ դու կարող ես ազատել, փրկել՝
Մահվան ընծայված հոգին իմ կյանքին վերադարձնելով,
Քանզի, տե՛ր Հիսուս, դու ես ճանաչվում միայն բարերար,
Անսահման փառքով օրհներգված քո հոր ու սուրբ Հոգուդ հետ՝
Հավիտյաններից հավիտյանս, ամեն:

ԲԱՆ ԾԶ

Ի խորոց սրտի խոսք Աստծո հետ

Ա

Իմ դժոխարմատ մահառիթ ծառի պտուղները դառն.
Որոնք ընտանի թշնամիներ են,
Հակառակորդներ մոտ ու հարազատ,
Դավաճան որդիք,
Ստորև պիտի նշեմ մեկ առ մեկ իրենց անունով.
Ահա և դրանք.

Բ

Միտք նանրախորհուրդ, բերան չարախոս,
Տարփահայաց աչք, ականջ թյուրալուր,
Մահաձիգ ձեռքեր, երիկամ անթոր,
Մոլորուղի ոտք, աներկյուղ ընթացք, խոտոր ճանապարհ,
Ծխախառն շունչ, երթ խավարային,
Քարազանգված լյարդ, հեղհեղուկ մտքեր,
Անհաստատուն կամք, չարիք անփոփոխ,
Բարեմասնություն, խախտված հիմնովին,
Տարագիր հոգի, վաճառված ավանդ,
Վիրավոր զազան, նետահար թռչուն,
Փախչող զահավեժ, բռնված հանցապարտ, ծովահեղձիկ հեն,
Անպատրաստ մարտիկ, նենգավոր զինվոր,
Ցոփ սպառազեն, թուլամորթ մշակ,
Անսիրտ աղոթիչ, ստոր բեմական,
Անխունկ քահանա, անձիր վարդապետ,
Կշտամբված դպիր, ցնդած իմաստակ, բռի ճարտասան,
Լպիրշ կերպարանք ու անպատկառ դեմք,
Անամոթ երես, անմարդկային տիպ,
Ծանակելի զեղ, անհրապույր գույն,
Փչացած խորտիկ, զազրաթորմի համ,
Գաղձախեղդ այգի, որդնահարված որթ,
Ուտիճակեր հասկ, փշաբեր պարտեզ,
Մեղր, որ դարձել է մկներին ճարակ,
Անպաշտպան անկյալ, սնապարծ անհույս,

Անճար նզովյալ, անհաշտ բաժանված,
Դատարկ շաղակրատ, հավամիտ գոռոզ,
Գազան ապիրատ, դժնդակ ագահ,
Սանձազերծ լկտի, մոլագար դժխեմ, գոփող մարդասպան,
Որոմ ու տատասկ ցանող երկրագործ,
Հեգ երջանկություն, մեծություն ամբաժ,
Բարեզարդություն՝ զրկված պերճանքից,
Տկարացած ուժ, ընկած բարձրություն,
Փառավորություն՝ արված ոտնակոխ,
Անդուլ զանցառու, ինքնակամ զայթող,
Նենգ խորհրդակից, կամակոր տնտես,
Գժտված բարեկամ, գողամիտ հսկիչ,
Մերձավոր կծծի, ժլատ բաշխատուր, գծուծ տնօրեն,
Ըղձանքներ անսեր, սիրտ անկարեկից,
Ամենատյաց բարք, աղիքներ անգութ,
Անխոհեմ ընթացք, անարգ դիպվածներ,
Հոռի զաղտնիքներ, ծածկություններ պիղծ,
Ձեխ վաճառական, շվայտ շահարար,
Արբշիռ պաշտոնյա, խարդախ գանձապետ,
Բանսարկու դեսպան, դռնապան քնկոտ,
Աղքատ հպարտ ու ճղճիմ մեծատուն,
Ժանտ ատենապետ, մատնիչ պահապան, չարախոս դրկից.
Անհաս սուրհանդակ, մեղապարտ բանբեր,
Առաքյալ սադրիչ ու խռովարար, թանձրամիտ միջնորդ,
Տարագիր արքա, անարգ թագավոր, կայսր հոգեկործան,
Տիրադավ իշխան, զորավար զրկող,
Խտրող դատավոր, անաշխատ ռամիկ,
Նախատողի ծաղր, բարեկամի ողբ,
Գրողի պարսավ, հանդիմանողի ամբաստանություն:
Կար ժամանակ, որ կրում էի ես
Շատերն այդ վսեմ հորջորջումներից,
Իսկ հետո վատթար որակումներին
Աստիճանաբար արժանի դարձա,
Այնքա՛ն բազմադեպ ապականարար այդ չարիքների
Մի մասից, իրոք, խաբվեցի որպես հիմար ու անզետ,
Իսկ մյուսներին իմ տկարությամբ հպատակվեցի՝
Կամովին ինքս ինձ մատնելով մահվան:

Գ

Քեզ ատելի ու ինձ կորստաբեր

Վերոգրյալի ո՞ր մասը արդյոք
Ընծայեմ ի սպաս քո պաշտամունքին,
Որպիսինե՞րը ներկայացնեմ
Քո ամենասուրբ մեծության առաջ
Ամփոփարանս ապականության,
Եվ կամ դու ինչպե՞ս, ի՞նչ համբերությամբ
Այդքան մեղքերս պիտի հանդուրժես,
Ներես ու լռես կամ՝ լսես նույնիսկ,
Չենթարկես մահվան արժանավորիս զանակոծության:
Սակայն աննշույլ մթամածության
Խավարով պատած այս հոգիներին
Քո ողորմության լույսո՛վ ընդունիր՝
Նրանց բուժելու, կենագործելու, քավելու համար,
Ո՜վ դու զորություն անվթարելի,
Քեզ փառատրությո՜ւն հավիտյանս, ամեն:

ԲԱՆ ԾԷ

Ի խորոց սրտի խոսք Աստծո հետ

Ա

Քրիստո՛ս Աստված, անուն ահավոր,
Մեծության տեսիլ, անբավ զորություն,
Անհաս, անքնին բարձրության պատկեր,
Անեղծ կերպարանք փրկարար լույսի,
Կյանքի պահապան, անդորրի ճամփա,
Վերին հանգստի արքայության դուռ,
Ապավինություն՝ անտխուր, անվիշտ նոր երանության,
Համայն գոյերի տեր ամենակալ, ինքնիշխանություն,
Օրհնության կոչում, ավետիքի ձայն,
Բերկրության բարբառ, անմահության դեղ,
Անքնին որդի միակ Աստծո,
Ինչ անհնար է ինձ, դյուրին է քեզ.
Ինչ անանց է ինձ, ետևում է քո.
Անհասն ինձ համար՝ հպավոր է քեզ.
Ինչ որ ծածկված է եղկելուս աչքին,

Մերձավոր է այն քո երանության.
Ինձ անկարելին՝ կատարված է քեզ.
Ինձ անկշռելին՝ չափված է ճշտիվ անճառության քո,
Ինչ պատճառում է ինձ վհատություն, ափոփանք է քեզ.
Ինձ անբուժելին՝ վտանգազերծ է բարձրյալիդ համար.
Ինչ առթում է ինձ վիշտ ու հեծություն, խնդություն է քեզ.
Ծանրը ինձ համար՝ թեթև է քեզ հույժ.
Ինչ եղծված է ինձ՝ այն գրված է քո զորության համար.
Ինչ կորած է ինձ՝ քո ձեռքում է այն.
Անճառն ինձ համար՝ համարված է քեզ.
Ինչ մռայլ է ինձ՝ ճաճանչ է մեծիդ.
Ինչ որ ինձ համար անթվելի է,
Բովանդակված է օրհնյալ ափիդ մեջ.
Ինձ սարսափելին՝ հաճելի է քեզ.
Ինձ փախչելին՝ քեզ վանելի իսպառ.
Ինձ անպարտելին՝ դյուրահաղթ է քեզ.
Մահաբերը ինձ՝ անզո է հաշվվում
Քո աստվածային զորության համար:

Բ

Արդ, դու, ողորմա՛ծ Աստված բոլորի, տե՛ր Հիսուս Քրիստոս,
Եթե գթաս ինձ, այժմ էլ ելքի մի հնար կգտնես,
Հանուն օրհնյալ Հորդ փառքի մեծության
Եվ քո Սուրբ Հոգու գթառատ կամքի՝
Տե՛ս տառապանքներն իմ տաժանելի,
Որոնք բացել եմ ահա քո առաջ,
Լսի՛ր և սրտիս խորքերից բխած
Ամբաստանությունն այս ինքնամատույց.
Գթությա՛մբ նայիր իմ այս ցնորված ու խակ բնության
Եվ պարզնի՛ր իմ վերքերին բուժում,
Եղծմանս՝ նորոգում, կորստիս՝ մի ճար,
Այս բազմակործան մահվանից՝ զերծում,
Ապականվածիս՝ կյանքի ճանապարհ
Եվ հույսի մի դուռ՝ ամբարշտյալիս:
Արդ, եթե ես ինձ հակաբնույթ կամք ցուցաբերեցի,
Որքա՛ն առավել դու պիտի ցույց տաս
Մեծիդ ընտանի ու ինքնահատուկ բարերարություն,
Եթե փշերից ընձյաբերվեց քաղցրախորժ պտուղ,
Որչա՛փ ավելի կենացդ ծառից
Անմահական համ պիտի ստացվի.

Եթե թշվառս ինձ ատողների
Համար խնդրեցի ողորմածություն,
Դու ինձ, որ քոնն եմ, ո՛վ ամենազոր,
Ինչպե՞ս կրկնակին պիտի չընծայես
Քո այդ աննվազ առատությունից։

Գ

Այժմ տե՛ս, բարձրյա՛լ, մեծությունը քո
Եվ նայելով իմ այս փոքրկության՝
Ընդունի՛ր սակավ խոստովանությունն անթիվ մեղքերիս.
Դու, որ տեսնում ես անթյուր ամեն ինչ բովանդակապես,
Բայց անտեսեցիր գայթումը Վեմի,
Անտե՛ս արա և սասանումները փոքրիկ ավազիս.
Ինչպես որ Դավթի պատժապարտությունն
Իսկույն վերացրիր, երբ ասաց՝ մեղա,
Նո՛ւյնն արա և ինձ, ո՛վ երկայնամիտ,
Հեծեծանքներիս ձայնին անսալով.
Դու, որ բոլորին շնորհատրում ես
Անաչառությամբ ու առատորեն՝
Որպես բարի ու բազմիմաստ հաղթող
Եվ չես նախատում հետին ստրուկին,
Որպես ողորմած ու ամենաստեղծ՝
Ստացի՛ր կրկին և մի՛ կորցրու քո
Արյամբ բուժվածիս, ո՛վ ամենագութ.
Քանզի միայն դու կարող ես փրկել ու տալ քավություն,
Քեզ վայել է փա՛ռք ըստ ամենայնի հավիտյանս. ամեն։

ԲԱՆ ԾԸ

Ի խորոց սրտի խոսք Աստծո հետ

Ա

Օրհնյալ ես դու տեր Հիսուս՝ հորդ հետ,
Բարեհաճությամբ, կամքով սուրբ Հոգուդ,
Եվ օրհնյալները բոլոր՝ օրհնվեցին օրհնյալիցդ լոկ,

Օրհնյա՛լդ ինքնին՝ օրհնյալի որդի,
Քեզնից բացի, չունեմ իմ շնչին իշխող թագավոր,
Քանզի, Եսայու խոսքի համաձայն,
«Հակոբը այնժամ միայն կօրհնվի,
Երբ որ վերացնեմ մեղքերը նրա»:

Բ

Ողորմի՛ր նաև ինձ, տե՛ր բարեգութ,
Համաձայն նախկին քո սովորության,
Օրհնի՛ր բանական այս անոթը քո,
Դավթի, Մովսեսի խոսքի համաձայն,
Որ ես փրկության հասած քո խոսքով՝
Քեզնից օրհնվելով՝ գտնեմ քավություն:
Հրաշագործի՛ր ինձ աստվածապես,
Ո՛վ ամենողորմ արքա երկնավոր,
Ինչպես Բեթհեզդի սրահին հավաքված՝
Երկար ժամանակ մահճում տառապող ախտավորներին:
Դու չզլացար այնտեղ բժշկել
Նույնիսկ կրկնակի թերահավատ այն
Երեսնութամյա անդամալույծին՝
Իմանալով իր չարությունն անբույժ,
Որ նյութել էր նա երախտավորիդ, բարերարիդ դեմ՝
Մատնության օրվա տիրամարտության գիշերն այն դաժան:
Թեպետև կանխավ զգուշացրիր,
Թե մի՛ մեղանչիր, որ գլխիդ կրկին չարիք չբերես,
Բայց նա չլսեց, եղավ ձեռներեցն
Ու ժանտն առաջին այն բոլորի մեջ,
Որոնք քեզ խաչին դատապարտեցին,
Եվ, այդուհանդերձ, ահա այդպիսի
Անհարիր ջաղուկ մահվամբ ախտաժետ
Չարաշուք մարդուն դու ողորմեցիր,
Անճա՛ռ բարություն,
Մարդասիրություն ամենահրաշ,
Սոսկալի ներող, հանդուրժող ահեղ,
Քաղցրություն անբավ, օրհնյալ հեզություն,
Որ գթությունից մշտապես հաղթվում, բայց չես անարգվում.
Ողորմությունից պարտվում ես, բայց չես պարսավվում բնավ.
Բռնադատվում ես մարդասիրությամբ՝ ու չես քամահրվում.
Հարկադրվում ես բարությունից՝ ու չես լուտվում երբեք.
Միրուց ստիպվում, բայց չես նախատվում,

Պաղատում ես միշտ իմ դարձը առ քեզ՝ և չես ձանձրանում,
Ապերասանիս ետևից վազում՝ չես լքվում բնավ,
Ձայնում ես անվերջ քեզ չլսողիս՝ ու չես բարկանում,
Աճապարում ես մեղկիս հոգալու՝ առանց զլացման.
Բարեգո՛րծ՝ չարիս,
Ամենապարտիս՝ քավիչ ու ներող,
Խավարածիս՝ լո՛ւյս, մահացածիս՝ կյա՛նք։

Գ

Այս են վկայում բոլոր հոգեշունչ գրքերն օգտակար,
Որոնք ծնում են հաճախ երկնավոր
Պտուղներ անճառ ու սքանչելի։
Ասա՛ նաև ինձ՝ թշվառիս, օրհնյա՛լ ամենապարգև.
«Վե՛ր կաց, կործանման վայրից՝ մեղքերի մահիճը վերցրո՛ւ
Եվ հետևի՛ր ինձ՝ հասնելու անհոգ,
Խաղաղ ու հանգիստ կյանքի հանգրվան»։
Կտրի՛ր սուսերով ամենակարող հրամաններիդ
Մահազգեստներիս՝ երիզապնդող
Այս դժոխային կապանքներն ամուր.
Քանդի՛ր մահախեղդ հանգույցներն այս պիրկ
Եվ աստվածային խոսքով կենսատու
Հասցրո՛ւ մահվան արժանավորիս
Անանց բերկրության՝ ազատության մեջ։
Մի՛ կատարիր այդ տակավ առ տակավ
Եվ օրըստօրե մի՛ հետաձգիր,
Որպեսզի հետո մեղքերի բեռան ծանրությունն ստվար,
Նստած թիկունքիս, ազդրերս ճկած՝
Կորացնելով ու կործանելով ինձ,
Չստիպի նայել խորքը դժոխքի
Եվ իմ հոգևոր զենքերը բոլոր հանած ի դերև՝
Հուժկու բռնությամբ ենթարկի մահվան.
Օգնի՛ր ինձ, փրկի՛ր, բարի՛ վշտակից,
Թոթափի՛ր ինձնից փայտը սատակման,
Ինչպես երբեմն պահակի ուսից,
Կերտի՛ր նրանով, կանգնեցրո՛ւ անպարտ ու ամենահաղթ՝
Քո մեծ զորության վայելուչ կոթող.
Ամուր, անսասան հույս ու հավատով
Ամրապնդի՛ր ինձ քեզ հետ անսայթաք։
Եվ քեզ, սուրբ Հոգով, հորդ հետ միշտ փա՛ռք
Եվ իշխանություն հավիտյանս, ամեն։

ԲԱՆ ԾԹ

Ի խորոց սրտի խոսք Աստծո հետ

Ա

Հավատում եմ ես ու վկայում եմ փորձով համոզված,
Մտատեսությամբ, որով, բարերա՛ր, դու օժտել ես ինձ,
Որ շատ ավելի ըղձալի են քեզ
Աղաչանքները մեղավորների,
Քան արդարների ամեն մի խնդրանք:
Քանզի մեկն անկեղծ խոստովանելով պարտությունը իր՝
Ակնկալում է լոկ շնորհը քո
Եվ գիտակցելով չափն իր բնության
Ու ճանաչելով իրեն ներքնապես՝
Որպես ինքնզոր ախոյան, ոսոխ՝
Կշտամբանքներով, դառնագին ձաղմամբ
Մարտնչում է ինքն իր իսկ անձի դեմ,
Մինչդեռ մյուսը, բարեգործությանն իր ապավինած,
Ինքնաբավական մի վստահությամբ,
Մոռացած սահմանն էության մարդու
Առավելապես ակնկալում է պարգևներ քեզնից, քան ողորմություն:
Ահա թե ինչու մեկն ստեղծելով ճառեր անհամար՝
Ողորմությունդ ազդարարում է միշտ տարփողելով,
Մյուսը լուռ է մնում այդ մասին:
Հզո՛ր, անքնին, ամենախնամ,
Ամաչում եմ ես մինչնիսկ ասել,
Որ պատմությունը երկրայիններիս
Գործերի՝ քոնից առաջ է անցել:
Ուստի հառնի՛ր, տե՛ր, որպեսզի հանկարծ աջն հողեղենի
Չզորավորվի քոնի համեմատ,
Ջանքերը մարդկանց չհավասարվեն
Քո աստվածային ողորմության հետ:

Բ

Առողջ անդամներ ունեցող մարդիկ
Կարիք չեն զգում բնավ բուժվելու,
Ոչ էլ տեսնողներն՝ անհրաժեշտություն առաջնորդների.

Ընչաշատները չեն հածում երբեք
Լիացածների դռների առաջ,
Ու չեն սպասում հղփացածները ամեն բարիքով՝
Թափթփուկներին սեղանի հացի.
Վարքով սրբերը կարիք չեն զգում ողորմածության.
Արդ, գթա դու ի՛նձ, ողորմի՛ր, բարձրյալ երկնավոր հզո՛ր,
Ինձ, վարանյալիս ամենատխուր։
Զի եթե Հոբին ես նմանվեի,
Կհամարեի ինձ էլ նրա պես արդար, անարատ.
Եթե լինեի Մովսեսի նման,
Ինքս էլ նրա պես վստահ կասեի՝
«Տերը պետք է որ ճանաչի նրանց, ովքեր իրենն են».
Իսկ եթե Դավթին ես նմանվեի, կասեի անշուշտ՝
«Հաստատեցի կարգ ու արդարություն»
Եվ խոսքն այս, մարմնի բնությունից վեր՝
«Եթե սրտիս մեջ մեղքեր նկատեմ,
Թող որ տերը ինձ բնավ չլսի».
Եթե լինեի Եղիայի նման,
Կհամարեի ինձ այր Աստծո.
Թե Երեմիայի նման լինեի,
Կօրինակեի ճշմարտությունդ.
Եթե լինեի Եզեկիայի պես,
Կպարծենայի իրավամբ, որ ես
Արդարությամբ եմ քայլել քո առաջ.
Եթե Պողոսի նման լինեի,
Կհամարեի ինձ բնակարան,
Մի ընդունարան ու ազդարարան Աստծո խոսքի։
Բայց անօրենս, օրենքին զիտակ լինելով հանդերձ,
Ահա ոչ միայն չեմ կարող անձս քեզ ներկայացնել
Մեծարու խոսքով, ինչպես որ նրանք,
Եվ չարս համակ՝ բարիների պես հիշվել քո առաջ,
Այլև ամենուր բոլոր գոյերից
Բարեհռչակված անունդ, հզո՛ր,
Ամբարշտյալիս լեզվով ներբողել։
Բայց կարող ես դու և ամեն ինչի հնարներ ունես.
Մատուցի՛ր ինձ, տե՛ր, ոգի փրկության,
Պաշտպանության աջ և օգնության ձեռք,
Բարի հրաման, ողորմության լույս,
Նորոգության խոսք, քավության պատճառ
Եվ կյանքի նեցուկ՝ օգնող զավազան.
Քանզի դու ես հույսն ապավինության, տե՛ր Հիսուս Քրիստոս,

Օրհնյալ՝ հորդ հետ, սուրբ Հոգովդ, ընդմիշտ,
Հավիտյաններից հավիտյանս, ամեն:

ԲԱՆ Կ

Ի խորոց սրտի խոսք Աստծո հետ

Ա

Քանզի ճշմարիտ առակից կանխավ քաջ հայտնի է ինձ,
Որ մեղավորի բերանին՝ կարդալ
Օրհնաբանություն անվայել է խիստ,
Ինչպե՞ս կրկնեմ նույն գովեստները քեզ
Աղաչավորս հույժ ամոթապարտ,
Որ անեծքներ եմ ընդունում անվերջ
Բարեմաղթական սաղմոսարանից:
Ինչպե՞ս երգեմ ինձ վիշտ ու աղետներ
Եվ նախատինքներ՝ ընդդեմ իմ անձին
Ու մերկ գրկիս մեջ շուշանների տեղ փշեր հավաքեմ:
Ինչպե՞ս Դավթի հետ համդգնեմ ասել,
Թե՝ «Պիտի փշրես ատամներն համայն մեղավորների».
«Անօրենները չպիտի ապրեն քո աչքի առաջ».
«Դատի՛ր ինձ ըստ քո արդարության և անբծության իմ».
«Մեղավորների վրա պիտի գան չարիքները ողջ».
«Պիտի խորտակվեն բազուկները չար, մեղավոր մարդկանց».
«Ամենայն վտանգ, կրակ ու ծծումբ
Մեղավորների գլխին պիտ տեղա».
«Տերը կջնջի շրթունքները նենգ
Եվ լեզուները բոլոր մեծաբան»:
Ինչպե՞ս ասեմ, թե՝ «Քննեցիր սիրտս ու
Չգտար այնտեղ անիրավություն».
Կամ՝ «Ես խստամբեր ընթացք ունեցա».
«Ես արդար պիտի ներկայանամ քեզ».
«Ես էլ նրա պես կլինեմ անբիծ».
«Տերը ինձ ըստ իմ արդարության ու
Ձեռքի մաքրության պիտի հատուցի».
Ինչպե՞ս ես ինքս անձամբ ծանակեմ

Սուտն իմ՝ ասելով այն սրբի հետ, թե՝
«Ձեռքերս սրբությամբ պիտի լվանամ».
Նանրամիտս ինչպե՞ս ամբարիշտների գահերն անարգեմ
Ինչպե՞ս թշվառս պարծանքն երջանկի պատշաճեմ անձիս,
Թե՝ «Դատի՛ր ինձ, տե՛ր, զի ընթացել եմ միշտ անբծությամբ».
Օտարս բարուց զաղտնատեսիդ գութն ինչպե՞ս աղերսեմ՝
«Մի՛ դասիր ինձ կարգն ամբարիշտների».
Ինքս անիծապարտ լինելով՝ ինչպե՞ս նզովեմ այլոց՝
«Տո՛ւր նրանց, տե՛ր, ըստ իրենց գործերի»
Եվ համարձակվեմ դեռ շարունակել:

Բ

Վերջին մասերն էլ եթե գումարեմ առաջիններին,
Ցավերս կրկնակի պիտի ծանրանան,
Ու բազմապատկվեն դառնություններն իմ:
Բայց արտաուքի շեղջերից միայն փոքր ինչ առնելով՝
Կբավարարվեմ սաղմոսարանի ընտանի ձայնի
Հանապազորդյան հանդիմանությամբ,
Որն ամբարշտիս կշտամբում է միշտ:
Դրանցից են և քառասնիններորդ
Սաղմոսի վերջին հատվածի տողերն հանդիմանական,
Որոնք զարշելի համարելով ինձ՝
Խայտառակում են հանապազ, անդուլ,
Ցուցադրելով անձն իմ եղկելի՝
Բերանս են խցում, որպեսզի մեծիդ չփառաբանեմ,
Եվ աստվածային ձայնով շարունակ ամբաստանելով՝
Զրկում են կյանքի ակնկալումից,
Այլև, ասես թե պատնեշից, վրաս
Նետում են անվերջ մահացու քարեր:
Եթե, արդարև, ծանր է ուրիշից անեծք ստանալ.
Ապա կրկնակի դառն է, դժնդակ,
Երբ մարդ հենց ինքն է նզովում իրեն.
Իսկ եթե կարգ է մերձավորների՛
Նախատինքներին չենթարկվելն, ապա
Սպասել դրանք ամենատեսից՝
Ցավ է արյունոտ ու տաժանելի,
Աղետալի վիշտ ու մտալլկանք:
Սակայն եթե մարդ խոնարհությամբ՝ հենց
Ինքը իր անձը ենթարկի դրանց,
Սեփական լեզվով կշտամբի, ձաղկի,

Մտրակի իրեն դառն անեծքներով,
Կօրհնվի շուրթերով ամենակալի,
Քանզի անսխալ մեկնած կլինի դարձն իր առ Աստված՝
Չհեռանալով ճիշտ ճանապարհից,
Սիրով հատուցած կլինի լրիվ պարտքերն իր բոլոր՝
Չնվաճվելով չարախոսների խարդավանքներից,
Դարձած կլինի Հիսուսի հոտի բժշկված ոչխար՝
Դիմելով հենց այն աղին, որ, իրոք,
Բուժում է ախտերն իր աղիքների։
Բայց անբանների բարքին հատուկ է,
Ասուն կենդանի լինելով հանդերձ,
Կենսաձիր խոսքի դալար ծաղկածին արոտավայրում
Մտքի թմրությամբ մահացու խոտեր միայն ճարակել։

Գ

Ինձ է պատշաճում, արդարև, վերջին
Օրինակը այս կշտամբողական՝
Ակնարկելով այն պատուհասներն ու դիպվածները չար,
Որոնք նյութեցի ինքս ինձ մշտապես՝
Որպես զեղումներ կիզանողական ու հրատոչոր,
Թափված երկնքից իմաստության
Հրազարանի՝ գագաթիս վրա։
Արդ, սաղմոսն ինձ ի՞նչ օգուտ պիտի տա,
Երբ անպտուղ եմ մնում միշտ նրա բազմերգությունից,
Չերգելով հոգով ըստ սուրբ Պողոսի թելադրության։
Ես՝ մեծագույնս մեղավորներից,
Պիտանիներից նկունս հետին,
Ինչպե՞ս, խառնելով մարգարեական
Երգերին նաև խոսքը տերունի, ասեմ արբի հետ՝
«Հեռ՛ու մնացեք ինձնից բոլորդ,
Ովքեր գործում եք անօրենություն»։
Երբ չեմ կատարել ոչ մեկն օրենքի
Շնորհի բազում պատվիրաններից,
Ինչպե՞ս բարբառեմ երջանիկի հետ,
Որը մեզ համար սահմանածն ինքը նախ գործադրեց.
Կամ ինչպե՞ս հոդեմ իմը՝ մեծագույն այս
Այլն խոսքերը սրան հաջորդող։
Ինչպե՞ս թափուրս կյանքի կատարյալ իմաստությունից
Երկյուղածների հետ օրհնեմ տիրոջ.
Կամ ինչպե՞ս հորդեմ իմը՝ մեծագույն այս աղերսի հետ՝

«Մի բան խնդրեցի տիրոջից՝ տեսնել վայելչությունն իր
Եվ սպասավոր լինել սրբազան իր տաճարի մեջ»։
Ինչպե՞ս ձեռնարկեմ ինձ արգելվածին,
Երբ լսում եմ, թե՝ «օրհնաբանություն
Արդարներին է վայելում միայն»։
Ինչպե՞ս անիծեմ ինքս ինձ անձամբ իմ իսկ շուրթերով,
Թե՝ «Տիրոջ աչքը չարագործների վրա է ուղղված,
Որպեսզի ջնջի նրանց հիշատակն երկրի երեսից»։
Կամ՝ «Պիտի ջնջվեն չարերն անհապաղ»։
Ինչպե՞ս ասեմ խոսքն այս ինձ պատշաճող,
Թե՝ «Բազուկները ամբարիշտների պիտի խորտակվեն»
Ինչպե՞ս պաղատեմ սատակման համար,
Թե՝ «Թող որ կորչեն մեղավորները»։
Ինչպե՞ս թաթախեմ բազմահած լեզուս օրհնյալ խոսքի մեջ՝
«Խոստացա պահել ճանապարհը քո,
Որպեսզի լեզվով իմ չմեղանչեմ»։
Մեղքի փշերով խեղդվածս ինչպե՞ս
Պարծենամ խոսքով այն անարատի՝
«Ինձ ընդունեցիր իմ անբծությամբ»։
Կրկնապատժապարտ մեղավորս հապա
Ինչպե՞ս պարսավեմ իմ նմաններին,
Խնդրելով նրանց ձեռքից ազատվել՝
«Նենգամիտներից, մեղավորներից փրկի՛ր ինձ, Աստվա՛ծ»։

Դ

Ինչպե՞ս ես որպես ոչ-կռապաշտյալ
Անպատկառորեն ունայն պարծանքով
Պանծամ, Դավթի հետ ասելով՝ «Մի՞թե
Մոռացել ենք մենք անունն Աստծո,
Կամ աստվածներին օտար՝ աղոթքի ձե՞ռք ենք կարկառել»,
Երբ նա, ով տրվում ու խոնարհվում է զազիր մեղքերին,
Պաշտելու համար բարձրացրած կլինի արդեն իր առաջ
Ախտաշարժ, շամբուշ ու տարփատենչիկ,
Պոռնկապատիր պատկերները ցոփ
Աստարտ ու Քամովս դիցուհիների,
Մելքոմի արձանն արվական ու այն Թարահատ չքտու,
Կանացիական զազրոտության հետ
Նաև իշանդամ առականքների
Ծանակություններ մերկ ու անծածկույթ։
Ինչպե՞ս չամաչեմ, ուրեմն, ասել նախատակի հետ,

Որ բարության էր միայն հետամուտ,
Թե՝ «Քեզ համար ենք ամեն օր մեռնում»,
Այլև սաղմոսը սրան հաջորդող:
Հիմարագույնս, վատթարս բոլոր
Մարդկանցից ինչպե՞ս հանդգնեմ ասել,
Թե՝ «Բերանը իմ իմաստություն է
Արտաբխելու, իսկ միտքս՝ հանճար»:
Մարդելուզակս, շողոմ, կեղծավոր,
Ինչպե՛ս մաղթեմ, որ ցրվեն ոսկորներն երեսպաշտների.
Ինչպե՞ս կրկնեմ արդ երկիցս ասված բարությունն այն մեծ.
Թե՝ «Ես հաճելի կլինեմ տիրոջ՝ կենդանյաց երկրում»:
Անթիվ մեղքերի կրողս ինչպե՞ս
Արդարից առած խոսքով բարբառեմ՝
«Ո՛չ մեղքեր ունեմ և ո՛չ էլ հանցանք,
Ընթացա անմեղ ու եղա շիտակ»:
Ինչպե՞ս կորստյան մատնեմ ինքս ինձ
Ասելով, թե՝ «Մի՛ ողորմիր նրանց,
Ովքեր գործում են անօրենություն»,
Կամ՝ «Ինչպես մոմն է հալվում հրի դեմ,
Այդպես կլինեն մեղավորները Աստծո առաջ»:
Ապականացու փափկակեցությամբ զրգյալս ինչպե՞ս
Հաստատեմ խոսքն ինձ անպատշաճական՝
«Խոնարհեցրի ինքս ինձ ծոմով».
Կամ թե՝ «Ես նրանց նեղության ժամին քուրջ էի հագնում
Եվ ընկճված էի որպես սգավոր, տրտում ու թշվառ»:
Ինչպե*ս անխռով հիշեմ պատիժներն իմ նմանների՝
«Մակայն մրուրը Աստծո բարկության չի սպառվելու,
Եվ պիտի խմեն նրանից բոլոր մեղավորները»,
Կամ՝ «Պիտի փշրես մեղավորների եղջյուրները ողջ»:
Ինչպե՞ս Հակոբի ապերախտության
Մասին խոսելով՝ ծանակեմ նրան,
Երբ ստվերի տեղ ճշմարտությունը
Ինքս ստացած լինելով հանդերձ՝
Նրանց պես նրանց այն նույն թերացմամբ՝
Մերժեցի բոլոր երախտիքները տեր Քրիստոսի՝
Աստվածահրաշ խաչի փրկանքով,
Գերազանցելով մինչնիսկ նրանց,
Որոնք մերժեցին առաջնորդությունն ընտրյալ Մովսեսի՝
Սքանչելագործ իր գավազանով,
Որ տերունական խնամարկության
Օրինակն էր լոկ ուրվանկարում:

Իսկ ինչպե՞ս վրաս խուժող դևերի
Արհավիրքները ցույց տամ, համարեմ
Կատարված իբր օտար այլացեղ խուժդուժ ազգերից,
Ասելով, թե հենց «Նրանք ձգեցին
Դիերը մեր մեջ եղած բարության
Գիշակերներին», այսինքն՝ օդային այսերին ի կուր:
Ինչպե՞ս կոչեմ սուրբ խոսքի սերմն, ընկած լերկ ճանապարհին,
Կամ միաբանված կամքս չարի հետ,
Նրա հետքերով գաղտնի պատերազմ
Ընթացող գուպարն ըմբոստ մտքերիս,
Որոնց հենց ինքս տվի զորություն՝
Գործակից դարձած բանսարկուի նենգ հնարանքներին:
Մի՞թե կարող եմ այլևս աղերսել այս նույն սաղմոսով՝
«Մի՛ լռիր, Աստվա՛ծ, և մի՛ դադարիր»,
Կամ՝ «Խորհեցին քո սրբերի վրա,
Ասացին...» էլի՞ դեռ շարունակեմ...
Այո՛, ավելի պատեհ կլինի,
Որ այս բոլորը վերագրենք հենց ,
Իրենց՝ դևերի, ինչպես և նրանց
Արբանյակների դժնդակության,
Որ մոլեգնաբար ճակատ են տալիս
Միշտ՝ խռովելու կյանքն այս անցավոր:

Ե

Այս բոլորից մեզ պահի՛ր, պահպանի՛ր,
Տե՛ր Հիսուս, բարձրյալ որդիդ մեծ Աստծո,
Երկնային զորքիդ շրջափակությամբ,
Պաշտպանելով քո լուսեղեն խաչով
Խարդավանողի հողմերի բոլոր արշավանքներից.
Քանզի գուցե և գտնվի իմ մեջ
Ամեն տեսակի անօրենություն,
Բայց ոչ հայհոյանք:
Չէ՛ որ ինձ նման ամբարիշտների
Կորուստով դու չես հանգստանում, տե՛ր.
Անգամ հեղեղով իրավամբ ջնջված
Ջազրագործների համար տրտմությամբ
Ամենազորով՝ սաստիկ վշտացար,
Նրանց պատահած աղետն այդ մահու
Համարեցիր քեզ ծանր ու անհաճո,
Ասելով նույնիսկ խոսքն այս՝ ի զարմանս քեզ լսողների՝

«Մարդկանց գործերի պատճառով այլևս
Երկիրը երբեք չեմ անիծելու»:
Մխիթարվում ու պարարվում ես հույժ
Փրկելով պիղծ ու մահապարտ մարդկանց
Եվ խնայում ես կործանման իրոք արժանիներին,
Ինչպես երբեմն ցույց տվեցիր այդ դդմի առակով
Կամ վրդովմամբ քո, սաստիկ դառնացած,
Երբ ուշանում էր անձրևն՝ ի դարման ուրացողների:
Վերջին օրերին գործեցիր նույնպես
Անճառ, տոնելու հիշատակարժան
Ամենատեսակ բարերարություն.
Առաքյալներիդ հրամայեցիր մինչևիսկ քեզնից
Քաղցր ողջույններ հաղորդել բոլոր
Հեռավորներին անբարեհամբույր;
Ցողի՛ր հայրական սերդ բազմագութ
Նաև ինձ վրա, ո՛վ կենսաշնորհ,
Որպեսզի և ես գտնեմ փրկություն՝
Քավված օգնությամբ քո ամենառատ:
Եվ քեզ Սուրբ Հոգուդ ու Հորդ հետ փա՛ռք հավիտյանս, ամեն:

ԲԱՆ ԿԱ

Ի խորոց սրտի խոսք Աստծո հետ

Ա

Ինչո՞ւ մեջ բերել ու երգել տավղով այսպես անդադար
Սաղմոսարանի խոսքերն այն բոլոր,
Որոնք իմ դեմ են ուղղվում շարունակ
Որպես նախատինք, պարսավ ու նզովք:
Իսկ ինչպե՞ս պիտի կարողանայի
Փառքն այն երջանկի փոքր-ինչ պատշաճել
Դատապարտյալիս՝ իր հետ ասելով,
Թե՝ «Չմոռեցավ նենգամիտը ինձ»:
Կամ ինչպե՞ս հաջորդ զարհուրեցուցիչ
Տներում կարգով մեկ առ մեկ հիշված՝
Օրինապահին, զինվորականին,

Թագավորին ու մարմնական հզոր հրամանատվին
Հատուկ ամենայն արժանիքներն այն,
Որոնք մինչնիսկ համբուրելի են երկնայիններին,
Կրկնեմ ու կյանքից չհուսահատվեմ
Ես, որ լինելով նորի աշակերտն
Ու քարոզիչն իր ավետիսների,
Այդ շնորհներից անմասն եմ իսպառ:
Ըստ իրավախոհ արդարի, ինչպե՞ս
Զինվեմ ես ընդդեմ մեղավորների,
Առակով ասած, առավոտյան վաղ արթնանալուն պես
Պատրաստ լինելով նրանց ջնջելու,
Ես, որ իմ մարմնի անդամներն անգամ
Գանահարելով չխրատեցի.
Ինչպե՞ս այդ մեծի սխրագործությամբ
Կոտորեմ բոլոր անօրեններին տիրոջ քաղաքի,
Երբ չմեռցրի ախտաբծերն իսկ, հոգուս մեջ բուսած:
Ինչպե՞ս ես ստեմ նրան, որի մոտ
Չհայտնվածներն իսկ գրված են արդեն,
Ասելով՝ «Մոխիրն իբրև հաց կերա».
Ես, որ երգողի աղբերակայլակ արցունքին հստակ
Հեծեծանքի մի պղտոր շիթ, կաթիլ իսկ չխառնեցի,
Ինչպե՞ս կարող եմ ասել նրա հետ՝
«Ըմպելիքներս խառնված են եղել արտասուքներով
Եվ անկողինս արցունքներով եմ թրջել» շարունակ:
Երբ նախնիների հանցանքները ողջ
Աստվածասերն այն իրենն համարի՝
«Մենք մեղանչեցինք մեր հայրերի հետ,
Անօրինացանք, հանցագործեցինք»,
Այլև բոլորն այն, ինչ ասված է այս երգում մինչև վերջ,
Որոնք ավելի ինձ են պատշաճում, քան Իսրայելին, —
Ո՞ր մեկը պիտի ինձ վերագրեմ
Ես, որ մեղքերով մեռած եմ իսպառ:
Ինչո՞՞վ կարող եմ արժանի լինել
Բարիների հետ դասվելու պատվին,
Երբ չարեցի այն, ինչ ճանաչված ու
Հարգված է որպես մարդկանց դեղ ու ճար,
Այն է՝ գարշելով կերակուրներից՝ մահու չափ քաղցել
Եվ երկարատև ճգնությամբ՝ հոգով նվաղել իսպառ,
Ըստ տարակրոն հրեաների ու
Հեթանոսների հին սովորության:
Ինչպե՞ս կարող է հավիտյան մնալ արդարությունն իմ,
Երբ այն ես երբեք չեմ գործադրել:

Բ

Սակայն որպեսզի շատախոսությամբ չլինեմ տաղտկալի.
Կաշխատեմ այժմ խոսքս կարճ կապել:
Եվ ի՞նչ կարող եմ ասել արդարև, այն խոսքերի տեղ,
Որ աստվածաշունչ ձայնով նվագեց Դավիթ օրհներգուն՝
«Իմ ամբողջ սրտով որոնեցի քեզ».
Կամ մեծն առավել՝ «Ոտքս կտրեցի
Ամեն տեսակի չար ճամփաներից».
Եվ կամ՝ «Պահեցի խոսքերդ իմ սրտում,
Որ չլինի թե քո դեմ մեղանչեմ»:
Ինչպե՞ս կարող եմ նանրությունններն իմ
Մաքուրների հետ մատուցել որպես կատարելություն
«Պատվիրաններից քո դաս առնելով՝
Ատեցի բոլոր ճանապարհները չարագործների»:
Ճշմարտությունն այն խոնարհի ինչպե՞ս
Շարահարելով մշտնջենական սուտ երդումներիս,
Ուխտելով ասեմ հավատարմի հետ՝
«Հաստատ երդվեցի՝ պահպանել արդար օրենքները քո»:
Իսկ ինչպե՞ս կրկնեմ պատգամն այս հապա,
Որ հիշատակն է անճողոպրելի վճռիս մահագույժ,
Թե՝ «Փրկությունը հեռու է բոլոր մեղավորներից»:
Ինչպե՞ս կարող եմ չարս իսկապես
Բարիների այս հատուցումն արդար,
Որ ստանում են նրանք տիրոջից,
Վերագրել ինձ՝ կրկնելով տողն այս՝
«Բարիք կանի տերն ուղղամիտներին»:
Ինչպե՞ս ինքս անձամբ վերահաստատեմ
Բազմավրեպիս փոխհատուցումն այս անաչառ, հատու՝
«Հափշտակությամբ խոտորվածներին
Տերը կտանի բոլոր նրանց հետ,
Ովքեր գործում են անօրենություն»:
Աստվածազգեստի պարծանքն այս ինչպե՞ս
Պատվաստեմ թշվառ ամոթահարիս՝
«Չգոռոզացավ բնավ սիրտն իմ, տե՛ր,
Եվ աչքերս երբեք չզվարճացան»:
Գերմարդկային այս խոսքն անճառ ինչպե՞ս
Ընդունեմ որպես փհատյալների քաջալերություն
Եվ ինչպե՞ս կրկնեմ զանձս զեհենի
Աստծո հոգով այն օծյալի հետ՝
«Առաջուց տեսար, որ լեզուս բնավ չունի նենգություն»:

Ես՝ դասակիցս դժնասիրտ մարդկանց,
Մահվան համաբան՝ սատակման որդիս,
Ինչպե՞ս բարբառեմ բարեշնորհի խոսքերն այս հապա՝
«Զատեցի՞, տե՛ր, քո ատելիներին»:
Ո՛վ անձն իմ, ո՛ղբդ աշխարհի, ինչպե՞ս
Տոնելի վեհի մեծ վստահությամբ
Անստույգ հոգիդ հրամցնելով
Պանծաս ինքնագով՝ պսակյալի հետ՝
«Փորձիր, տե՛ր, և տե՛ս, մի՞թե ձեռքերն իմ
Ապականված են անօրենությամբ»:
Ինքս չարագործ յինելով հանդերձ՝
Ինչպե՞ս պաղատեմ այդպիսիներից փրկելու համար.
Ձայնակցած Աստծուն հուսացողներին,
Թե՝ «Պահի՛ր ինձ, տե՛ր, մեղավորի ու չար մարդու ձեռքից»:
Ինչպե՞ս բարձրանամ մաղթելու Աստծուն փառավորի հետ,
Ասելով՝ «Դու ես բաժինն ու հույսն իմ կենդանյաց երկրում»:
Իսկ ինչպե՞ս, հապա, իբրև մրցակից այն ճգնավորին.
Պսակն հաղթության երկնի արքայիդ մատուցանելով
Կրկնեմ աղերսանքն այս անօրինակ՝
«Արդարները քո կսպասեն, մինչև դու ինձ հատուցես»:

Գ

Բարեբանյալ է սաղմոսի և այն խորհուրդնհոգևոր,
Որ ամենայն ինչ արհամարհելով՝
Ընդունում է լոկ արարածների նախապատճառին
Տալով «Երանի՛ այն ժողովրդին,
Որի տերը իր աստվածն է միայն».
Սա պատշաճում է տիրոջ այն գործին,
Որով նա փորձչին ամոթ հասցրեց:
Մեծ է և շնորհին այս վսեմափառ,
Լի երանությամբ, այլև երկյուղած համարձակությամբ
«Սրբերդ պիտի օրհնաբանեն քեզ».
Ըղձալի է հույժ նաև հոգևոր
Հաղորդակցության ընտանությունն այս մերձ ու մտերիմ,
Որն հորդորում է հուսալ Աստծուն
Եվ ապավինել նրան, բերկրելով սաղմոսի խոսքով՝
«Իրագործում է տերը միշտ կամքն իր երկյուղածների»,
Որն ավարտվում է ողբախառն ուրախ այս ազդարարմամբ՝
«Տերը պահում է ամենքին, ովքեր սիրում են իրեն
Եվ ջնջում բոլոր մեղավորներին».

Սաղմոսերգության այս ավարտական գլուխների մեջ
Տրված է կարծես արդարների ու մեղավորների
Վերջին հատուցման օրինակը հենց:
Իմաստով միմյանց զուգակից են և երգերը հաջորդ.
Եթե, ըստ նրանց, «Տերն ընդունում է հեզերին միայն
Եվ մինչև գետին խոնարհեցնում բարձրահոններին»,
Ուրեմն որքա՜ն եղկություններ են հեգիս սպասում.
Իսկ եթե «Տերը սիրում է միայն իր ժողովրդին
Եվ կբարձրացնի հեզամիտներին՝ փրկելով նրանց»,
Հապա ես՝ զուրկս արժանիքներից, ո՞ւմ ապավինեմ.
Իսկ եթե Աստված իր սրբերից է օրհնվում տիրաբար.
Ես, որ օտար եմ, զուրկ մաքրությունից,
Որո՞նց հետ պիտի դասակից լինեմ.
Իսկ եթե դնեմ և կանխերգներից
Սրանց մոտ՝ որպես ինձ նախատինքի հիշատակարան՝
«Սիրեցե՛ք տիրոջ, ո՛վ նրա սրբեր,
Զի պահանջում է նա շիտակություն
Եվ կհատուցի կրկնակի բոլոր բարձրահոններին»,
Հապա ո՞ր գնդում ես պիտի լինեմ,
Ես, որ գերի եմ չարահնարի գաղտորսակներին:
Եվ ահա, բարդու նկուն, դողահար
Ու տագնապալի տերևների պես,
Որոնք հողմերի բախումից վայրագ
Պոկոտված՝ դողդոջ թափվում են գետնին,
Չարը մոլագար ջանաց ջարդոտել
Ի վեր ամբարձած բարեբեր ճյուղերն իմ կյանքի ծառի.
Հարդարված անեղ մշակիդ ձեռքով:
Արմատավորի՛ր նորից, հաստատի՛ր
Նոր անապական պտղաբերությամբ՝
Կամքիդ խնամքով բարգավաճ կյանքի անդաստանի մեջ,
Ամենապարգև արքա՛ Քրիստոս,
Օրհնաբանյա՛լ հավիտյանս, ամեն:

ԲԱՆ ԿԲ

Ի խորոց սրտի խոսք Աստծո հետ

Ա

Արդ, վերոգրյալ սաղմոսին այստեղ
Ինչո՞ւ այլ մասեր չավելացնեմ մարգարեներից,
Սակայն ի՞նչ վայելք պիտի ստանամ այն կերակրից,
Որ ուտելու եմ այսքան ցավերով անզգայացած,
Եվ կամ ի՞նչ օգուտ կտա սաղմոսն ինձ,
Եթե չըմբռնեմ իմաստը նրա:
Չէ՞ որ դրանով նզովում եմ ես
Միայն ինքս ինձ՝ ու չեմ հասկանում,
Լվացվում եմ, բայց չեմ պայծառանում,
Արևն է ծագում՝ չեմ լուսավորվում,
Մեղր եմ ճաշակում՝ ու չեմ քաղցրանում,
Ջանում եմ անդուլ՝ մնում եմ դատարկ,
Ձաղվում եմ անվերջ, բայց չեմ խրատվում,
Հորդորվում եմ միշտ՝ ու չեմ սթափվում:

Բ

Իրոք, իմ մեջ են ամենայն մեղք ուանօրենություն,
Եվ ես մաշվում եմ ահա նրանցից,
Ըստ մարգարեի խոսքի՝ ի դեմս հանցապարտների
Եվ տերունական առակի, ասված
Հին տկերի և նոր գինու մասին:
Եթե, Եսայու խոսքի համաձայն,
«Անօրեններն ու մեղավորները
Պիտի չարամահ լինեն միասին»,
Ապա դժնուս էլ նույնն է վիճակված:
Բերում եմ ահա խոսքը սաղմոսի.
«Պիտի հատուցի նրանց, որ շատ են ամբարտավանում».
Կցում ես սրան այլ ընթերցվածներ՝
«Տիրոջ օրն հպարտ ու ամբարտավան մարդկանց վրա է».
«Մեղավորները օտար են եղել հենց մոր արգանդից»–.
«Անօրենները պիտի կործանվեն».
«Ամբարիշտները երկրի երեսից պիտի վերանան».
«Անիրավները պիտի վտարվեն»:
Ողբացե՛ք վրաս այս խոսքի համար՝
«Ինչպես եղեգն է վառվում կայծացայտ կրակների մեջ,
Այնպես կայրվեն և մեղավորները բորբոքված բոցից».
Լացե՛ք նաև այս սաղմոսի համար՝
«Պիտի արձակես դու նրանց վրա հրե կայծակներ».

Աշխարհեցե՛ք դուք և աստվածային այս խոսքի համար,
Որ մարգարեի բերնով է ասված՝
«Եթե ինձ լսել չուզենաք, ապա սուրը ձեզ կուտի».
Կռեցե՛ք և այս սաղմոսի առթիվ՝
«Հովիվ կլինի երանց մահը լոկ»:
Աղի արցունքներ ողորմ հառաչմամբ
Միացրե՛ք իմ հեծեծանքներին,
Երբ բարձրյալն ինքը, Իսրայելի հետ,
Սաղմոսի խոսքով նաև ինձ ասի՛
«Իմ ժողովուրդը ձայնս չլսեց».
Ավա՛ղ ասացեք թշվառացյալիս,
Երբ նույնը կրկնի մի այլ մարգարե՝
«Վա՛յ նրանց, քանզի հեռացան ինձնից»:
Տխրամած սրտով նոր աղաղակի
Փո՛ղ հնչեցրեք, երբ տեսնողն Աստծո
Ամաչեցնելով կշտամբի սաստիկ
Հակոբի տոհմի հետ ապերասան՝
«Արիամարհոտնե՛ր, տեսե՛ք, զարմացեք և չքվե՛ք իսպառ»:

Գ

Սակայն դու ետ տար ու պատյանը դի՛ր
Բարկությանդ ահեղ սուրն սպառնալի,
Որ բարձրացրել ես մեծիդ երեսից խրտչածիս վրա,
Եվ քո բարեբաշխ հոգածու աջով, ինձ մոտենալով,
Օծումը կենաց պարգևատրի՛ր քեզ աղաչողիս:
Եվ քեզ փա՛ռք երկնի բարձրություններում
Ու երկրի վրա՝ մահացուներից՝
Բոլոր ազգերի սահմանների մեջ,
Հավիտյաններում բովանդակ, ամեն:

ԲԱՆ ԿԳ

Ի խորոց սրտի խոսք Աստծո հետ

Ա

Ո՜վ բարերարդ գթած, մարդասեր
Եվ երկայնամիտ անմահ թագավոր,
Հորդ հետ պատվված և օրհնաբանված տեր ամենայնի,
Որդի կենդանի բարձրյալ Աստծո,
Որ չես պատճառում ոչ ոքի կորուստ
Եվ ամեննին չես փորձվում չարից,
Մեղավորի մահն իսկ չես ցանկանում
Եվ փրկություն ես բաշխում բոլորին,
Մեղքի մրրիկը դարձնում քավության մեղմանուշ զեփյուռ
Բարկության հուրը՝ փոխում անձրևի:
Դու բարիքներից հետնած կնոջն այն
Ետ պահելով իր խոտոր ընթացքից՝
Կերպավորեցիր նույն արձանի մեջ
Կրկնակի գոյով երկյակ բնություն՝
Ո՛չ լրիվ անպարտ, ո՛չ էլ պատժապարտ կատարելապես:
Ծփանուտ ծովի ալիքները լույծ
Կարծրացնելով՝ դիզեցիր բարդ-բարդ
Որպես կարկառներ քարակույտերի,
Մինչ անապատի ժայռը կարծրակոփ
Հոսեցրիր որպես հորդավեժ վտակ:
Մրրնթաց վայրէջ ջուրն Հորդանանի
Զարմանահրաշ ետադարձությամբ
Շուռ տվիր թիկունք՝ որպես ավազան՝
Գալիք լվացման հեթանոսների:
Երիքովի հաստ պարիսպն ամրակուռ,
Որպես օրինակ կործանման չարի անարգ բռնության,
Թեթև հարդի պես օդ ցնդեցրիր,
Իսկ վնասակար ջրերը նրա,
Ի նշան փրկիչ բարեփոխության
Քանանիտների, անուշացրիր՝
Համեմած աղով քո խորհրդավոր:
Մեռայի ջրի դառնությունն, իբրև
Օրինակ մտքի անհավատության,
Կենսատու փայտով պատշաճելով քեզ՝ պիտանի դարձրիր:
Գետից վերցրած ջուրն իբրև արյուն
Մակարդեցիր դու ցամաքի վրա
Որպես նշանակ անսահման կամքիդ,
Որի համաձայն աննյութականդ պիտի ստանար
Նոր բոսորային երանգավորում:

Ցուպ-գավազանին, անշունչ, անկենդան՝
Անթույն վիշապի կերպարանք տվիր՝
Ի պատկերում քո՝ մեր կերպառության,
Այլև ընտրության օտար ազգերի:
Մովսեսի բուժված աջը երջանիկ
Պահեցիր անեղծ՝ ի ցույց ապագա
Քո մարդեղության հրաշքի, բարձրյա՛լ,
Գուշակելով և մեծիդ միջոցով
Անփոփոխելի մաքրագործումը ախտավոր մարմնիս:
Եվ այս բոլորի ցուցադրմամբ դու
Կորստի մատնված մեղավորներին
Քո բարեխնամ սիրո հրաշքով
Անսպասելի փրկության գտում
Ազդարարեցիր, օրհնյա՛լ բարեգործ:

Բ

Բուսեցնում ես անշունչ ու մեռյալ հողից դալար խոտ,
Կառավարելով՝ ընթացք ես տալիս անշարժականին,
Անարգ արգանդից կյանքի կոչում քեզ պատկերակիցներ.
Պատանիներին տալիս աղորիք ըմբոշխնողական,
Մաքուր այտերին հեր ես ընձայում
Ու սև վարսերի սաղարթի գույնը
Զարմանագործում ձյան ճերմակության,
Ցուցադրելով, որ զորությունդ
Անցնում է ամեն սահմանից, հզո՛ր.
Շրթունքների պարզ բնախոսական
Թոթովանքները, ըստ Հոբի խոսքի,
Վերափոխում ես բանական կամքի արտահայտության:
Դու սասանում ես հիմքից երկիրն ու սյուները նրա՝
Հաստվածի զոյով՝ զգալ տալով մեզ,
Որ միայն դու ես անկործնչելի:
Այլափոխում ես տարերքներն իբրև հեղհեղուկ մի բան
Եվ ապա նորից, որպես հարակա,
Վերահաստատում նույն վիճակի մեջ,
Հայտնելով, որ մեր մեղքերը բազում
Կարող ես նույնպես դյուրությամբ պահել և կամ արձակել:
Տնօրինում ես դու արեգակի
Էությունն անշունչ, անզգա՝ ասես երասանակով,
Ցույց տալով այդպես, որ մեր բնության հակումները չար,
Երբ որ ուզենաս, կարող ես զսպել:

Դու բոլորակը անբարբառ լուսնի
Դարձնում ես մերթ սին ու մերթ պատարուն,
Հուսադրելով, որպես ավետիք, այդ տեսնողներիս,
Թե պարտազանց ու շնորհակորույս մարմինը նույնպես
Կարող ես բերել իր առաջնաստեղծ
Ճոխ ու պերճափայլ կատարելության:
Համայն գնդերը անխոս աստղերի,
Որպես հոտերի աննշան խմբեր,
Մերթ բաժանում ես ու մերթ ժողովում,
Դրանով ասես հույս ակնարկելով, քաղցրահայա՜ց աչք,
Թե աղաչանքից զուրկ լեզուներին
Կարող կլինես նույնպես ողորմել:
Ծովերում, կյանքի ու մահվան միջև,
Ապահով շավիղ, ճամփա ես հարթում,
Հավաստելով, որ նաև չսպասված վտանգի պահին
Քո պաշտպանությամբ կմնանք անգայթ,
Կաթսաների մեջ հրից եռացող ջրերի նման
Քո կամքի խոսքով կդադարեցնես
Նաև մեղքերի մրրիկը պղտոր:
Երկրին նայելով՝ սասանում ես այն,
Անբանականի միջոցով այդպես
Զգաստացնելով մտավորներիս:
Խոտ ալիքների վրա տատանվող մակույկի նման՝
Դղրդացնում ես հողազանգվածը թանձր ու անեզերք.
Հայտնելով բոլոր արարածներին, թե կաս աներկբա
Եվ քո զորավոր խոսքով ես հաստել ամեն գոյություն:
Մարմիններն անշունչ՝ հողում ցանելով
Եվ պահպանելով այնտեղ անկորուստ՝
Վերածնում ես նորից կենդանի.
Հողին ես հանձնում եղծականը և անեղծն ստանում,
Մահացու նյութին միավորելով նշխարդ կյանքի:
Դու հրամանիդ ակնարկով միայն
Խավարն անորոշ, չնչին վայրկյանում,
Վերափոխեցիր ամենատեսակ գոյաձևերի:
Քո մեծ զորությամբ ու կարողությամբ՝
Հոլովումներով օրերի՝ տարվա
Եղանակներն ես պարբերափոխում,
Ըստ ժամանակի, յուրաքանչյուրին
Տալով վայելչանքն իր բարեպատեհ:
Անմռունչներին կանչում ես իբրև կենդանիների.
Բավական է լոկ, որ ազդարարես, իսկույն կընթանան:

Այդ դու ես միայն, որ հնարամիտ, անճառ արվեստով՝
Հյուսում ես իրար առավոտ ու մեզ:
Դու առաջնաստեղծ լինելիության
Նախասկզբնական արարչությունը գործելուց հետո,
Ըստ հիացական կանխագուշակման՝ երջանիկ Գրքի,
Երբ որ մարդացար, կատարեցիր նոր
Անթիվ մեծամեծ, հրաշակերտ ու փառավոր գործեր
Եվ ստեղծեցիր այլ նվիրական մի գոյացություն՝
Նախորդից անեղծ մի ուրիշ աշխարհ:

Գ

Դու, որ ամենայն հանցանքները մեր քոնն համարեցիր.
Արդարությունդ շնորհեցիր մեզ
Եվ մեր հաշտության փրկանակն ինքդ առար քեզ վրա
Ու չես դադարում միշտ ողորմելուց,
Ամբարշտյալիս դարձրո՛ւ երկյուղած բարեպաշտության,
Թմրածիս՝ զգաստ արթնության սրտի,
Պղծիս՝ կերպարի պայծառ սրբության,
Բազմաբծիս՝ հեզ, անբիծ պատկերի,
Բեկվածիս՝ նորոգ ողջության ամուր, անխորտակելի,
Լացածիս՝ անվիշտ զվարթ խնդության,
Հուսահատվածիս՝ սիրո միության անլուծանելի,
Ամոթահարիս՝ հաստատուն վստահ աներկյուղության,
Մթնածիս՝ անանց լույսին անձկալի,
Մահվամբ գերվածիս՝ կյանքի անվախճան,
Որ խոստովանված անունդ, Հիսո՛ւս,
Փառավորվի հոր ու սուրբ Հոգուդ հետ
Երկնքում, երկրում և նրանց բոլոր բնակիչներից՝
Հավիտյաններից հավիտյանս, ամեն:

ԲԱՆ ԿԴ

Ի խորոց սրտի խոսք Աստծո հետ

Ա

Ամենքի հանդեպ ու ամեն ինչում
Ըստ ամենայնի ուղիղ ես, Աստվա՛ծ,
Դատում ես իրավ, կշռում ես արդար,
Ճշտորեն չափում, նայում ես գթով,
Ընթանում՝ շիտակ, սիրում՝ անաչառ,
Համբուրում ես լույս և կամենում ես անապականություն,
Փորձով նախատում և քննում ես միշտ բարեմտությամբ.
Չունես նենգություն ու գոռոզություն.
Համակ հեզություն, հանդարտություն ու գթություն ես դու:

Բ

Իրավ էիր, ո՛վ վերին անայլայլ
Իմաստությունդ հորդ հանճարի,
Վկայված կրկին՝ շնորհովդ քեզ
Որդեգիրների անզիղջ գովեստով,
Քանզի, արդարև, ըստ այն սուրբ խոսքի,
Որ ընդունեցինք ավետարանով քո կենսապարգև,
«Ո՛չ ողբացի ես կոծողների հետ,
Ո՛չ պարերգեցի փողեր հնչելիս»:
Դու պատվիրեցիր անօրենիս, թե՝ մի՛ անօրինիր,
Բայց ես ամրացա նույն չարության մեջ,
Մեղավորիս՝ թե՝ մի՛ բարձրացրու եղջյուրներ ի վեր,
Իսկ ես գործեցի մեծիդ հակառակ,
Եվ խոտորյալս չզգացի երբեք,
Որ քո ձեռքում են թագավորական
Եղջյուրներն հոխորտ ամբարտավանի,
Որ բարձրացնողն ու խոնարհեցնողը քո կամքն է միայն,
Ըստ Ամբակումի, ինչպես և Դավթի ու Զաքարիայի:
Դու ինձ օրհնություն կամեցար, գթա՛ծ,
Բայց անիծյալս, խիստ խոտորվելով,
Ի վերջո գտա մասն ինձ արժանի.
Ոչ թե բարություն, բարիք սիրեցի, այլ դաժանություն.
Ըստ Գրքի խոսքի, լույսին անհաղորդ՝
Խարխափեցի միշտ թանձր խավարում.
Կենսատու, ձայնիդ անզգամորեն պատասխանեցի.
«Որդն անվախճան է, կրակը՝ անշեջ,
Կշտամբանքն՝ անվերջ, տեղն՝ հավերժական տեսարանն՝ ահեղ».
Ասացիր դու ինձ Եսայու խոսքով,

Բայց ես չիմացա, բստ սաղմոսողի, ու չըմբռնեցի,
Ընթացա մտքի մռայլ կուրությամբ:
Դու մարգարեի միջոցով ի լուր ազդարարեցիր,
Թե օրհնություն նա կստանա միայն,
Ով հաստատում է ճշմարիտ օրենք,
Իսկ ես ջանացի լոկ այն աղճատել:
Դավիթին իր խոսքով, տե՛ր Հիսուս Քրիստոս,
Հոգևոր վիմի վրա, քո մատով արձանագրված,
Կանգնեցրիր որպես հիշատակարան,
Ինչպես որ նաև ինքն է վկայում, ասելով այսպես՝
«Ես պահեցի քո օրենքն ամեն ժամ,
Հավիտյան», նույնը կրկնելով նորեն՝
Անդրադարձությամբ այս վերջին բառի՝
«Եվ հավիտենից հավիտյանս», ահա
Սրա հետ նաև ուրիշ պանծալի
Օրինակներ ինձ եղան խրախույս,
Բայց ես, անտարբեր, աճապարեցի
Տոնին Բահալի, ոչ թե Աստծո
Եվ երկմտությամբ, բարիքից կասված,
Զույգ ճամփաների վրա կաղացի,
Ինչպես հեգնանքով ասում է Եղիան:
Ունեմ Մովսեսին, իր օրենքներով,
Մահացածների աշխարհից եկած,
Մարգարեների գրքերը բոլոր՝ գրված հոգու միջ,
Եվ մատյանները առաքյալների,
Շարված իմ մտքի մատների վրա,
Տիրոջ համայնի՝ հանդերձ կտակով իր ավետաբեր,
Թաղվելուց հետո հարություն առած ննջեցյալներով,–
Բայց ես, ավելի չար ու անհավատ,
Քան այն մեծատուն եղբայրները հինգ,
Որոնք ասես թե խորհրդանշում են
Զգայարաններն հղփացածների, անգութ, անողորմ.
Քարացած սրտիս համառությամբ միշտ
Դարբնի սալի պես եղա անզգա,
Բելիարի պես չապաշխարեցի:

Գ

Շնորհի՛ր կրկին ողորմությունդ լքվածիս անօգ.
Ահավոր, բարի, մարդասեր, գթած, խնամակալ, սուրբ,
Կենդանի, պայծառ, անմահ թագավո՛ր,

Ազդի՛ր պանծալի խաչիդ զորությամբ
Անզգայացած երիկամունքիս
Եվ հուսալքված անպտուղ սրտիս
Անդաստանների վրա ուժգնորեն,
Որպեսզի հզոր ամենակալիդ
Գթառատ կամքի օժանդակությամբ
Որոտա հոգիս ու վշտագնածիս աչքերով բխի
Արտասուքների վարար վտակներ
Եվ ոռոգելով՝ մաքրի, փրկի ինձ՝ քեզ ի հաճություն,
Ամենապարգև տե՛րդ բոլորի,
Փառավորյա՛լդ հավիտյանս, ամեն:

ԲԱՆ ԿԵ

Ի խորոց սրտի խոսք Աստծո հետ

Ա

Ես՝ նախահայրս ամբարշտության,
Մեղավորների պետս ու գլխավորս անիրավների,
Պատժապարտների առաջնագույնս,
Հանցավորների տիպարս հարազատ,
Ատտիկեցիս, ո՛չ բարեբաստությամբ, այլ վատթարությամբ.
Ահա պատմեցի անպատումներն իմ,
Խայտառակեցի գործերս անպատկառ,
Ցուցադրեցի գաղտնիքներս ողջ,
Ծածկություններս հայտնեցի մեկ-մեկ,
Թաքնվածները դրեցի ի ցույց,
Ամփոփվածները հանեցի ի տես,
Արտաժայթքեցի մաղձը դառնության,
Գործակցությունս չարին՝ մատնեցի,
Քամեցի վերքիս թարախն ամբարված,
Ցույց տվի խորքերն իմ արատների,
Վերցրի դիմակը կեղծակերպության,
Քողազերծեցի տգեղությունն իմ,
Մերկացրի զգեստն ամոթույքներիս.
Ցուցադրեցի գարշությունս ամբողջ,
Փսխեցի դիրտն ու մրուրը մահվան,

Խածոտումների պալարներն հոգուս բաց արի ի տես
Քահանայապետ տեր Քրիստոսին:
Անձիս նկատմամբ եղա անխնա,
Չշփացրի մարմինս բնավ աչառու սիրով,
Արմատներն հնի նշավակեցի հրապարակավ.
Բնության կիրք, կարիքների դեմ եղա անողորմ.
Խզեցի կապը միաբանության,
Քանդեցի սրտիս դղյակն հիմնիվեր,
Կամքիս խայծի դեմ կռվեցի իբրև
Մահվան չարանենգ դարանակալի,
Արտաքս հանեցի պահուստներն անհայտ,
Մթերքն ամբարված՝ պարզեցի մեծիդ,
Կանգնել տվեցի նաև դատախազ դատավորի դեմ,
Հանդերձյալի փորձն այժմեն իսկ առա,
Հրաժարվեցի կործանարարի դաշնակցությունից,
Խզեցի ուխտը խաբեբայի հետ,
Մարտի հաղթական ելքը, տե՛ր Հիսուս, քեզ վստահեցի,
Զորազնդերը մղեցի առաջ,
Դիմադրությունն հարձակումներին՝
Ապավինեցի խոսքին Աստծուդ,
Խավարասերի փաղանգներն համակ
Մատնեցի զենքին լուսեղենների:

Բ

Եվ արդ, ամենայն արարածների ստեղծիչ Հիսո՛ւս.
Որդիդ միածին բարձրյալ Աստծո,
Արդեն այստեղ իսկ այսպես խստորեն պախարակվածիս,
Գանակոծվածիս այսքան չարաչար,
Այն մեծ օրն ահեղ դու էլ կրկնապես
Դատապարտելով մի՛ հանդիմանիր:
Հզոր, անքնին, անճառ, բարերար անմահ թագավո՛ր,
Ի տրիտուր այս ամենապատկառ
Ու ինքնապարսավ իմ խոնարհության
(Որ ես այսպիսի ձաղկանքով ինքս ինձ
Անողորմաբար դատափետեցի)
Նվազներով այս մատյանի ծածկի՛ր
Սկզբնաչարի դեմքն անարգանքով,
Խաչիդ նշանով զորացրո՛ւ երեսն ամոթահարիս:
Լույսիդ կնիքը թող որ միանա իմ կերպարանքին,
Տեսքիս հաստատվի նշանդ ամրության,

Կենացդ փայտի ձևը պատկերվի այտերիս վրա,
Արվեստն հրաշքիդ վեհաշքորեն տպվի ճակատիս:
Թող չաղավաղվի ինձնից դրոշմը քո լուսապաճույճ,
Առհավատչյայիդ վստահությունը ինձնից չհեռացվի,
Ու չսասանվի բերանիս ամուր
Սեմերից փառքը տյառնագրությանդ:
Երկրպագելի պահպանակդ թող
Միանա սրտիս զգայարանին,
Իմ գոյացության չորս նյութերի մեջ
Թափանցի յույսը քո քառաթևի,
Իշխանությունը փրկչիդ՝ աջակցի ձեռքիս կարկառման,
Մատուցման համար հաստված մատներիս
Բարեգործի քո խորհրդարանը համարձակության:
Երբ որ մեկնելու լինեմ աշխարհից,
Սրբությունդ ինձնից թող չհեռանա,
Պատանելուց ետ՝ պատվից չզրկվեմ,
Չլքի հոգիս՝ աննենգ, անխարդախ փրկությունը քո.
Թող որ իմ շնչից չջնջվեն երբեք
Նշանները սուրբ, դրոշմված ձեռքով կենդանարարիդ,
Չեղծվի խորանից իմ աստվածատիպ՝
Պատկերը մեծիդ զորավոր արյան,
Բնակվի ինձ հետ գերեզմանի մեջ.
Թշվառ մարմինս ծորելուց հետո
Օծման շնորհիդ թող ինձ մոտ մնա,
Որ նորոգության օրը նրանով
Ներկայանամ ես փառքի փեսայիդ,
Քոնը ճանաչվեմ,
Շնորհազարդվեմ քո վաստակներով,
Երախտիքներիդ զորությամբ հարգվեմ,
Պանծամ զգեստով սուրբ ավազանի՝
Քավություն գտած քո ողորմությամբ:
Մատուցի՛ր, գթա՛ծ, վերարկուդ անեղծ
Մեղքերով սաստիկ տաժանած մարմնիս,
Որ նենգ բանսարկուն չելնի քոնոց դեմ,
Հնացնողն հոգուս չքվի լիովին,
Խավարաբնակ մութ հոգիների
Պատրանքներն ինձ հետ երևան չգան:
Թող որ քո անվամբ օրհնվի, գթա՛ծ, վիհն իմ հանգստյան
Գերության զուբն իմ լցվի լիապես ողորմությամբ քո,
Տեղն իմ այն թշվառ ընդլայնվի քեզնով,
Միշտ անդորր լինի բանտն այն բարկության,

Արգանդն այն խավար ինձ համար լինի աճման սնուցիչ,
Անձուկ հարկն իմ այն ամփոփի իր մեջ ինձ՝ մեծիդ հույսով,
Քո ձեռքով պահվեմ տրտում խշտյակում,
Թնովդ ընդունվեմ տանն այն տագնապի,
Եվ դու միշտ լինես այն վտանգալի սենյակում ինձ հետ:
Ավա՜ղ ինձ այստեղ բյուր հազար անգամ,
Որ մի ժամանակ երկնային էի, այժմ՝ անդնդային,
Երբեմն՝ տոնելի, իսկ այժմ՝ թշվառ:

Գ

Սակայն դու դարձյալ օրինյալ ես բոլոր արարածներից,
Երկնքում եղած, թե երկրաբնակ,
Թե մեռելներից սանդարամետի,
Անպարտակա՜նդ այս տարագրության.
Ե՛ս հիմարացա, ե՛ս վրիպեցի, ե՛ս օտարացա,
Մեղապարտվեցի ու դարձա խոտան,
Ե՛ս խոտորվեցի, հուսալքվեցի,
Ե՛ս մոլորվելով կործանում գտա,
Ե՛ս մատնվեցի ու վտարվեցի,
Ե՛ս խորթացա և գերվեցի գայթած,
Ե՛ս նզովվեցի ու թշվառացա,
Ե՛ս արբեցի ու խայտառակվեցի,
Ե՛ս խաբվեցի ու խորասուզվեցի,
Ապականվեցի, անօրինացա,
Ես մահացա ու խպառ եղծվեցի.
Այս բոլորի մեջ դու ամեննին չարի մաս չունես
Եվ մնում ես միշտ անփոփոխ բարի:
Երբ կամքդ ինձ հետ է, խավարն ինձ համար ճաճանչ է պայծառ.
Որտեղ քո հույսի ճրագն է վառվում,
Այնտեղ դառնում է գիշերն այգաբաց.
Եթե մարմնիդ հետ հաղորդվում է մարդ,
Ազատ կլինի ամոթի բոլոր կասկածանքներից:
Իսկ ես չեմ հաշվում ինքս ինձ կենդանի՝
Անխուսափելի մահվան պատճառով.
Բայց և չեմ կարծում կորած լինվին,
Քանզի աներկբա նորոգումդ կա:
Կյանքիդ դուռն իմ դեմ փակ եմ համարում՝
Հիշելով պարտքերն իմ անքավելի,
Բայց և տեսնում եմ նաև դրախտը բացված իմ առաջ,
Որ ավետում է փրկությունը քո.

Այդ իսկ պատճառով ահա ոչ այնքան
Ինձ վհատության զույժն է տագնապում,
Որքան հոգածու ձեռքիդ կարկառմամբ՝
Քաջալերում է փրկությունը քո:
Ուստի տո՛ւր ինձ, տե՛ր, տո՛ւր ողորմություն,
Գոհաբանյա՛լդ բոլորից, օրհնյա՛լ հավիտյանս. ամեն:

ԲԱՆ ԿԶ

Ի խորոց սրտի խոսք Աստծո հետ

Ա

Ով պաղատելու համար ընդունի
Մաղթանքների դեղն համեստ մատյանի այս ողբերգության,
Հանձնառուն եթե մեղավոր է մի,
Ես էլ թող լինեմ իմ այս խոսքերով
Նրան կցորդված, եթե արդար է,
Թող որ նրա հետ ես էլ սրանով,
Նրա շնորհիվ գտնեմ գթություն:
Իսկ եթե հանկարծ այդպիսին իրեն երջանիկ զգա՝
Ինձ համարելով միայն եղկելի,
Ես ինքս էլ անձամբ կհաստատեմ այդ:
Բայց ինքն էլ հիշի՛ թող Սողոմոնին
Եվ այս հոգեշունչ խոսքերը նրա.
Ո՞վ վստահորեն կարող է ասել, թե սուրբ սիրտ ունի.
Կամ պարծենալ, որ մաքուր է մեղքից
Եվ ապա՝ չկա երկրածին մի մարդ,
Որ ազատ լինի պատասխան տալուց,
Եվ ոչ էլ հաղթող ինքնարշավ վազքով,
Եթե մինչևիսկ նա բարձրաթռիչ թևեր ունենա:
Այդ պատճառով էլ ամեն ոք պետք է միշտ զգուշանա.
Վախենա անգամ հաստատուն ժայռի վրա լինելիս.
Ինչպես որ Պողոսն է ուսուցանում,
Քանզի կարող է գետնին գլորվել,
Նմանվելով ճիշտ այս իրավաղատ կանոնն հաստողին:
Ուստի մաքուրը թող ընդունի այս

Կշտամբանքն իբրև իր համար պսակ,
Որ անմտորեն վայր չիջնի անհաս իր բարձրությունից.
Իսկ պատժապարտը՝ փրկության միջոց,
Որ վեր բարձրանա հոգեկան մահվան
Կործանումից ու ապրի լիահույս:
Իսկ ինձ համար թող, այդ պատգամներով.
Մատյանն այս լինի մի փորագրված
Հավիտենական անեղծ հուշարձան,
Որ իմ եղկելի ու մահկանացու անձի փոխարեն՝
Ողբ ու հեծության անդադար հնչմամբ,
Առանց լռելու միշտ աղաղակի.
Թող որ մինչնիսկ սառը շիրմիս մեջ,
Այն հողապատյան վերարկուի տակ
Արդեն քայքայված ոսկորներս լուռ,
Անմռունչ ձայնով այդ խոստովանեն
Եվ հողում իսպառ լուծված մարմինն իմ
Անլուր բարբառով պաղատանքներն այս
Առաքի անդուլ քեզ՝ ծածկատեսիդ:

Բ

Աղբյո՛ւր զթության և ողորմության,
Բարեպարգև՛ տեր, որդի բարձրյալի Հիսո՛ւս Քրիստոս,
Գթա՛, խնայի՛ր ու մարդասիրի՛ր,
Նայի՛ր վտանգիս, հայա՛ցք ձգիր իմ սրտաբեկության,
Թշվառությանս վրա խոնարհվի՛ր,
Տե՛ս տագնապներն ու տվայտանքներն իմ անդարմանելի,
Կարեկի՛ց եղիր տառապանքներին իմ կորստաբեր,
Բժշկի նման շոշափի՛ր ախտերս ամենաթշվառ,
Քաղցրությա՛մբ լսիր հեծության իմ հեզ,
Ունկնդրի՛ր շիրմիս անդունդից մահվան
Անլռու անմռունչ հառաչանքներիս.
Թո՛ղ ամենալուր լսելիքը քո
Թափանցի լուծված, զոս անդամներիս ձայնն աղերսագին:
Քանզի անեղծ է գրավականն այս իմ կենդանության,
Թո՛ղ որ, անայլայլ լինի նաև քո սերն ամենագութ.
Հեզությամբ կցո՛րդ եղիր դժնդակ իմ տկարության:
Մեռած պատկերիս դեմ ոխ մի՛ պահիր,
Դատաքննության մի՛ մտիր անշունչ կերպարանքիս հետ.
Մահատանջիս մի՛ հարվածիր նորեն,
Զարդված խեցեղեն անոթիս դեմ մի՛ մարտնչիր ուժգին,

Բարկություններդ մի՛ կրկնիր՝ վճռով խոշտանգվածիս դեմ,
Մի՛ բեր պատուհաս ավեր շինվածքիս,
Սպանված շանս էլ մի՛ քարկոծիր,
Ջախջախված լվիս վրա սաստկապես դու մի՛ որոտա.
Անպատված հողիս վրա մի՛ իբրև
Անբարհավաճի մռնչա ուժգին,
Մերժելի մոխրիս մի՛ կանչիր դատի,
Ցնդելի փոշուս մի՛ համարիր դու քեզ ընդդիմամարտ,
Տրորված տիղմիս մի՛ հաշվիր ոսոխ,
Գարշությանս անարգ մի՛ վանիր իբրև բռնամարտիկի,
Նետվելիք կոճղիս մի՛ պահիր իբրև գեհենի ճարակ
Եվ բազմապատիկ այսքան խոսքերով ամբաստանվածիս
Դու էլ վերստին մի՛ հանդիմանիր։

Գ

Սրանք են ահա սրտամորմոք ու
Բազմաթախիծ իմ պաղատանքներն այն,
Որ պիտի հնչեն ամենաթշվառ
Ու խավարարգել շիրմիս խորքերից.
Թող հաստատի արդ օրհնյալ խոսքը քո,
Որ կմնան միշտ դրանք անխաթար,
Ինչպես խնդրողիս սիրտն է ցանկանում:
Չէ՞ որ թեպետ ես հիմա խոսում եմ որպես կենդանի,
Սակայն մեռած եմ անհասիդ հանդեպ,
Մինչ այնժամ, մահվամբ կորչելուց հետո,
Ամենազորիդ հրամանով, տե՛ր,
Անմահ կմնան միշտ իմ հավատով:
Արդ, աղաչում եմ, տե՛ր Հիսուս Քրիստոս,
Ողորմությա՛մբ ինձ նայիր, թույլ մի՛ տուր,
Որ Բելիարին լինեմ տնկակից,
Եվ մահազեկույց ձայնը տապանիս
Ու թշվառ թաղման թնդյունն անկենդան
Ընդունի՛ր որպես հաշտություն հայցող
Ողբի աղաղակ մի աղերսակոծ.
Միա՛կ բարեգործ, հզոր, մարդասեր,
Թող բարի Հոգիդ ինձ հետ բնակվի՝
Այն խավարում էլ լույս տալով զերուս:
Եվ քո կենարար չարչարանքների
Այնքա՛ն պաշտելի մասունքները թող միշտ լինեն ինձ հետ,
Որ, ինչպես ավանդ մի՝ գանձարանում,

Ինձ քո մեջ պահած՝ կենսանորոգեն.
Թող պատկանեն ինձ որպես անհատնում հոգևոր զենքեր.
Պարսաքարեր, միշտ ինձնից անբաժան՝
Չարի զնդերը քշելու համար:
Թող որ մարտն իմ դեմ քեզանով վանվի,
Որպեսզի երբ նա, տեսնելով քաղաքն առանց զորքերի
Եվ ազդարարող գործիքը անձայն,
Հառնի ինձ վրա պատերազմելու,
Քեզ ունենամ, տե՛ր, մշտնջենապես անքուն պահապան:

Դ

Եթե վախճանի օրը կանխելով՝
Այժմ իսկ շտապի անել արգելան պատրաստել չարն ինձ,
Ես տերունական աղոթքս կուղղեմ
Նրա դեմ որպես մահացու հարված,
Իսկ եթե ջանա ի վայր տապալել՝
Ծնրադրությունս բարձրյալ արարչին.
Եթե փորձի ինձ թավալել գետնի մոխիրների մեջ,
Աստծո՝ երեսի վրա ընկնելը կվանի նրան,
Իսկ եթե նյութի տանջալի ցավեր,
Նրան կլլկի աշխարհի փրկչի
Առատ քրտինքը, շաղախված արյամբ.
Եթե պատանդի շունչս, որ բարի ճամփով չընթանամ,
Ամենաստեղծի կապանքները ինձ ազատ կարձակեն.
Թե բռնադատի, որ պարզները լույսի ուրանամ,
Համբերությունը քո՝ աստվածամարտ
Ապիրատների հայհոյանքներին՝
Կպապանձեցնի սրան նրանց պես.
Եթե զաղտնաձիգ զենքերի նետեր արձակի վրաս,
Պիտի հանդիպեն դրանք փառքի հոր
Ճարտարահնար կապարճի կարթին:
Թե խավարամած լույսի շղարշով
Անամոթաբար աչքերս մտնի,
Ամենքի լրման ձորձածածկ գլխի
Կոփահարումը կտանջի նրան.
Եթե ձեռքերիս վստահությունը ժպրհի կաշկանդել,
Ամենաստեղծի ձեռքը մատուցած
Եղեգնը պիտի բերանը փակի՝ նրան կտտելով.
Թե խայտառակման ծաղր ու ծանակով ինձ հետ կատակի.
Ամենազորի ծաղրանք տանելը կհեգնի նրան:

Եթե բժժանքով ու հուռութքներով
Խորամանկորեն ուզի կախարդել,
Հզոր Աստծո դեմքի ապտակը
Կամաչեցնի նրան սաստկապես.
Եթե գիշերվա մութը իջնելիս
Իր խաբեության նենգիչ խավարով լկտի մարտնչի,
Կխայտառակվի լույսիդ ճաճանչմամբ.
Եթե հավակնի փորձությունների
Վատնիչ խորշակի արեգակնակեզ
Կեսօրվա տապով ինձ բոլորովին արմատից խախտել.
Պիտի նշանիդ լույսի զորությամբ
Ինքն արմատախիլ եղած չորանա:
Եթե ջանա ինձ փչման շնորհից զրկել լիովին.
Այն թուքը, որը մեղավորիս տեղ
Ընդունեց տերը քերովբեների,
Պիտի համակի նրան ամոթով.
Թե ինձ կծոտող ժանիքներ ցույց տա,
Կպապանձեցնի նրան լռելը տիրոջ բերանի.
Եթե աղվական խածոտումներով խռովի հոգիս,
Համայնաստեղծին մեխված բևեռից պիտի կսկծա.
Եթե մտքերս մոլորեցնելով՝
Անիրավության ուղին ինձ մղի,
Անհասի ոտքի գամերը նրան պիտի կապկպեն.
Եթե արբեցնի ինձ դժնաբարո հրապույրներով,
Կդառնացնի նրան քացախն այն, լեղիով խառնված,
Որ բարերարին տվին խմելու:
Եթե ինձ գտնի պտղի առաջին ճաշակումի մեջ,
Խաչի սոսկալի խորհրդով բռնված՝
Հենց ինքը իսպառ կդատապարտվի.
Եթե հորդորի ընդվզել տիրոջ
Հնազանդվելու հրամանի դեմ,
Անսահմանելու սուրբ պարանոցի
Մեկնումը պիտի կործանի նրան.
Եթե տանջամահ անելու համար
Հալածի նա ինձ ու վիրավորի,
Այն մեծ տեգը, որ մխվեց Ադամին
Հաստողի կողը, կպատռի նրան.
Եթե պաշարի ինձ դժոխային վիշտ ու ցավերով,
Նրան կբռնի պատանքի կտավն ամենակալի.
Թե խաբեությամբ ստիպի մահվան հատակը նայել,
Մահվան վիմի մեջ Աստծո կենդանի

Բնակությունը կապանի նրան.
Եթե մարդկային սայթաքումներիս վրա նա խնդա,
Պիտի կարկամած կորանա կրկին,
Երբ անմահին Աստված հառնած իր փառքով՝
Եվ մեռյալներին ամենայն իր հետ կենսանորոգի:
Իսկ եթե բերկրի իր հազարամյա կապանքի լուծմամբ,
Թող դողա իսկույն առավել սաստիկ
Անվերջ-անվախճան տանջարանների
Շղթաների մեջ վերստին ընդմիշտ
Կապված փակվելու անզերծ տագնապից.
Եթե առաջին իսկ հարվածներից խիստ դժվարանա,
Նրան կտրվի գույժը կորստյան՝
Վերջին սատակման՝ անշեջ գեհենում,
Որ պատրաստված է նրան և նրա հրեշտակներին՝
Մեծ դատաստանի այն մեծ օրն ահեղ:

Ե

Միայն թագավոր, հզոր ինքնակալ,
Արարիչ երկնի, երկրի և բոլոր
Զարդարանքների, որ կա նրանց մեջ,
Տե՛ր Հիսուս, ահա քեզ ապավինած՝
Սպասում եմ ես գալստյան փրկչիդ՝
Քո ողորմության ակնկալիքով.
Ոտներդ ընկած՝ գարշապարներիդ հետքն եմ համբուրում.
Խոստովանում եմ պարտությունը իմ,
Հրապարակում մեղքերս բոլոր,
Կշտամբանքներիս քարերով ծեծկվում,
Այրվում եմ սրտիս հառաչանքներով,
Խոցոտվում եմ խոր խղճիս խայթերով
Ու սրտիս բոցով լափված՝ տապակվում,
Եփվում եմ ցողով աղի արցունքիս,
Երիկամներիս հրայրքով կիզվում,
Ցամաքում՝ օդով հուսահատության
Եվ նվաղում եմ հողմով դառնաշունչ,
Ցնցվում եմ վշտից ու կողկողագին հեծությամբ դողում,
Տառապում՝ անլուր տվայտանքներով
Ու տատանվում եմ տագնապով հոգուս,
Մրրկակոծ ծփում ու սասանվում եմ ալեբախումից.
Սարսում եմ, երբ որ լուր է սպասվում,
Գալիքն հիշելով՝ կորչում ահաբեկ,

Աւոյանի տեսքից հալվում եմ իսպառ
Ու մեռնում՝ մեծիդ սպառնալիքով։
Լսի՛ր, բարեգո՛ւթ, քավիչ, մարդասեր ու երկայնամիտ,
Քաղցրություն անճառ, բարեպարգև օր և տիվ տենչալի,
Քանզի կարող ես ամեն ինչի մեջ,
Կարող ես նաև շունչս փչելիս ինձ փրկագործել։
Եվ քեզ սուրբ Հոգուդ ու հորդ հետ փա՛ռք հավիտյանս. ամեն։

ԲԱՆ ԿԷ

Ի խորոց սրտի խոսք Աստծո հետ

Ա

Քրիստոս Աստծո խոսքն արդարության
Դատապարտում է ինձ շատ ավելի
Խիստ, իրավացի, քան սատանային.
Չի նա հայտնվեց հենց նրա համար,
Որ չարիքների նախահոր բոլոր գործերը քանդի
Եվ նորոգի իմ պատկերն հնացած՝
Իր ինքնության մեջ ստույգ խառնությամբ
Միավորելով մեր կերպարանքն ու էությունը ողջ
Մեծն Աստծո կերպ ու իսկության։
Նրան անհամար իր շնորհներից ոչինչ չտվեց.
Ինձ շռայլորեն օժտեց բոլորով.
Նրա համար նա բնավ չտանջվեց,
Մինչդեռ ինձ համար պատարագվում է շարունակաբար,
Նա անհաղորդ է կյանքին, այնինչ ես
Վայելում եմ միշտ փրկագործություն,
Նա խաչով վանվեց, իսկ ես՝ զորացա,
Նա լույսից մերժվեց, ես միացած եմ անձկալի փառքին.
Նրան երկրում էլ հանգիստ չտվեց,
Ինձ սեփականեց երկինքը անգամ.
Նրանից կտրեց երաշխիքն հույսի,
Իսկ իմն հաստատեց առանց խզելու.
Նրան խոզերի բուլուկների մեջ արգելափակեց,
Մինչդեռ իմ մեջ հենց ինքը զորացավ.

Նրան բաղդատեց կարիճների հետ,
Իսկ ինձ հռչակեց լույսի ճառագայթ.
Նրան սողունի նմանեցրեց,
Մինչդեռ ինձ կնքեց իր իսկ անունով:

Բ

Լքելով բոլոր երախտիքները բարերար Աստծո՝
Հակամետ եղա չարին՝ նրա հետ
Դժոխքի խորքը նայելու համար,
Ես, անարժանս ամեն բարիքի,
Երախտամոռս անշնորհակալ, դրժողս սիրո,
Կաշկանդվածս պիրկ մեղքի թոկերով,
Խոցվածս խորքից երիկամներիս,
Որ արմավենու ծառ եմ բզկտված,
Աղարտված գինի, հեղեղված ցորեն,
Ջնջոտված մուրհակ, պատառված վճիռ, խարդախված կնիք,
Դիմափոխված տեսք, այրված հանդերձանք,
Կորած ըմպանակ, խորասուզված նավ,
Փշրված մարգարիտ, ընկղմված գոհար,
Չորացած մի տունկ, խորտակված նեցուկ,
Իսպառ փտած փայտ, եղծված մանրագիր,
Փլատակված տուն, խարխլված խորան, արմատախիլ բույս.
Ցուղ՝ թափված աղբյուր հրապարակում,
Մոխրակույտերի վրա հոսած կաթ,
Դժնի մահապարտ՝ քաջերի գնդում:
Քանզի շարունակ անձն իմ ողբալի,
Հին Բաբելոնի օրինակներով,
Երուսաղեմի հետ խրատ լսեց
Մարգարեներից, բայց չխրատվեց:
Եվ ահա, այստեղ անգոսնում գտա, այնտեղ՝ անարգանք.
Այստեղ՝ դարովում, այնտեղ՝ պարսավներ,
Այստեղ՝ ծանակում, այնտեղ՝ նախատինք,
Այստեղ՝ դառնություն, այնտեղ՝ կշտամբանք,
Այստեղ՝ վարանում, իսկ այնտեղ՝ լքում,
Այստեղ՝ հեծություն, այնտեղ՝ հառաչանք,
Այստեղ՝ կասկածներ, այնտեղ՝ իրացում,
Այստեղ՝ տագնապներ, այնտեղ՝ հատուցում,
Այստեղ՝ փորձություն, այնտեղ՝ դատաստան,
Ուր չի լինի ո՛չ իրավունքի խոսք, ո՛չ ձայն աղերսի,
Ո՛չ օրերը՝ թիվ, ո՛չ ժամանակը վախճան կունենան,

Ո՛չ հուսո շավիղ կգտնես, ո՛չ էլ՝ ողորմության դուռ,
Ո՛չ՝ պահապան աջ, ո՛չ էլ՝ օգնող ձեռք:

Գ

Բայց ապավեն ես դու և փրկություն,
Խնամարկություն ու երանություն,
Ողորմում ես դու, քավում, բժշկում, ո՛վ միակ հզոր,
Կենսաձիր, անճառ, տեր Հիսուս Քրիստոս բարերար Աստված,
Օրհնյա՛լ և օրհնյա՛լ և դարձյալ օրհնյա՛լ,
Քո սուրբ Հոգու հետ բարձրացած հավետ
Մեծիդ իսկության հոր փառքի համար՝
Հավիտյաններից հավիտյանս, ամեն:

ԲԱՆ ԿԸ

Ի խորոց սրտի խոսք Աստծո հետ

Ա

Արդ, երբ մտքիս մեջ հնչում է անդուլ
Ահազնությունն այն վերն հիշվածների,
Որ աստվածային սպառնալիք են, հասած եղկելուս.
Ինչպե՞ս դաղարի ողբերգությունն իմ,
Կամ ինչպե՞ս, ինչպե՛ս ցամաքի հեղեղն արտասուքներիս:
Չի եթե նույնիսկ քառավտակյան
Գետերն այն, որոնք ծավալումներով հորդ ու բազմահոս
Ոռոգում են ողջ երկիրն ու եդեմ՝
Լիառատորեն բաշխված բոլորին,
Ակունքներով ու հոսանքով իրենց աչքերս լցվեն,
Դարձյալ չեն կարող մարել բոցն ահեղ անթիվ մեղքերիս:
Թե մարգարեի ըղձանքի նույնիսկ բազմապատկությամբ՝
Գլուխն իմ անվերջ լցվի ջրերով,
Իսկ տեսողության ճրագարաններս աղբյուրներ հորդեն,
Չեն բավի, մեկ է, կործանված հոգուս
Վիշտն ու ցավերը ողբալու համար:
Ոչ էլ բանահյուս ու լալկան կանանց

Բազմությունները համորեն՝ անվերջ ողբ ու ջայլերով՝
Կկարողանան երգի վերածել ու երգով պատմել
Խորախոր խոցված սրտիս աղետներն այս դառնակսկիծ:

Բ

Իմ լինելության օրն է նզովյալ
Եվ ոչ թե Հոբի կամ Երեմիայի,
Որոնցից մեկին մինչևիսկ չարժի աշխարհին այս ամբողջ.
Ոչ թե մերժելի, այլ տոնելի է ծնունդը նրանց.
Պատշաճում է այդ անեծքն այն օրվան,
Երբ աշխարհ եկա ես՝ անարժանս լույսի, բարիքի,
Կորստյան որդիս, մահվան դրացիս, մեղքի մշակս
Եվ արբանյակս անօրենության:
Չմնացի ես հաստատ, բարերա՛ր,
Կյանքի այն ուխտին, որ սահմանեցիր.
Չհետևեցի անմահացուցիչ
Ու կենդանարար պատվիրանին քո.
Չչարչարվեցի երբեք արմտիք հնձելու համար,
Որ խռովահույզ ձմեռնամուտին
Պատրաստված լինեմ կերակրվելու.
Չկառուցեցի ամրակուռ որմեր
Եվ ոչ էլ հարկիս ձեղուն ձգեցի,
Որ պատսպարված լինեմ մրրկաշունչ փոթորիկներից.
Չամբարեցի գեթ մի փոքր պաշար
Անհատնում ուղին դուրս գալուց առաջ,
Որ փարատեի տագնապը սովի.
Չպատրաստեցի մաղթանք ու աղերս,
Որով համարձակ կարողանայի քեզ ներկայանալ.
Սրբակյաց վարքով փրկության թոշակ չապահովեցի,
Որ նորոգությունս երաշխավորեր.
Այս կյանքի ճամփին խելամիտ չեղա
Հաշիվներիս մեջ՝ իմ մատնիչի հետ,
Որ դատավորի ձեռքից հենց այստեղ պրծած լինեի.
Չներկայացա օրհնալիր ձեռքով,
Որ մաքրագործված հաղորդակցեի օրենսդրի հետ:
Ո՛չ դիմացից ինձ անվտանգություն,
Ո՛չ էլ թիկունքիս պատսպարություն ապահովեցի,
Ո՛չ աջ ձեռքիս մեջ զենքեր ունեցա
Եվ ո՛չ էլ ձախով վահան կրեցի,
Որ պատերազմում կարողանայի մնալ անվնաս.

Ո՛չ նժույգներիս զրահ հագցրի,
Ո՛չ մարտիկներիս՝ զինավառություն,
Որ կարենայի ճակատ հարդարել:
Վաղահաս պտուղն աչքաթող արի,
Իսկ վերջնահասից արդեն ուշացա.
Եվ ահա բոլոր բարիքներից զուրկ շվարել եմ ես.
Ո՛չ ունեմ հիմա մաքրության ծաղիկ
Եվ ո՛չ էլ, ավա՜ղ, ողորմության յուղ:
Գիշեր է խավար, մռայլ ու անշող.
Մահվան անհատնում նիրհով եմ քնած,
Մինչդեռ տագնապը կանչողի փողի ճեպում է անդուլ.
Հարսանյաց զարդից նորեն մերկացա
Ու վարքիս ձեթը թափեցի կրկին,
Եվ հարսանիքի դուռն ահավասիկ փակվում է իմ դեմ:

Գ

Ինչպե՞ս ստանամ այսքան վշտերիս մխիթարություն,
Վարանումներին իմ, այսքան մռայլ ու անլուսաշող,
Կյանքի հուսավառ լուսավորություն որտեղի՞ց խառնեմ,
Կամ ո՞ւր հաստատեմ գարշապարներն իմ,
Ո՞ր ապավենին աչքերս հառեմ,
Ի՞նչ անդորր գտնեմ այս ծփանքներին
Կամ ո՞ր ըղձալի անքույթ դյուրության ձեռքն իմ կարկառեմ:
Եթե բարձրաբերձ ձեղունին երկնի,
Այնտեղից ծծումբ ու հուր անձրևեց Սոդոմի վրա.
Եթե խորախոր անդնդին երկրի,
Սա բացեց կոկորդն իր խժռողական,
Լափեց Դաթանին ու Աբիրոնին ողջ բանակներով:
Եթե հանդգնեմ փախչել բռնողից,
Գուցե ինձ ճանկի վիշապն ահավոր.
Եթե թափառեմ գազանների հետ,
Սրանք ավելի պիտի շտապեն
Արարչի վրեժն ինձնից առնելու,
Քան Եղիսեի վրեժն հանեցին
Այն բեթելացի մատաղ ու մանուկ քրմորդիներից:
Եթե աչք հառեմ ամենատարած օդի պարզության,
Այն Եգիպտոսի համար շոշափվող խավարի փոխվեց.
Թե թռչուններին, երկնքում ճախրող,
Նրանք կանչված են սպանդ՝ զոհերի
Բոսոր դիակներն ուտելու համար:

Եթե խիզախեմ տկարների դեմ,
Ի՜նչ հարկավոր են էլ առյուծներն ինձ,
Բոռ ու պիծակից կպաշտպանվեմ իսկույն.
Եթե գիշատիչ արջերից փրկվեմ,
Պիտի պատահեն ինձ մժեղները արյունածարավ:
Եթե ինչ-որ տեղ նստեմ քիչ անհոգ,
Վրաս կմաղվեն մժղուկներն անարգ
Եռացող հրի ցնցուղների պես:
Եթե եղջյուրից ռնգեղջյուրի փախչելով պուկ տամ,
Կկեղեքեն ինձ չնչին մուների մորմոքեցուցիչ ճիրաններն անզոր:
Եթե թաքնված կուչ գամ մի խորշում շտեմարանի,
Գարշ ու աղտեղի գորտերը պիտի լլկեն ինձ անվերջ.
Եթե ինչ-որ տեղ ապաստան գտնեմ անդաստաններում,
Պիտի պաշարեն անթիվ տարմերը շնաճանճերի:
Մի կողմ եմ թողնում խառնիճ-մարախի բանակներն հզոր,
Թունավոր թրթուր, անշունչ թվացող այլ չքոտիներ,
Ջրակարծ կարկուտ, ավերիչ եղյամ,
Որոնք մեր աչքին թեպետև անզեն, խղճուկ են թվում,
Սակայն Աստծո մի ակնարկումով՝
Այնպիսի՛ ուժգին հարված հասցրին
Անբարիավաճ ու զոռ փարավոնի հզոր տերության,
Որ բռնապետին հաղթելով՝ տեղից դուրս վռնդեցին:
Սրանք հոգետանջ, գաղտնի վնասող
Այն լլկանքների ու տանջանքների
Գոյաձևերն են, գաղտնի ու ծածուկ,
Որ եգիպտացի անօրենները կրեցին այնժամ:

Դ

Ո՜վ ամենազոր հաստող համայնի և տեր բոլորի,
Հառնի՛ր ատելի ոսոխներիս դեմ, հալածի՛ր նրանց
Եվ ողորմի՛ր ինձ կրկին գթությամբ՝
Փրկարար ձեռքդ մեկնելով լլկված,
Բազմակոշկոճ ու վարանած մահվան դատապարտյալիս,
Զի դու ես միայն ճանաչվում Աստված,
Փառաբանված քո հոր հետ, սուրբ Հոգովդ՝
Հավիտյաններից հավիտյանս, ամեն:

ԲԱՆ ԿԹ

Ի խորոց սրտի խոսք Աստծո հետ

Ա

Արդ, որովհետև քո աստվածային հոգատար ձեռքով՝
Միրուդ մեջ, ինչպես զտող քուրայում,
Շարունակ եռում՝ չեմ պարզվում երբեք,
Խառնվում եմ անվերջ ձուլվելու համար, բայց չեմ միանում,
Ուստի երկնավոր դու արծաթագործ,
Իմ գոյացության ամենահնար
Արվեստավոր ու ճարտարապետ իմ,
Զուր ես աշխատում, ջանում ինձ համար։
Ըստ մարգարեի հայտնի առակի,
Իմ չարությունը չհալվեց երբեք։
Եվ ահա այսպես, սաստիկ մոլեգնած՝
Մի ողորմելի ու մի դիվաբախ խելագարի պես
Բարբաջում եմ միշտ հանդուգն ու անկարգ,
Որով ավելի բազմապատկում եմ պարտք ու մեղքերն իմ,
Քան թե հաշտության մի հնար գտնում։
Եվ արդ, որպեսզի հանդերձյալների
Համար պատրաստած տանջարաններում
Դեպքերն անընտել պատահարները անվարժ, անսովոր,
Դիպվածներն անփորձ ու անօրինակ չթվան հանկարծ,
Այստեղ մարմնիս մեջ անմոռաց պահեց
Մնացորդները նախկին անեծքի,
Որպեսզի փոքր ու անարգ տարրերին
Ընտելանալով՝ մեծին սովորենք։

Բ

Կան որովայնի ինքնածին ճապուկ,
Խլրտուն պես-պես բոտոտ-ճիճուներ,
Աղիքների զարշ որդեր զազտնակուր,
Հրափայլ, պուտեր, բոցի պես կիզող,
Անիծներ անձև, քրտնածին զազիր
Կսկծեցուցիչ, եռքոր հարուցող ռիմակներ անարգ
Եվ հրոսակներ վայրենաբարո,

Որ ինչպես դներ գիշերամարտիկ,
Ինչպես մենազեն ու խավարասեր գնդեր բարբարոս
Եվ արաբական խոլ ու քանասար, կատաղի գայլեր,
Կոր-կոր ընթացքով, գույնով արջնաթույր
Եվ կարիճների խայթոցների պես
Կրկնապարույր ու կռածայր կտցով,
Ասես թե դժնիկ փշերով, անվերջ
Խայթում, խոցոտում, ծծում, քամում են արյունը խոնավ
Եվ անկողնի մեջ, հանգստի մահճում
Չարչրկում, լլկում ու տանջում են մեզ:
Իսկ եթե մեկը ձեռք մեկնի հանկարծ՝
Արժանի պատիժ փոխհատուցելու,
Իսկույն զգում են իրենց պատճառած վնասը մարդուն
Եվ, լերկամարմին իրենց չքությամբ,
Ասես թե առած, թռչում են փութով
Ու ոստոստելով մարախների պես՝
Փախուստ են տալիս ամեն ուղղությամբ
Եվ բազմապատիր ու նենգաբարո աղվեսի նման
Խորամանկելով՝ մտնում ծակուծուկ,
Որպեսզի փրկվեն մահվան երկյուղից:
Այսքան չքոտի իրենց եղկությամբ՝
Ոչ միայն գեղջուկ, խառնիճաղանջ ու ռամիկ մարդկանց,
Այլև ահարկու և հզորազոր թագավորներին
Փախցնում, վտարում, հանում են նրանք
Դեպի բարձրաբերձ վերնահարկերը ապարանքների
Կամ թե ստիպում ապրել բացօթյա:
Քաջարի մարդիկ, որ ամբոխների վրա իշխեցին,
Որոնք տիրեցին ժողովուրդների
Ու շատ ազգերի քաղաքներ առան,
Խոստովանում են պարտությունն իրենց հաղթ բազուկների
Ասելով՝ քանզի չկարողացանք
Մենք դիմակայել մեզնից ավելի զորավորներին,
Ուստի խույս տալով՝ հասել ենք այստեղ:

Գ

Բայց ինչո՞ւ եմ ես զբաղվում մանր,
Ճղճիմ, չքոտի ու ծիծաղելի այդ գոյակներով,
Եթե ոչ միայն, որ դրանք զորեղ ու անհերքելի
Ջատագովներ են աստվածության և
Հանդերձյալներն են ինձ հիշեցնում,

Ընծայված իմ իսկ մարմնից ինձ՝ որպես
Անօրենության դառը պտուղներ:
Ավելանում են սրանց դեռ նաև
Եկամուտ տարբեր ախտերն սպանիչ
Եվ ուտիճների կույտերն անողոք,
Որոնցից պրծնելն անհնարին է.
Մնում է միայն, հարկադրաբար,
Նրանց պատճառած այդ քստմնելի
Չարչրկումներով՝ գալիք մեծագույն
Տառապանքները իմաստասիրել,
Ջի միևնույն է, չկա ոչ մի տեղ, անկյուն՝ դրանցից
Փախչելով մի կերպ ապաստանելու.
Առանց քո կամքի ու հրամանի,
Մարդկային ամբողջ կարողությունն ու հնարները ողջ
Նրանց նկատմամբ ի դերև ելան:
Իսկ դու, բարերա՛ր, եթե կամենաս
Փրկել, նորոգել, քավել, բժշկել ու կենսագործել,
Կյանքի ամեն դեղ ու դարման ունես բավականաչափ.
Ամեն ինչում քեզ փա՜ռք հավիտենից հավիտյանս.ամեն:

ԲԱՆ Հ

Ի խորոց սրտի խոսք Աստծո հետ

Ա

Արդ, երկրային այդ չքոտիներից,
Որոնք գոյություն իսկ չեն համարվում,
Խոսքիս ընթացքը ուղղում եմ ի վեր մեծագույններին՝
Հանդիսադրելով գործերն ահեղի արդար, անաչառ:
Քանի որ եթե մինչևիսկ լինեն
Մերձավորագույն մարդիկ Աստծո,
Ինչպիսիք էին նահապետները սկզբնաճանաչ,
Մարգարեները, մաքրագույն, անեղծ,
Առաքյալները, սուրբ, անբծագույն,
Կամ ընտրելագույն, ինչպիսիք էին մարտիրոսները,
Եթե դու ինքդ չմարդասիրես,

Աննվա՛զ բարի, անհատ գթություն,
Խնամածություն անփոփոխելի,
Ձո՛ւր է նրանցից փրկություն հուսալ:

Բ

Քանզի եթե ես դիմեմ հենց իրեն սուրբ Աբրահամին,
Ինչպես մեծատան խղճուկ առակն է ինձ ուսուցանում,
Անզոր կլինի տապից պապակիս մի կաթիլ ջուր տալ,
Զի մարդ է և նա, մարդկանց ընդհանուր անճարակությամբ.
Եթե Մովսեսին՝ նա ևս զերծ չէր տկարությունից.
Անկարող եղավ մինչնիսկ փրկել
Շաբաթ օրը ցախ հավաքող մարդուն.
Թե Ահարոնին՝ նա ինքն օգնության կարիք ունեցավ.
Իսկ եթե Դավթին՝ չէ՛ որ իր բոլոր
Բարի գործերի բազմությամբ հանդերձ՝
Նա էլ չմնաց առանց հանցանքի.
Իսկ եթե Նոյին, Հոբին, Դանիելին,
Ապա Եզեկիել մարգարեն նրանց
Հենց անվանապես հիշատակելով՝
Աստծո անունից այս է ծանուցում.
«Կենդանի եմ ես,— ասում է տերը,—
Սակայն վերահաս իմ բարկությունից
Իրենց ուստրերին, դստրերին անգամ
Չեն կարողանա նրանք ազատել,
Կփրկվեն միայն անձերը իրենց.
Եթե Պետրոսին՝ հավատքի վեմին՝
Քո խնամքներից փոքր-ինչ խորթացած՝
Նա էլ ունեցավ որոշ վրիպում:
Չեմ ուզում հիշել բազմաթիվ այլոց,
Որոնք, թեպետև երանելիներ,
Անձնատուր եղան որոշ թուլության, տարբեր կրքերի,
Դրանցից էր և Հովսս անունով ոմն մարգարե,
Որի գայթումներն, իր աստվածառաք ծառայության մեջ,
Շատերի համար մնում են դեռևս անբացատրելի,
Թեև ինչ-որ կերպ կարելի է և այն մեկնաբանել:

Գ

Որ զորությունը մարդկային իրոք
Սահմանափակ է փրկության համար,

Ցույց տվին և այդ ընտրյալներն իրենք՝
Ապավինելով միշտ բարերարիդ ողորմածության.
Զորավորվեցին ամենակալից,
Խնամարկվեցին պաշտպանից հզոր,
Բազմահնարից գտան քավություն,
Ազատարարից շնորհ ստացան,
Անախտականից՝ ապաքինություն,
Անապականից կենագործվեցին,
Լուսավորվեցին նորոգչից անճառ:
Ուստին, ահա, ճանաչելով չափն
Ու զորությունը մարդուս բնության
Եվ ունենալով օրինակն այդ մեր էակիցների
Իբրև սփոփանք, քաջալերություն,
Աներկբայելի հույս ու հավաստիք հուսահատներին,
Քե՛զ եմ դիմում արդ, ո՛վ կենսապարգև որդիդ Աստծո,
Քրիստո՛ս, օրինյալ ըստ ամենայնի:
Եթե հիշենք և համանշանակ
Առածն երջանիկ այն իմաստունի,
Խոսքն այս կրկնակի կհավաստիանա.
«Ավելի լավ է ընկնել ձեռքն Աստծո, և ոչ թե մարդկանց,
Քանզի որպիսին ինքն է զորությամբ,
Այդպիսին է և ողորմությունն իր»:
Թեև Դավթին է սա վերաբերում,
Որն Աստծո կողմից առաջադրված
Երեք զանազան պատուհասներից
Կամովին ընտրեց պատիժը մահվան,
Իբրև հավերժող կյանք՝ Քրիստոսի հույս ու հավատով,
Եվ ոչ թե մյուս առավել փոքր
Երկուսը, որոնք տանջում են երկար ու չեն ողորմում,—
Բայց եթե ինքս էլ, պատշաճելով ինձ,
Օրինակեմ այն որպես փրկության
Ճար, միջոց, հնար կորած իմ անձին,
Որ տոչորվում է ապրելու տենչով,
Անհարմար ոչինչ արած չեմ լինի.
Զի ողբերգության իմ այս մատյանում
Ոչ թե դրանով նվաստացնում եմ այդ փրկվածներին.
Որոնց շնորհիվ կարելի է լոկ մոտենալ տիրոջ,
Այլ պսակում եմ անունը փրկչի,
Բարեհռչակում շնորհը նրա ամենքի հանդեպ
Եվ խոստովանում խոսքով աներկբա,
Որ նույնիսկ նրանք, որոնք շատ բարձր են

Թռչում իրենց սուրբ վարքի թևերով,
Դարձյալ մշտապես կարոտ են դեղին իր ողորմության:

Դ

Ուստի և դու հո՛ւյս, կյանք ու փրկություն.
Դու բժշկություն, դու անմահություն,
Դու երանություն, լուսավորություն,
Անդորրացրո՛ւ ինձ մեղքերից իմ տաժանալլուկ,
Որպեսզի ինքդ էլ հանգստանաս այս
Հեծեծանքներից, տաղտուկ, միալար,
Այս ձանձրացուցիչ թախանձանքներից,
Դու, որ բերկրում ես ոչ այլ ինչով, քան մարդկանց փրկությամբ,
Օրհնաբանյա՛լդ հավիտյանս, ամեն:

ԲԱՆ ՀԱ

Ի խորոց սրտի խոսք Աստծո հետ

Ա

Հույժ երջանիկ է ու փառավորված կարգը սրբերի,
Որոնցից ոմանք թեպետ երբեմն փոքր-ինչ գայթեցին,
Բայց հաստատվեցին ավելի հաճախ,
Քիչ սասանվեցին,
Բայց հոգու պայծառ շողերի փառմամբ
Մաքրված՝ դարձյալ լուսավորվեցին.
Մեկն հաստատում է նրանց զանգվածի
Տկարությունը հասարակաստեղծ,
Մյուսը, սակայն, բնության օրենքն իսկ գերազանցող
Վարքն առաքինի, հրեշտակային:
Եվ ահա սրանք, որոնք օրհնված են
Հենց Քրիստոսի հոր ամենակալ
Ու աստվածային բերանից, ընտրյալ,
Տնեցի, խնկյալ ու բարեբանյալ,
Այլ նաև պաշտյալ՝ որպես անդամներ տեր Քրիստոսի,
Հարդարյալ՝ իբրև ապաստարաններ սուրբ Հոգու համար,—

Չունեն իրենց մեջ խավարի նշմար կամ որևէ հետք,
Այլ ամբողջովին անկեղծություն են,
Արդարություն են վեհ ու լուսաշող
Եվ, որքան Աստծո մարդը կարող է, նման են Աստծուն:
Պարզերես են ու ճակատները բաց,
Վարքով անբասիր, բարձր ու անխոտոր,
Կյանքով անթերի, ազնիվ ու զգաստ,
Բարեպաշտությամբ ամուր, աներեր,
Ընթացքով արի ու անկասելի,
Հավատամքով միշտ միատարր, անշեղ,
Համարձակությամբ հաղթ ու անկոտրում,
Հայացքով հստակ, անշփոթ, պայծառ,
Առաքինությամբ վերնային, անկոխ,
Պատկերով մաքուր, անբիծ, անաղարտ:
Աստված հենց ինքն իր վարդապետությամբ մեզ լուսավորեց,
Որ նրանց անվամբ ու հիշատակով՝
Իր հաճությունը, խռովության մեջ, կարող ենք հայցել:

Բ

Անպիտան եմ ես ամեն ինչի մեջ
Եվ պարսավելի՝ որքան խոսքերը զորեն ասելու,
Ես, որ նիրհում եմ, մինչդեռ արթուն եմ,
Թմրում եմ, երբ որ զգաստ եմ թվում,
Բարեպաշտելիս գայթակղվում եմ
Եվ վրիպում եմ աղոթք անելիս.
Ընթացքիս պահին կանգնում եմ տարտամ,
Դեռ չարդարացած՝ նորից մեղանչում,
Դեռ չխաղաղված՝ հուզվում եմ դարձյալ,
Արշավ չսկսած՝ իսկույն նահանջում,
Գնալուս պահին ընկրկում եմ ետ,
Լույսն եմ պղտորում խավարի մասով,
Օշինդր եմ խառնում քաղցր համի հետ,
Բարու հինվածքին հյուսում իմ չարիք,
Ոտքի չկանգնած՝ ընկնում եմ կրկին:
Ծաղկում եմ, սակայն պտուղ չեմ տալիս,
Ասում եմ, սակայն չեմ անում ոչինչ,
Խոստանում եմ, բայց չեմ գործադրում,
Պարտավորվում եմ՝ և չեմ կատարում,
Ձեռքս պարզում եմ, բայց քաշում եմ ետ,
Ցուցադրում եմ՝ և չեմ ընծայում,

Մոտեցնում եմ, սակայն չեմ տալիս:
Վիրավորվում եմ՝ նախկին վերքերս դեռ չդարմանած.
Դեռ չհաշտեցրած՝ խռովում նորից.
Անիրավորեն դատի եմ դիմում՝
Եվ ինքս եմ դատվում արդար ու իրավ,
Գրվում եմ, սակայն ջնջվում եմ իսկույն,
Նավարկում եմ, բայց շեղվում եմ գծից,
Սկսում եմ՝ և չեմ հասնում վերջին:
Դեռ չամրապնդված՝ խախտվում եմ դարձյալ.
Չլցված՝ նորից մնում եմ թափուր,
Այստեղ մի փոքր կարգի եմ գալիս, այնտեղ՝ քայքայվում.
Դեռ չհավաքված՝ ցրվում եմ կրկին,
Հիմքը գցում եմ, բայց չեմ ավարտում:
Մեկը՝ վաստակում, սպառում եմ բյուր,
Գանձում՝ աննշան, վատնում եմ անթիվ:
Ուրիշներին եմ խրատում, մինչդեռ ես ինքս եմ անփորձ.
Սովորում եմ միշտ, սակայն ճշմարիտ
Գիտության հասու չեմ դառնում երբեք:
Մարած չարիքն եմ արծարծում նորից.
Հազիվ մի փոքր սիրտ առած՝ դարձյալ լքվում եմ անհույս
Լարվում եմ, սակայն հենց տեղն ու տեղը թուլանում կրկին:
Այս կարկատում եմ, այն պատառոտում,
Եղինջը քաղում, տնկում եմ տատասկ:
Հազիվ բարձրացած՝ ցած եմ գլորվում,
Մտնում եմ բույնը որպես աղավնի,
Բայց դուրս եմ ելնում այնտեղից ագռավ.
Գալիս եմ ճերմակ, վերադառնում եմ լրիվ սևացած:
Քեզ դավանող եմ համարում ինքս ինձ,
Սակայն նվիրվում եմ սպանողին.
Հազիվ հանդիպած՝ թիկունք եմ դարձնում:
Մաքրվում եմ և մրոտվում դարձյալ,
Լվացվում եմ և իսկույն զազրոտում:
Դավթի կերպարանք առած՝ անում եմ գործը Սավուղի.
Շրթունքներովս ճշմարտում եմ, բայց սրտովս՝ ստում:
Աջով տնտեսում, ցրում եմ ձախով,
Ցորեն ցանելիս, որոմ եմ խառնում:
Իջած բարձրագույն իմաստությունից՝
Դառնում եմ ես այն, ինչ որ ինքս կամ.
Դրսից առնում եմ հրեշտակի տեսք, ներքուստ՝ դիվանում.
Ոտքով հաստատվում, բայց տատանվում եմ շարունակ մտքով.
Սուտ ձևանում եմ, իրոք խոտորվում.

Կեղծում եմ արդար, սակայն գործում եմ ամբարշտություն.
Դասվում եմ կարգը հեզամիտների,
Բայց կապվում եմ միշտ դների հետ:
Մարդկանցից գովվում, բայց պարսավվում եմ տեսնողից կողմից.
Հողածիններից «երանի՛», սակայն
Լուսորդիներից լսում եմ «ավա՛ղ».
Հաճոյանում եմ հետին ռամկին,
Ընկնում եմ աչքից մեծ թագավորիդ.
Դատավորի սուրբ ատյանը թողած՝
Աղերս եմ անում խառնիճաղանջին.
Վեհերից մերժված՝ խաժամուժների մեջ եմ սողոսկում:
Պճնազարդվում եմ մարմնով արտաքուստ,
Բայց իրականում ճայի գույն ունեմ.
Մոտենում եմ, որ դաշինք հաստատեմ,
Բայց ուխտակորույս վռնդվում եմ դուրս.
Այսօր մի մաքուր հոգեկիր եմ ես, վաղը՝ խելագար.
Թողած տերունի պատվիրանները՝
Հետևում եմ միշտ օձի սադրանքին:
Արիանում եմ կտրիճի նման,
Բայց վախկոտի պես ետ եմ ընկրկում.
Կրում եմ օրվա ծանրությունները,
Բայց վարձքի ժամին մնում եմ անմաս.
Հեռվից խոսում եմ ճոռում ու մեծ-մեծ,
Սակայն պապանձվում ու կարկամում եմ պատասխան տալիս.
Արևածագին հարուստ եմ թվում,
Իսկ մայրամուտին դեգերում եմ ու հածում ձեռնունայն:
Ծերակույտական աթոռին բազմած՝
Ընկերակցում եմ խելահեղներին:
Ննջում եմ ահ ու տարակուսանքով,
Արհավիրքներով զարհուրած՝ զարթնում:
Անդաստանները սրտիս հերկում եմ վատշվերաբար:
Փութաջան եմ միշտ չարիքների մեջ
Անառակ որդիս, տարագիրս անդարձ,
Մոլորս անզղջում, տրտումս անփոփ, ինքնակամ գերիս,
Ապականության ու մահվան ծառաս,
Տանջվածս անողոք, մատնվածս անփրկում,
Հատվածս անպատվաստ, շիջածս անարծարծ,
Զարդվածս անամոք, կործանվածս անբույժ:
Եվ եթե պետք է ասել ավելի խիստ նախատինքներ,
Կգրեմ այստեղ, կգրեմ անվերջ
Ու չեմ խնայի անօրեն անձիս,

Որ խռիվների կույտ է գեհենում այրվելու համար։
Նախանձ ծնունդ եմ, նախկին հողածին Կայենի նման,
Ես էլ երկնային մի նոր Ադամի,
Եվ որպես նշան ամբաստանության,
Կրում եմ իմ մեջ, աշխարհում, ոչ թե շնչառությունս,
Այլ նախատինքիս խոսքերը միայն։

Գ

Արդ, ո՞ւր կարող եմ գտնել փրկություն,
Երբ սկզբնահայրն հավատի անվերջ,
Հուսահատության այս անձուկ վայրում,
Իմ անգթության չարիքներն է միշտ հիշել տալիս ինձ.
Մարգարեների մեծն է անխնա
Կոշկոճում սաստիկ խոսքի քարերով,
Արին բարեփառ՝ նիզակ ու տեգով խոցամահ անում.
Բնաջնջում է ճշմարտի պատկերն Աքարի նման,
Վեհն աստվածարյալ՝ հարազողների վրեժին մատնում.
Կանխատեսողն է մարգարեածին՝
Ամաղակեցու նման սպանում արարչի առաջ,
Վատնում է բոցով իր երկնատարափ՝ նախանձորդն Աստծո.
Հնի լրումն ու սկիզբը նորի
Հեծանոցով իր հանձնում է քամուն,
Առաքյալների պետը անողոք
Կենազրկում է Սափիրայի պես,
Հոգեքննիչի քարոզն իսկ կենաց՝ մահ է ինձ բուրում։
Երբ անաչառ են իմ հանդեպ նաև
Կաճառներն ամբողջ երջանիկների,
Սպառազինված վերնայնի սաստիկ հրամաններով.
Հրեշտակների հետ նաև մարդիկ,
Այս հողագնդի ու տիեզերքի հետ տարերքները ողջ,
Անզգաներն ու շարժուններն համայն,
Որ դատապարտած ինձ անլուր լլկանք ու տանջանքների,
Ազդարարում ու պատկերում են միշտ աչքերիս առաջ
Նաև ապազան առավել դժխեմ։
Արդ, կորցրած այսպես վստահությունն ու անդորրը կյանքիս,
Ալեկոծվում եմ սաստիկ հողմածեծ
Փոթորկահույզ ու հավերժ մրրկածուփ մի ծովի նման։
Եվ եթե մեկը քննախույզ լինի ուշիմ հայացքով,
Կտեսնի անթիվ, բյուր ու անհամար,
Փոքր ու մեծամեծ, բազմատեսակ ու զանազանակերպ

Խմբեր լողացող կենդանիների,
Որոնք անհատնում ամեհի վտառ ու երամներով
Եռում, զեռում են, սուրում, սլանում մարմնիս ծովի մեջ,
Ու կհաստատի ճշմարտությունը գրած խոսքերիս։

Դ

Սակայն դու ինքդ, ո՜վ օրհնաբանված անմահ թագավոր,
Բարի, երկնավոր, մարդասեր Քրիստոս,
Կենսաձիր Աստծո միածին որդի,
Հզոր, անքնին, անպատում, անճառ, քավիչ, ահավոր,
Սաստի՛ր ամեհի ձմեռնաբուքն այս մրրկահույզ հոգուս,
Դադարեցրո՛ւ ալեկոծ սրտիս
Ծարավումների տենդը մոլեկան,
Սանձ ու կապերով, երասաններով բռնած ամրապինդ՝
Նվաճի՛ր, զսպի՛ր վայրագությունը ցնդած մտքերիս։
Թող հրամանով մեծիդ խաղաղվի
Ամենավարան բուքն այս խելահեղ.
Ջնջի՛ր, խափանի՛ր ամոթի խորհուրդ ու գաղտնիքների
Ուրվականները բազմակերպարան՝
Հորդաներն անսանձ այդ երկրակենցաղ ավազակների։
Համարի՛ր աղոթք մի մշտամատույց
Թախծանվագ իմ ողբամատյանի
Նորընծա տողերն այս ողորմաղերս.
Հա՛ն անդնդախոր վիհերից մահվան
Եվ չքնաղ կյանքո՛վ օժտիր փրկված այն մարգարեի պես.
Ընդունի՛ր սիրով խոստովանությունն իմ այս ինքնադատ
Եվ տո՛ւր սփոփանք դառը վշտերով
Ուժգին հեծեծող հուսահատվածիս։
Եվ քեզ, սուրբ Հոգով, բարձրյալ հորդ հետ,
Իշխանությո՛ւն, փա՛ռք հավիտյանս, ամեն։

ԲԱՆ ՀԲ

Ի խորոց սրտի խոսք Աստծո հետ

Ա

Ձեզ եմ ուղղում արդ իմ խոսքը, խմբե՛ր մենակյացների,
Վանատների աշակերտություն,
Որ անբավ բարի պարգևների հույս-ակնկալությամբ՝
Ձեր մերկ մատներով զորագրվել եք երկնավոր տիրոջ,
Բանական պես-պես խորտիկների այս
Սեղանը ահա ձեզ եմ ընծայում.
Ընդունեցե՛ք այն որպես մի ավանդ խոստովանական
Ի նորոգություն և ի փրկություն ձեր հոգիների:
Սրա միջոցով իմացե՛ք մարմնի պատշաճությունը,
Հիշեցե՛ք խոսքը մարգարեական,
Որը տրված է մեզ իբրև խրատ.
«Որեէ մարմին թող չպարծենա Աստծո առաջ»,
Ինչպես և՝ «Չկա արդար ոչ մի մարդ»:
Մի՛ մոռացեք և խոսքը տերունի.
Եթե մինչնիսկ պատվիրանները կատարած լինեք,
Համարեցե՛ք ձեզ անպիտան ծառա.
Չլինի՛ թե որս դառնաք խաբողին.
Հիշեցե՛ք նաև Գրքի խոսքը այս՝
«Նրա կերակուրն ընտրյալներն են հենց»:
Քանզի ես ինքս էլ, որ այս մասնավոր
Նվազ պտուղով սնուցում եմ ձեզ,
Կամավորապես դատապարտելով ինքս ինձ անձամբ՝
Վկայում եմ, որ ունեմ բյուր անբույժ,
Ամբաստանության արժանի մեղքեր,
Եվ հոժարակամ հանձնառությամբ ինձ հաստում եմ նաև.
Սկզբնահորից սկսած մինչև
Նրա ծննդի սերունդը վերջին,
Մարդկային ազգի ողջ չարիքների համար պարտական:

Բ

Անախորժությամբ լսեցի անպարտ
Մեկի բերանից խոսքն այս անհարմար՝
Ուղղված հենց նրան, որի առաջ և ոչ մի երկրածին
Մարդ արդարանալ բնավ չի կարող.
«Չշնացա ու չպոռնկացա երբեք իմ կյանքում,
Ոչ էլ աշխարհիկ քաղցրություններ
Մահաբույր հաճույքն ես ճաշակեցի»:

Սա էլ է կոչվում անօրենություն
(Թող ների Աստված խոսքերն այս նրան).
Եթե մինչնիսկ ճշմարիտ լինի
Ասածը, մեկ է, սայթաքում է այդ,
Ճիշտ հրեաների ասածի նման, ըստ Զաքարիայի,
Որ փարիսեցու խոսքն է հիշեցնում.
«Գոհությո՜ւն Աստծո, զի հարստացանք»:
Սակայն քանի որ ես ինձ հանձնել եմ
Ամենագիտակ Աստծո ատյանին,
Որ մտքում եղած աներևույթներն անգամ կշռելով՝
Դրանց համար ինձ ուզում է դատել
Ամենաիրավ պատժի հատուցմամբ,
Չեմ կերպարանի ամենատեսին,
Չպիտի կեղծեմ քննողի առաջ, [
Չպիտի ստեմ չկատարվածներն իսկ նկատողին,
Խաբեբայությամբ չեմ ջանա մտնել նրա աչքը ես,
Չեմ քողարկելու ցոփությունն իմ չար՝ բարեշուք տեսքով,
Չեմ հարգի երբեք անձն իմ ապիկար
Որպես ընտանի, հարազատ պատկեր,
Չեմ խենեշանա օտար զարդերով,
Չպիտի պճնվեմ այլ պայծառությամբ
Եվ ոչ էլ անձիս տգեղությունը
Պիտի պարտակեմ պաճուճանքներով:
Չկա ո՜չ մի մարդ այնքան մեղավոր, այնքան անօրեն,
Այնքան ամբարիշտ, այնքան անիրավ, այնքան չարագործ.
Այնքան մոլորված, այնքան սխալված, այնքան մոլեգնած.
Այնքան խարդախված, այնքան շաղախված,
Այնքան ամաչած ու դատապարտված,
Որքան որ ես եմ.
Միմիայն ե՛ս եմ, և ուրիշ՝ ոչ ոք.
Ե՛ս եմ համայնը, և ամենքինն է պարփակված իմ մեջ:
Ո՛չ ամեննին հեթանոսները, որ անգետ էին,
Ո՛չ հրեաները, քանզի կուրացան,
Ո՛չ տգետներն ու խաժամուժ մարդիկ,
Քանզի զուրկ էին իմաստությունից.
Միայն ե՛ս, քանզի, որպես իմ անձին ամբաստանություն.
Վարժապետ անուն նույնիսկ կրեցի.
Կոչվեցի ռաբբի, ռաբբի՛, եղծելով գովեստն առ Աստված,
Անվանվեցի և բարի, եղկություն ինձ ժառանգելով.
Մարդկանցից նաև սուրբ վկայվեցի,
Երբ անմաքուր եմ Աստծո առաջ.

Դիտվեցի արդար, երբ ամբարիշտ եմ բոլոր կողմերով.
Գովասանքներով մարդկանց՝ հրճվեցի,
Որ Քրիստոսի ատյանում ձաղվեմ.
Դեռ ավազանից կոչվեցի արթուն,
Սակայն ննջեցի մահաբեր քնով.
Հսկող հորջորջում նույնիսկ ստացա օրս փրկության,
Սակայն աչքերս փակեցի ամուր զգաստության դեմ:
Ահա և այժմ՝ արդար դատաստան, հանդիմանություն,
Նոր կշտամբանք, հին դատապարտություն,
Ամոթանք դեմքի ու հոգու տագնապ,
Քննություն՝ փոքր բաների համար,
Որ ունեն կշիռ մեծամեծերի:

Գ

Բայց դու, միակ տեր Աստվա՛ծ մարդասեր,
Անքինախնդիր ու երկայնամիտ,
Կսկծեցուցիչ ինքնադատական
Նախատինքներն այս վերջին օրն ահեղ
Համարի՛ր որպես դատապարտություն մեղապարտ անձիս:
Թող որ չլսեմ այս բոլորն այլևս քեզանից, գթա՛ծ,
Քանի որ դրանք ինքս ինձ անձամբ վերագրեցի.
Ջնջի՛ր, ուրեմն, ու վերացրո՛ւ
Դատապարտության կնիքն ինձանից,
Որ կապված եմ քեզ տենչանքով հոգուս,
Անհետացրո՛ւ այս ամոթալի
Նախատինքները խայտառակության,
Ծածկի՛ր մերկ մարմնիս տգեղությունը աջով քո կարող,
Պարգևի՛ր հանգիստ մեղքի բեռներով
Սաստկապես ծեծկված բազմաչարչարիս,
Կարգի՛ր ինձ բարվոք վերելքի ճամփա՝ կյանքիդ հասնելու,
Որպես հիշատակ քո ողորմության՝
Ապահովի՛ր ինձ կատարյալ կյանքով՝ մահվանից հետո,
Օրհնյա՛լ երկնքում ու երկրի վրա
Եվ բարեբանյա՛լ ըստ ամենայնի՝
Հավիտյաններից հավիտյանս, ամեն:

ԲԱՆ ՀԳ

Ի խորոց սրտի խոսք Աստծո հետ

Ա

Թագավո՛ր բարձրյալ, հզոր, ահավոր,
Օրհնյալդ միայն տե՛ր Հիսուս Քրիստոս,
Կարող ես կյանքի հուսահատության անեծքն սպանիչ
Փոխել օրհնության կենդանապարգև,
Պարսավանքները փաատեցնող՝
Զվարթացուցիչ գովասանքների,
Ամոթի դիմաց՝ համարձակություն,
Լքվածության տեղ՝ պատիվ շնորհել,
Տարագրման տեղ՝ բարիքների հույս,
Բաժանման դիմաց՝ միավորվելու ակնկալություն,
Ահաբեկչական խոսքի փոխարեն՝
Մխիթարություն ամենազորով
Եվ միապատիկ դատապարտության
Դիմաց՝ կրկնակի ազատագրում:

Բ

Ողորմի՛ր մահվան մեղապարտիս, տե՛ր,
Կենդանի շունչս փչելու պահին,
Երբ կողկողագին բարձունքիդ հառվի հայացքս տարտամ,
Եվ տագնապահար մտքիս տեսությամբ աչքիս դեմ բերեմ
Բազմավտանգ ու անճողոպրելի,
Անխուսափելի ընթացքիս ուղին,
Երբ հարկիս երդից շավիղը ելքիս
Դիտելով թշվառ կիսամեռությամբ,
Այլայլված դեմքով, մատներով դողդոջ,
Կարկամ հառաչմամբ, նվաղ հեծությամբ, ձայնով կերկերուն
Բազմատարակույս թախծալի հոգով՝
Սրտիս խորքերից իմ արարքների համար հառաչեմ:
Բայց դու կարող ես, անշուշտ, բարեգո՛ւթ,
Եվ այն ժամանակ զորավորապես հրաշագործել
Ասելով ինձ, թե՝ «Թո՛ղ առողջանա խորտակված հոգիդ»,
Եվ կամ՝ «Թո՛ղ ներվեն քո մեղքերը քեզ»,

Կամ՝ «Գնա՛ հանգիստ, սրբված մեղքերից»:
Իսկ այն, ինչ որ ես չպիտի հասցնեմ այնժամ պաղատել,
Ընդունի՛ր այսօր մարդասիրաբար,
Ո՛վ երկայնամիտ, բազմաշնորհ ու ամենակեցույց:
Չի ես, որ այժմ այսպես պերճախոս,
Խրոխտաձայն եմ, սիգաքայլ, հպարտ, բարձրապարանոց,
Այնժամ մեկնված՝ պիտ պառկեմ որպես
Անկենդան դիակ, անխոս, անլեզու,
Ձեռքերս կապված, խեղ անդամներով,
Շրթունքներս խուփ, աչքերս փակված,
Իբր անշարժ տախտակ, կիսայրված խանձող,
Անզգա արձան, անբարբառ պատկեր,
Անշունչ գոյություն, խղճալի տեսիլ,
Եղկելի կերպար, ողբալի տիպար,
Ողորմելի դեմք, արտասվելի տեսք, համրացած լեզու,
Խորշակահար խոտ, թոթափված ծաղիկ,
Այլակերպված գեղ, մարած մի կանթեղ,
Սնամեջ կոկորդ, խոպանացած սիրտ,
Գոց զգայարան, ցամաքած աղբյուր,
Թալկացած մարմին, նեխած որովայն,
Քանդված տաղավար, ջարդոտված ոստեր, մասնատված հողեր,
Կտրատված մի ծառ, սղոցված արմատ, բարձիթողի տուն.
Հնձած անդաստան, արմատախիլ բույս,
Մոռացված պահեստ, օտար բարեկամ,
Թաղված զարշություն, մերժված ատելի,
Խափանված արգելք, անարգված կմախք,
Որպես անպիտան դարձած ոտնակոխ,
Մի կարիքավոր այլոց մաղթանքին,
Որոնք թշվառիս հավատքի ձայնով՝
Հառաչախառն ու արտասվացող
Աղերսի երգեր ուղղելով մեծիդ բարեգթության՝
Բարձունքներն ի վեր պիտի տարածեն,
Նվազեն օրհնանքն իմ՝ դարձիս առ քեզ,
Պաշտամունքս՝ քո փրկիչ նշանի,
Մեծիդ հարության ճշմարտության՝ իմ հավատն աներեր,
Բարեբանումս՝ փառքիդ հայտնության,
Խոստովանանքն իմ՝ մեծ դատաստանիդ ահավորության.
Զարհուրանքս՝ քո կշտամբանքներից,
Երկրպագումն՝ ինձ ուղեկից Հոգուդ,
Համբույրս՝ օծմանդ տյառնագրության
Եվ պաղատանքս՝ թագավորելու քեզ հետ, տե՛ր Հիսուս:

Արդ, թեև լքվեց, մերժվեց, բաժանվեց,
Քշվեց, սլացավ, փախավ, վերացավ,
Զրկվեց այս կյանքի գոյակցությունից կենդանությունն իմ,
Բայց քո պարզված հույսը մշտապես
Պահվում է իբրև մի հարամնա ու անջնջելի հիշատակարան:

Գ

Տե՛ս ողորմությամբ՝ վարանումները տարակուսյալիս,
Միայն բարեգութ և փառաբանված որդի՛ Աստծո,
Որպեսզի քավես, բուժես, նորոգես,
Կյանք տաս, պաշտպանես, պատկերավորես,
Վերականգնես ու վերահաստատես,
Ստեղծագործես կրկին երջանիկ անարատությամբ.
Զի քո ձեռքում են և՛ կարողություն,
Ե՛վ փրկագործում, և՛ ողորմություն.
Անկարությունից բոլորովին զերծ
Զորություն ես դու ամենակատար,
Անհաս բարձրություն, իշխանություն և
Թագավորություն անվախճանական,
Ինքնէ իսկություն, բացարձակություն ամենատեղի,
Բարերարություն, լուսավորություն,
Որ պսակված ես փառքով տիրապես,
Առանց պակասի ու անհավելված,
Խնկված խորհրդով անհաս, անմեկին սուրբ Երրորդության
Եվ գոհաբանված հավիտենապես
Հավասարազոր ու միապատիվ
Համագոյության երկրպագությամբ՝
Երեկ և այսօր և հավիտենից հավիտյանս, ամեն:

ԲԱՆ ՀԴ

Ի խորոց սրտի խոսք Աստծո հետ

Ա

Տե՛ր ամենայնի, արքա երկնավոր,
Ամենքի համար, ամեն ինչի մեջ միշտ երկայնամիտ,

Անքնին որդի կենդանի Աստծո,
Այնտեղ իսկապես պետք է ողորմել,
Ուր չքացել է լիովին ամեն ակնկալություն.
Այն ժամանակ է բարեգործել պետք,
Երբ տեսությունն է մտքի խափանված.
Այնժամ պետք է միշտ մարդասեր լինել,
Երբ տկարության վտանգը խպառ
Տիրապետում է ներսից ու դրսից.
Այն ժամանակ է լինում հարկավոր
Բժշկությունը սրբազան ձեռքիդ,
Երբ բոլորովին տեղի է տալիս կենդանությունը
Մարդու էության բոլոր մասերում.
Այնտեղ պետք է միշտ օգնության հասնել,
Ուր չկա ելքի որևէ հնար.
Այնժամ կերևա մեծությունը քո,
Երբ բուժես վերքերն հուսահատության.
Այն է իսկական քո բնությունը,
Որ անակնկալ ժամին փրկություն հրաշագործես.
Հաղթահանդեսը քո այն կլինի,
Որ վերջին շնչում կյանքի փակված դուռն իմ առաջ բանաս.
Այն է շնորհը քո վայելչական,
Որ մոռանալով չար գործերը իմ՝
Հիշես շարունակ բարությունը քո.
Նրանով ես հենց դու անոխակալ,
Որ ապերախտիս երախտագետի հետ խնամարկես:
Սրանք տեսնելով պիտի համոզվեմ,
Որ այս բանական նվերն իմ առ քեզ
Ընդունել ես դու նախկին գթությամբ
Եվ սովորույթներն իմ, չար ու հոռի, պիտի խափանես:

Բ

Բարեբանություն, գովքեր են հյուսվում,
Եղանակվում են երգ ու նվագներ,
Երբ տերը բարի՝ իր չար ծառային
Վարձատրում է բարեգործների հասանելիքով.
Այնպես որ, մինչդեռ նա սպասում է իրավամբ բանտի,
Սա արքայական ապարանքում է հանգչեցնում նրան.
Մինչ վճռված է նրան տղմի գուբ,
Սա գուրգուրում է պերճաշուք ու ճոխ
Բազմոցների ու գահույքի վրա.

Մինչ սպասում է աչքերն հանելուն,
Հայացքը նրա ուղղում է դեպի զվարթ բարձունքներ.
Մինչ դողդողում է, որ իր մատները պիտի ծայրատեն,
Սա մատուցում է նրան մատանին համարձակության.
Մինչ վախենում է գանակոծումից,
Նրան գթառատ իր գիրկն է առնում.
Մինչ պատրաստվում է ահով՝ կորստյան,
Բազմության առաջ, ի տես բոլորի, վեր է բարձրացնում.
Մինչ սպասում է տանջամահության,
Կյանքի հետ նաև փառք է շնորհում.
Մինչ բռնված է գլխատման դողով,
Պսակներով է զարդարում նրան:
Սրանք են, գթա՛ծ, պտուղներն օրհնյալ
Սքանչելարմատ շառավիղներիդ,
Սրանք՝ կենարար արգասիքները
Հրամանների քո արարչական,
Այս է խորհուրդը խոստովանված քո իղձ ու տենչերի.
Լույսի շողերը ճառագայթների քո համայնասփյուռ
Եվ բարեբանյալ ճաշակներն ախորժ մեծիդ քաղցրության:

Գ

Այս բոլորն ահա քոնն են միայն, տե՛ր,
Քանզի գրված են քո ներշնչանքով.
Ուստի և, օրհնյա՛լ, աղաչում եմ քեզ,
Մի՛ թող անկատար աղերսանքն իմ այս,
Որ ուղղված է քեզ քո իսկ բաղձանքով:
Բա՛ց բարության գանձարանը, տե՛ր,
Ըստ առակողի աղերսանքների.
Իմ չարիքներից չխառնես այնտեղ
Ճոխ բարիքների պաշարներին քո.
Սիրելիներիդ՝ ողորմածության ու գթության հետ,
Չշտեմարանես ատելիներդ՝ ոխ ու բարկություն.
Քո նվիրական ստացվածքի մեջ
Չպահես մեծիդ անախորժելի
Մթություններ ու դաժանություններ,
Այլև ինձ համար վնասիչ մեղքեր ու թշվառություն.
Կենացդ գրքում օրհնյալ քո աջով
Չգրես, գթա՛ծ, պարտամուրհակը իմ անեծքների.
Ինձ անհնարին համարվածները
Ցույց տալով դյուրին ու հեշտ չափազանց՝

Առավել ես կբարձրացնես անունը քո, տե՛ր:
Շատ են պարտքերս, չափից ավելի,
Ողորմությունդ, սակայն, անսահման
Բարձր է ամեն մի հրաշալիքից.
Բազմաբազում են մեղանչումներս,
Բայց հույժ նվազ են քո ներողության համեմատությամբ,
Հաճախական են չարություններս,
Բայց հաղթական է ամեն ինչի դեմ
Մարդասիրությունն ամենակալիդ.
Արատներն անձիս համար են ծանր ու անթվելի,
Բայց քեզ համար շատ թեթև են նրանք ու սահմանափակ.
Ամոթահարիս պտղաբերած ողջ
Մեղքերի բեռներն այնքան ուժ չունեն կենդանանալու,
Որքան հիշատակն անմահիդ մահվան՝
Կործանարարի բռնությունները վանելու համար:
Փոքրիկ խավարն ի՞նչ կարող է անել Աստծուդ լույսին,
Դույզն աղջամուղջը մեծիդ, ճաճանչին ինչպե՞ս դիմանա,
Ինչպե՞ս կշռվի քո խաչելության չարչարանքի հետ
Հեշտասիրական սանձարձակությունն իմ տկար մարմնի:
Ի՞նչ են քո աչքում, ո՜վ ամենակալ,
Բազմակույտ մեղքերն ամբողջ տիեզերքի,
Եթե ոչ, հողի դյուրափխրուն կոշտ,
Որ մի կարծրության բախմամբ՝ անհապաղ
Փոշիանալով կցնդի անհետ,
Կամ թե անձրևի չնչին պղպջակ,
Որը հոսանքով բազմազեղ կամքիդ
Պայթելով՝ իսկույն պիտի չքանա:
Իմ հանցանքները քավելու համար
Ամենահնար զորությունը քո
Պետք չունի ինչ-որ մի ժամանակի.
Ո՛չ ակնթարթի, ո՛չ թեթևակի մի ակնարկության,
Ո՛չ վայրկենապես նետված հայացքի,
Ո՛չ իսկ ավարտին չնչին հապաղման,
Ո՛չ արագոտն մի քայլափոխի,
Ո՛չ մի կանգնաչափ բարձունքից ցայտող կաթիլի անկման,
Ո՛չ մտքով անգամ մի գիծ քաշելու,
Ո՛չ արագության շանթ ու կայծակի,
Ո՛չ իսկ միջոցի մի շնչառության:
Այս բոլոր չնչին անկերպ, անորոշ
Եվ հույժ անկայուն օրինակներից
Ոչ մեկը այնքան առժամանակյա ու փութանցիկ չէ,

Որքան մեղքերիս պահեստում դիզված
Սառցակույտերի հալվել, ցնդելն ու
Անհետանալը մեծիդ զորությամբ,
Աստվա՜ծ բոլորի, տե՜ր Հիսուս Քրիստոս,
Կենդանի Աստծո անքնին որդի,
Դու, որ արև ես տալիս քաղցրությամբ
Բարիների հետ նաև չարերին
Եվ անձրևում ես անաչառորեն ամենքի վրա,
Կշռում բաշխում ես իրավամբ նրանց
Հոգս ու վշտերը հավասարապես,
Եվ նրանց, որոնք մեծապես հանգիստ՝
Ակնկալում են պարգևները քո,
Փորձության փոքրիկ խթանով՝ սակավ
Պարտքերն այստեղ ես վճարել տալիս,
Իսկ երկրայինը նախընտրողներին
Ներում ես մեծիդ ողորմածությամբ,
Սրանց էլ դարման տալով նրանց հետ՝
Միշտ սպասում ես դարձերին առ քեզ.
Բոլորի համար՝ փա՜ռք ամենազոր,
Բարեխնամող ու երկայնամիտ հրաշագործիդ,
Օրհնաբանությո՜ւն հավիտյանս, ամեն:

ԲԱՆ ՀԶ

Ի խորոց սրտի խոսք Աստծո հետ

Ա

Աստվա՜ծ ողորմած, բազմագութ, հզոր,
Անճառ, կենարար, օրհնյալ, մարդասեր,
Քո կամքի համար չկա ոչ մի բան անձեռնարկելի,
Թեկուզ այն լինի մինչնիսկ մտքով
Անըմբռնելի, անհաս, անհնար.
Դժնի փշերի փոխարեն նույնիսկ
Հատուցում ես միշտ քաղցրահամ պտուղ,
Սկզբնահա՜յրդ նոր զարմանասքանչ կյանքի կանոնի.
Քանզի բարիքներ գործել ատելուն,
Աղոթել իր իսկ հալածչի համար,

Փրկություն հայցել իր խոցոտողին
Եվ սպանողին ներումն խնդրել,—
Դու էիր միայն, որ ընծայեցիր
Այս սքանչելի պտուղները մեզ,
Քաղցրությամբ անճառ ու անօրինակ,
Ախորժահաճո՝ օրհնյալ քո կամքին
Եվ ճաշակելի՝ շուրթերիդ գովյալ,
Շո՛ւնչդ մեր կյանքի և զորությունդ մեր գեղեցկության,
Տե՛ր Հիսուս Քրիստոս, օրհնյալ ի բարձունս:
Թեպետ ապերախտ ու բազմավրեպ երկրածին մարդիկ
Քո բարեմատույց ձեռքերին անգամ
Միայն չարությամբ փոխհատուցեցին,
Բայց դու լինելով լույս ու լուսատու՝
Անեծք չես լսում, խորշում ես չարից,
Կորուստ չես ուզում, չես ցանկանում մահ,
Խռովությունից չես հուզվում երբեք,
Չես տրվում ցասման և բարկությունից չես բռնադատվում,
Միրուց չես մթնում,
Չես այլակերպվում զթածությունից,
Բարությունից քո չես փոխվում բնավ,
Թիկունք չես դարձնում, չես շրջում երես.
Լո՛ւյս ես համորեն և ամբողջովին փրկագործություն:

Բ

Եթե ցանկանաս քավել, կարող ես,
Եթե ամոքել, բուժել՝ զորավոր,
Թե կենդանացնել՝ ձեռներեց, հասու,
Եթե շնորհել՝ առատապարգև,
Եթե ողջացնել՝ ամենահնար,
Եթե ընծայել՝ ամենազեղուն,
Թե արդարացնել՝ ամենակատար,
Եթե սփոփել՝ ամենախնամ,
Եթե նորոգել՝ ամենակարող,
Թե հրաշք գործել՝ ամենքի արքա,
Եթե հաստատել կրկին՝ արարիչ,
Թե գոյություն տալ վերստին՝ աստված,
Թե խնամարկել մեզ՝ ամենատեր,
Եթե մեղքերից կորզել՝ հանձանձիչ,
Թե անարժանին ընծայել՝ օրհնյալ,
Եթե որսողից ազատել՝ փրկիչ,

Եթե զանձերդ զեղել մեզ՝ հարուստ,
Թե ձեռք կարկառել նախքան մեր կողմից խնդրելն՝ անկարոտ,
Եթե դուրս բերել անձկություններից՝ անդորրապարգև,
Թե ետ ընկածիս կանչել՝ հոգատար,
Եթե հաստատել սասանյալիս՝ վեմ,
Եթե ծարավիս հագուրդ տալ՝ աղբյուր,
Թե ծածկյալները ցուցադրել՝ լույս,
Եթե ծանուցել օգտակարները՝ ամենաբարի,
Եթե արատներն անտեսել՝ անոխ,
Եթե փոքրիս հետ դատի չմտնել՝ ամենաբարձրյալ,
Եթե ծառայիս ձեռք մեկնել՝ հաստող,
Եթե պաշտպանել աջովդ՝ հոգածու,
Եթե մատուցել հուսահատյալիս դարման՝ սնուցիչ,
Եթե անգետիս հոգալ՝ վարդապետ,
Եթե դիմողիս առ քեզ ընդունել կրկին՝ ապավեն:

Գ

Այս բոլորն ահա քո ձեռքում են լոկ, տե՛ր ողորմության,
Ոչ միայն գրված, այլև կատարված ու գլխավորված,
Ո՛վ համբերատար նախամարտիկդ նահատակության,
Որ հզորապես խիզախելով՝ իմ փրկության համար
Մտար ասպարեզ ճակատամարտի,
Որպեսզի վիշտ ու տառապանքների վարժությամբ կրթած՝
Կակղացնես, մեղմես բռնությունը կարծր այս գոռոզ մարմնիս.
Անպարտականդ՝ չարչրկումներով մարմնիդ չափեցիր
Տաժանելի ողջ տագնապները մեր բնության հատուկ,
Որ ունենալով փորձ ու օրինակ՝
Առավել գործուն ցույց տաս մեր հանդեպ գթությունը քո,
Օրհնաբանյա՛լդ հավիտյանս, ամեն:

ԲԱՆ ՀԷ

Ի խորոց սրտի խոսք Աստծո հետ

Ա

Օրհնաբանված է և լուսանորոգ
Մեծ պահի ուրբաթ օրն այն ահավոր,
Երբ արարածներն ուժգին սասանմամբ
Տարորոշվեցին երկու մասերի՝
Փոխակերպվելու նոր երկնակենցաղ
Անայլայլելի մի այլ էության՝
Բարձրացածների խոնարհեցմամբ ու
Կործանվածների վերամբարձումով։
Արդ, բարեպատեհ ժամն հասավ և ինձ
Գրելու նվագն այս հառաչաձայն՝
Զվարճախառն ահ ու երկյուղով,–
Չարչարանքներիդ մասին եմ այստեղ ցանկանում ասել,
Որոնք կրեցիր դու իմ պատճառով, Աստվա՛ծ բոլորի։

Բ

Կանգնեցիր խոնարհ՝ իմ կերպարանքով
Քո ստեղծածի ատյանի առաջ
Ու չխոսեցիր տվիչդ խոսքի,
Չբարբառեցիր հաստիչդ լեզվի,
Ձայն չարձակեցիր սասանիչդ երկրի,
Չմռնչացիր, ո՛վ ամենացունց փողդ ահազնաձայն.
Ո՛չ նախատեցիր երախտիքներովդ
Եվ ո՛չ էլ իրենց չարագործությամբ ըմբերանեցիր.
Չմատնեցիր դու ամոթի նրանց,
Որ քեզ մատնեցին տանջանքին մահու.
Ո՛չ քեզ կապելիս դիմադրեցիր,
Ո՛չ ապտակելիս փոքր-ինչ դառնացար,
Ո՛չ անարգեցիր դեմքիդ թքելիս,
Ո՛չ հուզվեցիր, երբ կոփահարեցին անողորմաբար.
Չարտմտեցիր, երբ հեգնեցին քեզ,
Ու չայլայլվեցիր, երբ ենթարկեցին ծաղր ու ծանակի։
Իբրև տկարից՝ հանեցին քեզնից պատմուճանը քո
Ու դարձյալ հագցրին՝ իբրև անփրկում կալանավորի։
Եթե կրկնակի չըմպեր քացախն այն, խառնված լեղու հետ,
Նախկին դառնության մաղձն իմ մթերված դուրս չէր թափվելու
(Ճաշակեց վիատ ու մերժեց իսկույն տարակուսանքով.
Առան կատաղած ու դարձյալ տվին անպատկառորեն) ։

Եվ խառնիճաղանջ ամբոխի առաջ
Գանահարելով նրան սաստկապես
Ու ենթարկելով անարգանքների՝
Ծնկի իջեցրին ծաղրելու համար՝
Դնելով գլխին և փշե պսակն արհամարհանքի:

Գ

Հանգիստ չտվին կենդանարարիդ,
Հարկադրեցին կրել պատրաստված գործիքը մահվան.
Ընդունեցիր այն իբր երկայնամիտ, առար իբրև հեզ,
Բարձրացրիր անխոս իբրև համբերող,
Շալակեցիր այն փայտը վշտալի իբրև հանցապարտ.
Տարար ուսամբարձ զենքն այն կենարար, զերթ հովտաշուշան.
Որ գիշերային արհավիրքներից
Պահպանած լինես քո ձեռքով կերտած
Մեր գոյացության զաhը մարմնեղեն՝
Դատապարտության վայրը փոխելով խրախճանության:
Դուրս հանեցին քեզ՝ որպես ողջակեզ,
Կախեցին, ինչպես խոյը Սաբեկի,
Փռեցին խաչի սեղանի վրա՝ իբրև պատարագ,
Գամեցին ամուր՝ որպես չարագործ,
Կապկպեցին պիրկ՝ իբրև ապստամբ,
Քե՛զ իսկ, երկնավոր խաղաղությանդ՝ իբրև ավազակ,
Մեծությանդ անհաս՝ իբրև եղկելի,
Քերովբեներից երկրպագվածիդ՝ իբրև քամահրյալ,
Կենաց պատճառիդ՝ իբրև մահապարտ,
Ավետարանի նկարչիդ՝ իբրև օրենքի լուտող,
Մարգարեներին ներշնչողիդ ու
Տիրոջդ՝ որպես գրքերի զեղչիչ,
Փառքի ճաճանչիդ, հոր խորհուրդների կնիքիդ անճառ՝
Իբրև դիմամարտ ծնողիդ կամքին,
Օրինյալիդ՝ իբրև տարագրական,
Օրենքի կապը քանդողիդ՝ իբրև «նզովյալ այր մի»,
Հուրն սպառողիդ՝ իբրև անձնատուր մի կալանավոր,
Անմատույց լույսով պարածածկյալիդ՝
Իբրև հողածին մի ձերբակալված:

Դ

Ո՜վ երկայնամիտ բարերարություն,
Ողորմածություն քաղցր ու բազմագութ,
Որ անօրեն ու երախտամոռաց ծառայիս համար
Հանձն առար բոլորն այս սիրահոժար, կամավորապես
Այն մարմնով, որ քեզ միավորեցիր
Եվ մինչև շիրմի քնարանը քո
Ամբողջ լրությամբ մնացիր միշտ նույն Աստվածն անքնին՝
Նույն նախատինքը կրելով անճառ քո համբերությամբ
Եվ ապա դարձյալ հարություն առար
Ինքնիշխանորեն, լուսազարդ փառքով,
Աննվազ մարմնով ու լիակատար քո աստվածությամբ:
Օրհնյա՜լ փառքով ու գովյալ գթությամբ
Եվ ողորմությամբ բարեբանված միշտ,
Հավիտյաններից հավիտյանս, ամեն:

ԲԱՆ ՀԸ

Ի խորոց սրտի խոսք Աստծո հետ

Ա

Հողանյութ դեմքով ընկած երեսիս,
Ծնրադրական երկրպագությամբ գետնին խոնարհված՝
Երախտավորիդ ողորմածության
Կենարար ոտքն եմ ահա համբուրում՝
Ուղերձելով այս աղերսը մեծիդ:

Բ

Աղաչում եմ քեզ, միա՜կ հոգածու, մարդասեր, գթած,
Կեցուցիչ հզոր, զորավիգ, պաշտպան,
Թող որ ինձ համար մարդացած Աստծուդ
Կրած փրկարար տառապանքները ընդունայն չանցնեն.
Ի դերև չելնի մատնության օրվա
Գիշերը թափած քրտինքդ արնախառն.

Թող չստվերանա լույսն երախտիքիդ,
Որ պարգևեցիր թշվառիս ձրի, առանց հատուցման.
Թող չանհետանա քո շնորհների ավետիսն անճառ,
Որ նորոգել է կայլակը կողիդ.
Անօգուտ չանցնեն պտուղները քո չարչարանքների,
Որ մատուցեցիր իմ կարոտության.
Թող չպարծենա վանված բանսարկուն՝
Ցուրացնելով ստացվածքը քո.
Հաղթի՛ր քո կամքով իղձերին չարի.
Թող որ վերստին ապշի՝ մի անգամ զարհուրածն արդեն
Հավիտենապես դատապարտվածը թող պարտվի՛ նորից.
Մի՛ խնայիր քո խոսքն ազատարար,
Որն ընծայվելով՝ ստեղծածներիդ
Վերադարձնում է վերստին առ քեզ:
Հուսահատության չսպասված ժամին,
Երբ բոլորովին անհետացել էր
Ամեն մի շարժում, շունչ կենդանության,
Անճառ հրաշքներ բարեգործեցիր.
Մեռար անմահդ և նորոգեցիր մահացածներին.
Եթե փոխեցիր օրենքն ու կարգը համաձնության,
Ապա դյուրինը, հեշտն ու առավել
Հնարավորը մի՛ զլանար մեզ,
Սկզբնաձի՛րդ ողորմածության,
Բարեգութ, օրհնյալ և երկայնամիտ անմահ թագավոր:
Ներգործի՛ր խոսքովդ ամենակարող,
Որով առաջին օրն արարչության լույսն ստեղծեցիր,
Եվ անմիջապես լավի կփոխվեմ.
Քանի որ ինքս ջանադիր չեղա հետևել լույսիդ,
Դու էլ ինձ այցի, հայրական լույսից ծագած ճառագա՛յթ.
Հանցապարտ ծառաս թող կանչվեմ քեզ մոտ՝
Գտնելու շնորհ ու ողորմություն.
Երկար ժամանակ հարկավոր չէ քեզ
Բոլոր պարտքերիս հատուցման համար.
Տառապյալիս լոկ շնո՛րհի արա քո երեսը տեսնել,
Լո՛ւյսդ՝ խավարում վհատ սրտերի:
Արգելափակի՛ր ճանապարհը այն,
Որով բազմազեղ բարիքները քո
Խույս են տալիս միշտ իմ հիշողության տեսողությունից.
Ինձ համար պահի՛ր քո հարամնա
Գանձերի շնորհին ամենապայծառ,
Որի շնորհիվ պատվական դարձած՝ քոնը համարվեմ,
Պաշտպանվեմ քեզնով, անսահմա՛ն բարի:

Գ

Ողորմի՛ր, գթա՛ծ, աղաչում եմ քեզ,
Ողորմի՛ր, հզո՛ր, կրկին ողորմի՛ր։
Ո՛վ համակ բարի, չարիքները իմ
Մի՛ փոխհատուցիր վիշտ ու ցավերով,
Վտանգվածիցս շնորհները քո ետ մի՛ վերցրու,
Շունչն ամենօրհնյալ հոգուդ՝ մի՛ խլիր,
Մի՛ ջնջիր ինձնից կնիքը խնկյալ
Քո արքունական ու սուրբ պատկերի։
Սրբված մտքիս մեջ թո՛ղ չհայտնվեն մեղքերի փշեր.
Մի՛ խզիր սիրուս՝ քեզ միավորող կապը ամրապինդ,
Մի՛ զրկիր ճարտար ու վայելչարվեստ
Լեզվով խոսելու զորությունից, տե՛ր,
Հաջողվածն աջիս մի՛ նվազեցրու,
Որպեսզի բաշխեմ մասունքը լույսիդ։
Մի՛ գրիր պարտքերս ծանր ու մահացու՝
Կյանքի դպրության քո մատյանի մեջ,
Մի՛ պահիր և ինձ մի՛ վերագրիր,
Հիշել մի՛ տուր միշտ, մի՛ ամաչեցրու,
Մի՛ նախատիր ինձ, մի՛ ոտնահարիր,
Մի՛ արձանագրիր արարքներս մեղկ,
Կործանիչ գործերս էլ մի՛ ամբարիր,
Մի՛ ամբաստանիր որպես հանցագործ։
Մի՛ աճեցրու ինձ հետ միասին ծառն անեծքների,
Մի՛ ծլարձակիր իմ մեջ վնասիչ սաղարթ ու թփեր
Մի՛ բարունակիր մեղքերի ծաղիկ,
Մի պտղաբերիր բերքն ամոթաբեր։
Մի՛ դիր իմ առաջ թուղթը պարտքերիս.
Քո աշխարհաստեղծ մատների վրա
Մի՛ հաշվիր արդյունքն արած գործերիս.
Մի՛ դիմախոսիր այդքան ահարկու՝
Անօրենությունս հիշատակելով.
Կամքիս մի՛ հանձնիր ավանդն իմ հոգու,
Որ չմատնեմ այն գերեվարության.
Այստեղ ինձ բնավ մի՛ փառավորիր,
Որպեսզի այնտեղ չդատապարտես.
Անցավոր կյանքի այս նվազությամբ՝
Հավիտենական բարիքներն անբավ ինձ տուժել մի՛ տուր.
Մի՛ չափիր փառքը անվախճանելի՝
Այս ժամանակի կարճատևությամբ.

Այս վշտահառաչ հովտի փոխարեն՝
Կյանքն անապական գրավի մի՛ դիր.
Մի՛ փոխանակիր լույսը քո անճառ՝
Մռայլ ու անշող այս խավարի հետ.
Ձեռքից բաց մի՛ թող սանձերը մտքիս,
Որ ես չընթանամ խոտոր ճամփեքով.
Հանգստիս համար բավականության
Սահման մի՛ հաշվիր կամուրջն աշխարհի.
Հովիտն հանճարիս մի՛ պահիր խավար ստվերի ներքո,
Որ հանդերձյալում չխայտառակվեմ:
Եթե ամբարես չար գործերս անթիվ, կմեռնեմ ողջ-ողջ
Եթե սրտիս մեջ շտեմարանես,
Այստեղ կիզվելով՝ պիտ այրվեմ անբոց.
Անօրենությունն իմ եթե քննես,
Առանց բարձրյալիդ ներկայանալու կհալվեմ իսպառ.
Եթե մեղքերս ինձ թողնես տնկակից,
Նրանցով մաշված՝ կսպառվեմ անհետ:

Դ.

Ակնարկի՛ր, զորե՛ղ, ամենակարող,
Որ չարությունը փախչի ինձանից,
Որպեսզի նրան բարությունդ գա փոխարինելու.
Հրամայի՛ր քո զորությամբ անբավ,
Բարեգո՛ւթ, գովյալ և խնամակալ,
Անշիջելի՛ լույս,
Որ բնությունը հարկիս մարմնեղեն,
Գոյավորող իր ողջ անդամներով, վերանորոգվի,
Որպեսզի այնտեղ անբաժանորեն
Միայն դու բազմած հանգիստ բնակվես ախորժ տենչանքով՝
Միավորելով քեզ հետ իմ հոգին,
Վերակազմես ինձ անարատությամբ՝
Վանելով իսպառ ապականությունն ամբողջ մեղքերիս,
Ամենակեցույց անմահ թագավոր,
Տե՛ր Հիսուս, օրհնյա՛լ հավիտյանս, ամեն:

ԲԱՆ ՀԹ

Ի խորոց սրտի խոսք Աստծո հետ

Ա

Հիշի՛ր, տե՛ր գթած և արդարասեր, Աստվա՛ծ ճշմարիտ,
Ու մի՛ մոռացիր, որ իր բնությամբ
Սխալական է մարդը մշտապես,
Եվ դու ես միայն օտար խավարի ու մոլորության.
Ջնջի՛ր ինձ դարձյալ, տե՛ս ալեխռով արյան հորձանքն իմ,
Որ ծավալվում է երակներիս մեջ ամեն ուղղությամբ,
Մոտեցի՛ր միայն ինձ որպես բժիշկ.
Չէ՞ որ ես մարդ եմ, ո՛վ անգոյատես,
Որն ստեղծված է, քո վկայությամբ, թերի, խակամիտ:
Եվ որպես մի մարդ, երկրածին մարմին մի մահկանացու,
Ես էլ չեմ կարող մնացած լինել
Անսխալական, անգայթ, անխոտոր.
Ուստի ավելի ճիշտ է ընդունել ինձ էլ մեղապարտ,
Քան սուտ համարել ասածները քո.
Քանզի, արդարն, հայտնի է և քեզ,
Որ արարածը չար է էությամբ,
Որ բնածին է չարությունը մեր,
Եվ անփոփոխ են խորհուրդները մեր հավիտենապես,
Ըստ իմաստունի կանխասացության:

Բ

Թեթևացրո՛ւ, գթա՛ծ, սաստկությունն այն տանջանքների,
Որոնք պատրաստված սպասում են ինձ,
Որպեսզի դարձնեն գեհենի որդուս
Մահու զարդարանք հավիտենական.
Ջնջի՛ր պարտքերն իմ ամոթահարույց,
Որոնք պահված են հետին ատյանում
Ազդարարվելու թշվառականիս՝ որպես նախատինք:
Այժմ իսկ ընծայի՛ր ողորմածությամբ՝ պատիժդ հաշտարար.
Որ է՛լ ավելի անտանելիներ սահմռկեցուցիչ
Չպատկերանան աչքերիս առջև,
Կենարար զղջման փոխարեն՝ անհույս

Տատամս ու շփոթ պատճառելով ինձ,—
Դատաստանն ահեղ, դատավորն անխաբ, անկաշառելի,
Սոսկալի ամոթ, դաժան կշտամբանք,
Հանդիմանություն անխուսափելի,
Անճողոպրելի տագնապ ու երկյուղ,
Անսփոփ սարսափ ու դող անվախճան,
Ատամնակրճտում անբժշկելի,
Անմխիթար լաց, անամոք կորուստ,
Նզովքն ահավոր քո պատգամների,—
Ուր չկա ո՛չ գութ, ո՛չ ողորմություն:
Ահա երկինքը պիտի գալարվի,
Երկիրն հատակի կարծրակերտությամբ՝
Խոլ դղրդյունով նման կդառնա մրրկահույզ ծովի,
Որի կոհակներն ահագնակուտակ
Նախ խուճապահար ասես փախուստ են տալիս իրարից,
Ապա դեմընթաց խուժումով բախվում,
Երկուստեք կասում ու խափանում են ընթացքը միմյանց.
Հողազանգվածը իր լայնատարած ամբողջ թանձրությամբ
Հիմքից սասանված՝ պիտի խարխլվի.
Ընդերքի խորքի ուժգին բախումից ահեղաթնդյուն՝
Կհարթվեն լեռներն, ու հրդեհվելով
Կհալվեն ժայռերն ու տարերքները ամեն գոյության.
Երկինքն այլայլված՝ կընդունի իր տեսքն անեղծանելի
Արարածները իրենց տարերքով
Փոխված՝ կստանան մի նոր կերպարանք:
Ասպարեզ կգան գործերը ծածուկ,
Հայտնի կդառնան մեր կրքերն անտես,
Վարքն ու բարքն ամբողջ, հույզերը ներքին
Պարզ կնկարվեն մեր մարմնի վրա:
Երկնի թագավորն ատյան կնստի,
Հատուցման վճիռն իր ձեռքում պատրաստ:
Վա՜յ ինձ յոթն անգամ՝ կրկին եղկությամբ.
Ըստ այս համրանքի չափի ու կշռի,
Որը թվերի անբավություն է պարփակում իր մեջ:
Ողբալի՜ հոգիս, ի՞նչ պիտի անեմ
Այդ ահեղ օրվա վտանգի պահին,
Որի նախապես հիշելն ավելի
Սարսափ է ազդում, քան հանդիպումը:
Խուճապն այդ պահի, անճողոպրելի ու տագնապահար,
Ոմն մարգարե պատկերում է մեզ այս օրինակով.
Ասենք, փախչում է մեկը առյուծից,

Եվ արջն է դեմից պատահում նրան.
Փախչում է արջից ու մտնում է տուն,
Ձեռքը հենում է պատերից մեկին,
Եվ հանկարծ նրան խայթում է մի օձ:
Ապա ասում է, առավելապես
Սաստկացնելով պատկերն ահավոր.
Իրոք խավար է տիրոջ օրը մեծ,
Օր մռայլության, մութի, օր ամպի ու մառախուղի:

Գ

Երբ որ կենակից պահապան հրեշտակ ոստիկանն հզոր
Անաչառորեն ամբաստանի, և
Իր արդարադատ վճիռն արձակի հատուցողն ահեղ,
Սպասավորներն արքայի այնժամ
Անխնայորեն պիտի խուճապեն՝
Մի մասին կյանքի հրավիրելու,
Իսկ մյուսներին՝ դատապարտելու ամոթի անանց.
Ոմանց կընդունեն ծիծղուն, ժպտերես,
Իսկ ինձ՝ դեմքերով սահմռկեցուցիչ ու քստմնելի.
Ոմանց կընծայեն լուսազարդ պսակ,
Այլոց կգուժեն չարամահ կորուստ.
Արդարներն այնտեղ կլսեն միայն ավետիքի ձայն,
Իսկ ես՝ բոթն ահեղ անվերջ վշտերիս.
Մինչ բարիների նկատմամբ մահվան
Հաղթանակն այնժամ անդարձ կմեռնի.
Չարագործներիս՝ կշարունակվի մնալ հարակա.
Դռան բախումը կդառնա իզուր,
Քանի որ անցած կլինի արդեն ժամը գթության:
Երբ բացվեն գրքերն սքանչելահրաշ,
Որոնք ճշգրիտ արտացոլումն են, մինչև այդ ծածկված,
Մարդկային ամբողջ վարք ու բնության,
Երկրում կատարված բոլոր գործերի,
Որի համար և գոյություն առան էակներն համայն.
Ամեն մեկինն հենց իր մարմնին իսկույն
Ստույգ անթերի գրությամբ՝ պիտի հայտնված երևան.
Կպատկերանան մեր աչքի առաջ
Երկրավոր մտքի, իմացության դեմ
Փակված ու կնքված խորությունները անճառ, անպատում:
Շահավաճառներն այն՝ ողբերի ու արտասուքների.
Որոնցով երկրից հնարավոր է երկինք գրավել,

Այնտեղ կմերժվեն ու կարհամարհվեն
Որպես ուշացած ընդունայնություն.
Այստեղից կանխավ ի վեր չառաքված
Հեծեծանքներն ու հառաչանքները
Այլևս լսելի չեն լինի այնտեղ.
Ողորմությունն ու նվիրումներն այն,
Որ սերմանված են կծծությամբ, երբեք
Լուսափայլ վառմամբ ճամփա չեն բանա:
Այնտեղ տապանը՝ նախահանցների,
Կտակարանը՝ տիրանենգների,
Նշանն ահավոր՝ ներկաներիս դեմ
Բարձրացած պիտի մեծաբարբառ ու խիստ դատախազեն.
Այդ նույն սոսկալի հրապարակում՝
Ե՛վ հաղորդության ուխտը հայրենի,
Ե՛վ անտեսների վկա խորանը,
Ե՛վ սուրբ արյունը մեծագործ Աստծո,
Որպես անխնա և իրավացի ամբաստանողներ,
Իմ առաջ պիտի տարածեն բոլոր
Տանջարաններն այն զանազանակերպ,
Որոնք հենց ինքս եմ անձամբ ինձ համար այստեղ պատրաստել.
Հուսակտուրս էլ ինչպե՞ս գտնեմ մխիթարություն.
Զի եթե նույնիսկ զորքերը լույսի՝ արդարների հետ,
Որ փառավորված են երանությամբ, սարսում են դողով,
Չեն համարձակվում նայել ահավոր
Տեսարաններին մեծ դատաստանի,
Հապա եղկելիս ավանդակորույս,
Սատակման որդիս ի՞նչ պիտի անեմ,
Ես, որ ոչ միայն չեմ արժանանա պսակազարդման,
Այլև պատուհասն իմ պիտի լինի
Անտանելի, իսկ կորուստս՝ անսպառ:

Դ

Բայց դու շտապով փրկարար ձեռքդ
Մեկնի՛ր կորստյան մատնված զերուս,
Ամենապարզև զորությո՛ւն անճառ,
Որ քո օգնությամբ ետ դառնամ կրկին դժոխքի դռնից
Եվ, պատրաստվելով կատարելապես,
Պատուհասներից պրծնեմ անվտանգ.
Թող որ այստեղից աչքերով մտքիս
Տեսնելով գալիք դիպվածները ողջ՝

Բավականանամ լոկ տագնապահույզ
Արհավիրքների լուրը լսելով,
Ահեղահամբավ տառապանքներից
Քո բարի կամքով փրկված ազատվեմ
Եվ առյուծների կորյուններին այն չմատնվեմ հանկարծ,
Որոնք ուզում են խլել ինձ քեզնից որպես կերակուր.
Որպեսզի խժռեն ժանտ ժանիքներով, ի հագուրդ մահվան.
Եվ պարարյալիս այստեղ՝ քաշքշեն ու հալեն այնտեղ.
Ուր պահվում են միշտ մնացորդները անհատ մթերքի
Հավիտենապես լափելու համար:
Արդ, դու կարող ես միայն ինձ կորզել մահվան երախից
Եվ առաջնորդել դեպի անանց կյանք ու երանություն
Միա՛կ ապավեն, լույսի՛ թագավոր, տե՛ր Հիսուս Քրիստոս.
Օրհնաբանյա՛լդ հավիտյանս, ամեն:

ԲԱՆ Զ

Ի խորոց սրտի խոսք Աստծո հետ

Ա

Ահա ենթարկված այսքան անողորմ,
Դառն ու սրտաբեկ հուսահատության
Եվ աստվածային սահմռկեցուցիչ բարկության ահեղ,
Թախծագին հոգով իսպառ տագնապած՝
Աղաչում եմ քեզ, սուրբ Աստվածածի՛ն,
Ո՛վ մարդ-հրեշտակ ու մարմնատեսիլ անբիծ քերովբե,
Երկնի թագուհի, անխառն՝ ինչպես օդ, մաքուր՝ ինչպես լույս,
Անեղծ՝ երկնաձեմ արուսյակի պես,
Անապականությամբ գերազանց՝ անկոխ սրբություններից,
Առատախոստում երանության վայր, շնչավոր եդեմ,
Բոցեղեն սրով պաշտպանված՝ կենաց անմահության ծառ,
Հովանավորված, զորացած՝ բարձրյալ արարչի ձեռքով,
Հանգստյամբ հոգու՝ շնորհազարդված ու մաքրագործված,
Հարդարված, որպես տաղավար, որդուդ սուրբ բնակությամբ,
Անաղտ մաքրությամբ հանդերձ՝ զթասիրտ,
Անբիծ սրբությամբ հանդերձ՝ բարեխոս ու խնամակալ,

Ընդունի՛ր մաղթանքն այս աղերսական՝ քեզ դավանողիս,
Խառնելով մեծիդ նվիրած նախկին ներբողներիս հետ՝
Մատուցի՛ր որպես պաղատանքը քո.
Միավորի՛ր ու հյուսի՛ր հեծեծանքն իմ դառնակսկիծ
Աղերսանքներին քո երանելի ու նվիրական,
Ո՛վ կենաց պտղի օրհնաբանված տունկ,
Որ ապավինած քո սուրբ մայրության
Եվ լուսազարդված, միշտ աջակցություն,
Բարեգործություն գտած քեզանից,
Ապրեմ միածին Քրիստոս որդուդ ու տիրոջ համար։

Բ

Օգնի՛ր թևավոր քո աղոթքներով,
Ո՛վ խոստովանված մայր կենդանության,
Որ այս աշխարհի հովտից դուրս գալիս՝
Առանց տանջանքի մեկնեմ դեպի կյանք,
Դեպի պատրաստած օթևաններդ,
Որպեսզի թեթև լինի վախճանը
Անօրենությամբ ծանրաբեռնվածիս։
Օրն հոգեվարքի դարձրո՛ւ ինձ համար մի տոն ցնծության,
Ցավազերծո՛ղդ երկունքն Եվայի,
Խնդրի՛ր, աղաչի՛ր ու բարեխոսի՛ր,
Քանզի անպատում մաքրությանդ համար,
Հավատացած եմ, խոսքդ կընդունվի։
Արցունքով օգնի՛ր ինձ, վտանգվածիս, գովյա՛լդ կանանց մեջ.
Ծնրադիր խնդրի՛ր հաշտությանս համար, ծնո՛ղդ Աստծո.
Հզածո՛ւ եղիր թշվառիս հանդեպ, խորա՛ն բարձրյալի.
Ձե՛ռք տուր ընկածիս, երկնայի՛ն տաճար.
Փառավորի՛ր քո որդուն քեզանով՝
Աստվածորեն ինձ հրաշագործնվ,
Տալով քավություն և ողորմություն,
Ո՛վ դու Աստծո աղախին ու մայր.
Թող փրկությունս ցույց տրվի քեզնով,
Եվ քո պատիվը ինձնով բարձրանա։

Գ

Եթե գտնես ինձ նորից, Տիրամա՛յր,
Եթե ողորմես, անե՛ղծ սրբուհի,
Թե կորուսյալիս շահես, անարա՛տ,

Եթե խրտնածիս հոգաս, երջանի՛կ,
Թե առաջ տանես ամոթահարիս, ո՛վ բարեշնորհ,
Եթե միջնորդես հուսահատվածիս համար, միշտ առ՛ւրբ կույս,
Եթե մերժվածիս ընտանեցնես, մեծարյա՛լդ Աստծո,
Եթե ցույց տաս ինձ գթածությունդ, լուծի՛չդ անեծքի,
Եթե ամոքես հուզվածիս, հանգի՛ստ,
Եթե ազատես այս ալեխռով
Վարանումներից, ո՛վ խաղաղարար,
Եթե ճար գանես գայթածիս, գովյա՛լ,
Եթե ինձ համար մտնես ասպարեզ, մահվա՛ն նահանջիչ,
Թե անուշացնես դառնություններն իմ, համա՛կ քաղցրություն,
Եթե բաժանման խոչընդոտները քանդես, հաշտարա՛ր,
Եթե սրբես ինձ անմաքրությունից, եղծմա՛ն ընդոտնիչ,
Եթե փրկես ինձ՝ մատնվածիս մահվան, ո՛վ կենդանի լույս,
Թե ձայնը լացիս կտրես, բերկրությո՛ւն,
Թե խորտակվածիս կազդուրես նորից, կենսապարգև՛ դեղ,
Թե կործանվածիս նայես, հոգելի՛ց,
Եթե ընդունես ինձ ողորմությամբ, նվիրյա՛լ կտակ:
Օրհնյա՛լդ միայն երջանկալեզու անբիծ շուրթերով,
Ահա մի կաթիլ կուսական կաթիդ
Մեջս անձրևելով՝ կյանք է տալիս ինձ,
Ո՛վ մայրդ բարձրյալ տիրոջ Հիսուսի՝
Արարչի երկնի և համայն երկրի,
Որին ծնեցիր դու անճառորեն՝
Բովանդակ մարմնով ու համաբոլոր իր աստվածությամբ,
Որ փառավորն է հոր հետ, սուրբ Հոգով,
Կապված էությամբ և անքննությամբ մեր բնության հետ,
Որն ամենայն է և ամեն ինչում՝
Որպես մեկը սուրբ Երրորդությունից.
Նրան վայել է փա՛ռք հավիտենից հավիտյանս, ամեն:

ԲԱՆ ՁԱ

Ի խորոց սրտի խոսք Աստծո հետ

Ա

Սուրբ Աստվածածնի մաղթանքների հետ ընդունի՛ր, գթա՛ծ,

Եվ աղերսագին խնդրանքներն ահա
Անմահ լուսակերպ հրեշտակների,
Որոնք ինձ համար մաքուր բերանով գոչում են անլուռ
Հանապազօրյա բարեխոսությամբ:
Բարերարիցդ միշտ բարեգործված՝
Բարի են նրանք, չարին անընտել,
Եվ ամենակալ քո հրամանով
Հաստված զորքեր են հզոր, բարձրյալիդ ակնարկին հլու,
Սուրբ ու անարատ, մաքուր ու օրհնյալ,
Վայելուչ, հաղթող ու անպարտելի,
Եվ արագաշարժ՝ մտատեսության ընթացքի նման:

Բ

Բարեխոսներ են սրանք, հոգածու և խնամակալ՝
Աշխարհի այգում արմատավորված,
Պաճուճված միայն սին սաղարթներով,
Պտուղներից զուրկ այն թզենու, որ
Ճշգրիտ պատկերն էր թշվառ մարդկության,
Անբերրի ամբողջ երեք ձիգ տարի
(Համակ ժամանակն հավիտենության՝
Անցյալն՝ ապառնու և ներկայիս հետ):
Նրանք մեր շուրջը դեգերում են միշտ՝
Կարեկցելով մեր տառապանքներին,
Հոգալով, որ մենք լինենք բախտավոր
Եվ կենդանությամբ հավիտենական
Աղոթում են մեր փրկության համար՝
Այս խոսքն ասելով.
«Քո ձեռքի գործը, տե՛ր, մի՛ անտեսիր»:
Մեզ համար է այս աղաչանքն, իրոք,
Որ տնօրինմամբ բարերար Աստծուդ անում են նրանք.
Քանզի վեհերն այդ հաստված են խոսքով,
Իսկ մենք ձեռքով ենք արարչագործված:
Ահեղ հատուցման մեծ դատաստանին
Նրանք գալու են որպես վկաներ
Ու դատախազներ ճշմարտապատում
Երկրավորներիս հանցավորության
Եվ ահավորիդ ատյանի առաջ անաչառորեն
Մեզ համար պիտի լինեն հաշվետու.
Թեև այնտեղ էլ մեզ կարեկցելով՝
Պիտի արձակեն մշտանվեր երգն իրենց ողբաձայն.

«Ողորմի՛ր, նրանց դու ստեղծեցիր, ուստի մի՛ կորցրու»:

Գ

Վեհ անմահների գոհաբանական խնդրանքների հետ
Հոտոտիր և մե՛ր հեծեծանքները, Աստվա՜ծ բոլորի.
Որ քո գթությամբ գերազանցում ես
Երկնավորներին, երկրայիններին,
Բարերարելով թե՛ մեզ, թե՛ նրանց:
Եվ արդ, անախտներն այդ հրաշատես, հրակերպարան.
Մաքուրներն անխառն, անմեղ, բոցանյութ,
Հզորեններն այդ հզոր ու անպարտ,
Շնորհիվ իրենց բարեզարդության
Ընտիր ձիրքերի առավելության ամենաճեցուն,
Այլն գիտության, գերափայլ ու ճոխ,
Ջեռուցողներն այդ տիրասիրության
Անցուրտ ջերմության ինքնաբուն տապով
Իրենց պես նաև արծարծում են մեր
Սառած սրտերի շիջումն անբորբոք,
Որպեսզի նրանք այրվեն անաղոտ
Այս խորանի մեջ, մեծախորհուրդ սուրբ սեղանի վրա,
Առանց նիրհելու ու դանդաղելու
Սպասելով միշտ ամենաստեղծիդ
Կեցուցիչ կամքի հրամաններին երանապարգև՝
Անբաժանորեն միացած Աստծուն
Քերովբեական առաքինությամբ:
Պետություններ են նրանք վերնային,
Զինվորություններ ահավոր, անբիծ
Եվ ազատազնյա պաշտոնյաներ են երկնավոր Աստծուդ,
Ճաճանչի ցոլքեր՝ լուսեղեն ամպիդ:

Դ

Նրանց շնորհիվ, ահա, հողեղեն
Մեղավորիս էլ ողորմի՛ր, Հիսո՜ւս,
Աղաչանքներով իմ հրեշտակի
Վերադարձնելով դեպի քո բարի լուսավոր ճամփան,
Որպեսզի հոգուս ավանդը, որի պաշտպանությունը
Նրա տեսչության դու վստահեցիր,
Որն ընդունեց նա քեզանից այստեղ, դեռ այս աշխարհում,

Ինձանով բերկրած սրտի խնդությամբ,
Քեզանից օրհնված անմեղադրելի՝
Հրճվալի դեմքով ու կենսազվարթ
Ընծայաբերի, գովյա՛լ ողորմած,
Քեզ՝ անհաս փառքի արքայիդ վսեմ,
Հավերժ կենդանի հրեշտակներիդ
Ամենաուրախ խրախճանքներում:
Եվ քեզ, անքնի՛ն, անհաս հորդ հետ և անճառ Հոգուդ,
Վայելում է փա՛ռք, երկրպագություն հավիտյանս. ամեն:

ԲԱՆ ՉԲ

Ի խորոց սրտի խոսք Աստծո հետ

Ա

Աստվա՛ծ բարերար ու բազմապարգև անմահ թագավոր,
Կյանքի ապավեն, լույսի կերպարանք, լայն հանգստարան,
Որ մեղավորիս համար մարմնացար
Ու կատարեցիր անպատում գործեր, հրաշքներ բազում,
Մինչև հասցրիր կատարելության
Մարդեղությունդ՝ քո ամենալիր աստվածության հետ:

Բ

Այժմ, հանուն սուրբ առաքյալների,
Ձեռնադրված քո երկնաստեղծ ձեռքով, սուրբ Հոգովդ օծված
Որոնց արժանի գովեստն ես արի,
Ըստ կարողության, մի այլ գրվածքում՝
Հանուն Փառքի քո, տե՛ր ամենայնի,
Ողորմիր և ի՛նձ՝ հիշելով սերն այն,
Որին դու նրանց արժանացրիր:
Նրանց միջոցով բաց և ի՛նձ համար ելքի ճանապարհ
Դեպի ըղձալի լույսն երանության.
Նրանց հովվության բարի ձայնը թող
Հասնի ինձ որպես կենարար ողջույն:
Թող որ ես նույնպես անեղծ փրկության

Տոնելի հույսի բաժին ունենամ
Նրանց հետ, որոնք առաջնորդներ են
Կյանքի, այս պատվի նախաշնորհներ,
Փառավոր խմբեր, գետեր բանական,
Ավետավորներ բարձրաբարբառ ու իշխաններ վսեմ,
Պճնված թագերով պերճ ու լուսափայլ,
Պայծառ՝ շնորհի զորության զարդով անկողոպտելի,
Նվիրագործված տիրական լույսի
Զվարթացուցիչ յուղով սրբազան։

Գ

Աղաչում եմ և բարձրյալ Աստծուդ
Մեծ պատվիրանի աշակերտների,
Նահատակությամբ ընտիր ճանաչված վկաների հետ,
Որ վշտաչարչար մահացու մարմնով
Եվ անդամներով բազմատառապանք ու ամենակիր,
Երկրավորական ու հողազանգված իրենց բնությամբ
Բոլոր նյութեղեն գոյությունների,
Տարերքների դեմ կռիվ մղելով՝
Պսակազարդված փառավորվեցին
Ու կենդանացան ընդմիշտ հոգեպես
Եվ արիաբար կրելով մահվան ամեն փորձություն՝
Մարտիրոսվեցին սուրբ ճշմարտության
Ու ելան երկրից, ըստ մարգարեի,
Այստեղից արդեն աներկբա հույսով՝
Տեսնելով անտես ծածկված հոգեղեն բարիքներն ամեն.
Որպես աշակերտ առաքյալների
Ու չարչարակից, իրենց գործերով
Կատարելապես նրանց հավասար,
Պարում են հիմա խրախճանքներում
Հավիտենական երանության մեջ։
Հարգելով նրանց մաղթանքներն հաճո ու ընդունելի
Եվ արյունըմբռ, վաստականվեր
Ու քրտնակնդրուկ աղերսներն առ քեզ՝
Ընդունի՛ր դարձյալ ինձ՝ նրանց հետ
Հիմնավորաբար շաղկապելով քեզ անեղծ փրկությամբ։

Դ

Նրանց հետ, որոնք արյունով ներկված՝

Անցան սրի ու կրակի միջով,
Կան և ճգնավոր հայրեր սրբակյաց,
Քեզ հետևողներ, որդի՛ Աստծո,
Որ անպարտելի իրենց քաջությամբ
Եվ զգաստությամբ անգայթ, անպատիր,
Միշտ արիաբար կռվեցին ընդդեմ
Դժնի ու գոռոզ մարմնի բռնության
Եվ հաղթեցին անմարմին փորձչին.
Արհամարհելով չարչարանքների ծանրությունը ողջ,
Երկրային կյանքի ասպարեզներում մաքառելով միշտ՝
Աշխարհիս ծովից, անծիր, ալեծուփ,
Թանձրակազմ մարմնի ծանր տապանակով՝
Թռչելով թեթև թևերով հոգու՝
Հասան ըղձալի կյանքի հանգրվան.
Իբրև սիրողներ վերին վիճակի,
Անցյալի մասին առանց խորհելու,
Հաղթության թագը համարձակորեն գլխներին դրին,
Պճնված իսկապես պայծառ ճոխությամբ:
Արդ, արժանավոր աղերսանքներով
Ու նվիրական խնդրանքով նրանց՝
Նրանց հետ մեկտեղ ընդունիր նաև ի՛նձ, պատժապարտիս:

Ե

Ահա և խառնած խոսքս անմաքուր
Վերոհիշյալ այն երջանիկների
Փառատրական աղերսարկության,
Որոնք ինձ համար աղաղակում են քեզ ի հաճություն,
Պաղատում եմ քեզ նրանց հետ և ես,
Ինչպես քաղցրության խառնած դառնություն,
Կամ փուշ ու տատասկ՝ ողորկության հետ,
Վայելչության հետ՝ այլանդակություն,
Կամ տիղմ՝ մարգարտի, հող՝ զտված ոսկու,
Անարգ քար՝ ազնիվ ձույլ արծաթի հետ,
Ճշմարտության հետ՝ կեղծապատրություն
Կամ ատամնառու ավազահատիկ՝
Հացի փափուկ ու թարմ զանգվածի հետ:
Արդ, լսի՛ր, հզո՛ր, ամենահնար,
Նրանցն՝ ինձ համար, իմը՝ նրանց հետ՝
Ի գովեստ նրանց, ի փրկություն իմ և ի փառս քո,
Ո՛վ ամենազութ, բարերար, օրհնյալ,

Անճառ, անպատում, անեղծ, անստեղծ:
Քոնն են ձիրերն ու շնորհներն համայն.
Դու ես սկիզբն ու սկզբնապատճառն ամեն բարիքի
Չէ՛ որ դու ոչ թե դատապարտիչ ես, այլ ազատարար,
Ո՛չ թե կորուսիչ, այլ միայն գտնող,
Կենսաշնորհ ես, ո՛չ թե մահարար,
Ո'չ թե տարագրիչ, այլ համախմբող,
Ո՛չ թե մատնիչ ես, այլ կենդանարար,
Փրկարար ես դու, ո՛չ թե ընկղմիչ,
Ո՛չ թե կործանիչ, այլ բարձրացնող,
Ո՛չ թե անիծիչ, այլ օրհնող միայն,
Շնորհաձիր ես, ո՛չ թե վրիժառու,
Սփոփիչ, ո՛չ թե թշվառացնող:
Ո՛չ թե եղծանում, այլ գրում ես դու,
Ո՛չ թե սասանում, այլ հաստատում ես,
Մխիթարում ես, ո՛չ թե ընդոտնում.
Որոնում ես միշտ կյանքի հնարներ,
Ո՛չ թե հորինում միջոցներ մահվան.
Հակամիտված ես ո՛չ թե սատակման,
Այլ փրկագործման ողորմածորեն.
Ո՛չ օգնությունդ ես մոռանում բնավ, ո՛չ լքում բարին,
Ո՛չ զլանում ես գթությունը քո.
Ո՛չ թե տալիս ես կորստյան վճիռ,
Այլ ազատության կտակ ու պատգամ:
Ո՛չ անարգվում ես առատությունից,
Ո՛չ շնորհներիդ համար բամբասվում,
Ո՛չ պարգևներիդ համար հայհոյվում,
Ո՛չ նախատվում ես ձրի բաշխելուց,
Ո՛չ պարսավվում ես ներելուդ համար,
Ո՛չ քո բարության համար բանսարկվում,
Ո՛չ անպատվվում ես քաղցրությանդ համար,
Ո՛չ էլ հեզությանդ համար քամահրվում.
Սրանց համար, տե՛ր, առաքվում են քեզ ոչ թե տրտունջներ,
Այլ անլռելի գոհաբանություն:
Անհետացրո՛ւ մեղքերս, հզո՛ր,
Լուծի՛ր անեծքներն իմ, օրհնաբանյա՛լ,
Քավի՛ր պարտքերիս բեռը, ողորմա՛ծ,
Ջնջի՛ր հանցանքներն իմ, ո՛վ բարեգութ,
Մեկնի՛ր ինձ միայն մատղ օգնության՝
Իսկույն կդառնամ անբիծ, կատարյալ.
Ի՞նչ կա քեզ համար սրանից, բարձրյա՛լ, ավելի դյուրին,

Եվ մեղապարտիս համար՝ կարևոր.
Ուստի քո ստեղծած պատկերիս կրկին
Կենդանագրի՛ր, ո՛վ բարեխնամ,
Շնորհի շունչը քո մաքրագործող ու լուսանորոգ՝
Պաշտպանելով իմ բազմամեղ ոգին:

Զ

Մի՛ բեր, ողորմա՛ծ, ինձ օր տարաժամ այնքան շուտափույթ,
Որ ես անվաստակ ձեռնունայնությամբ
Անցնեմ այս կյանքի թերավարտ ուղին.
Մի՛ մատուցիր ինձ ծարավիս ժամին դառնալի բաժակ.
Մի՛ փակիր, գթա՛ծ, հաջողության դուռն հոգեշահ գործիս.
Եվ թող դարանից հանկարծ դեմ ելնող
Ավազակների ասպատակի պես
Մահվան գիշերն ինձ վրա չհասնի.
Թող խորշակաշունչ տոթից տապահար՝
Արմատներս հանկարծ անպատրաստ պահին չչորանան, տե՛ր,
Ոչ էլ գաղտնապես եղծվեմ լուսնական արհավիրքներից.
Թող մեղքի սառույց չպահվի իմ մեջ,
Ջրակուր չանեն ինձ անհետ՝ կյանքի հեղեղներն այս հորդ.
Թող հանգիստն, անգետ, մահ չպատճառի,
Նինջը՝ կործանում, կամ քունը՝ կորուստ.
Թող վախճանն անդեպ չարշավի վրաս,
Ոչ էլ շունչս հանկարծ արգելակվելով անդարձ խափանվի:

Է

Դու ես, տե՛ր, միայն գթած, բարերար,
Երկայնամիտ ու ամենակարող,
Ամեն անհասի հասնելու համար անճառ զորավոր՝
Քավության, փրկման, կենագործելու,
Լուսավորելու, վերհաստատելու,
Գիշատիչների ու վիշապների
Ժանտ ժանիքներից կյանքի կորզելու,
Խոր անդունդներից՝ առաջնորդելու բերկրալի լույսին,
Այլև մեղքերի հորձանուտներում խեղդվելուց փրկած՝
Արդարների հետ երջանիկ՝ փառքով բազմեցնելու:
Ամեն մի հոգի, շնորհիդ կարոտ,
Ակնկալությամբ, հույսով պատարուն սպասում է քեզ,

Լինի երկնավոր, թե երկրաբնակ,
Մեղքերով ընկած, թե արդարությամբ հաստատված կրկին,
Թե՛ տեր, թե՛ ծառա,
Թե՛ դշխո տիկին և թե՛ աղախին,
Չի կենդանության շունչը բոլորի քո ձեռքում է լոկ:
Եվ քեզ՝ Հորդ հետ և քո Սուրբ Հոգուն
Փա՜ռք հավիտենից հավիտյանս, ամեն:

ԲԱՆ ՉԳ

Ի խորոց սրտի խոսք Աստծո հետ

Ա

Բարձրյա՜լ անքնին, զորություն ահեղ,
Արարածոց տեր, երկնի թագավոր,
Հրեշտակների ստեղծող, հաստիչ հրեղենների,
Մտքի գոյարան, հոգու բարի պետ,
Ապավինման աջ, անվրդով հանգիստ,
Լույսի տեսարան, բերկրառիթ ճաճանչ,
Երանության ռահ, կյանքի շարժառիթ,
Բանականության սկզբնապատճառ,
Անչար փրկություն և խաղաղության շունչ ու առաջնորդ,
Ամրության պարիսպ, պահպանիչ պատվար,
Բոցե ցանկապատ անբավ օրհնության
Եվ անոխության չափանիշ, սահման,
Ողբերգության այս մատյանում գրված
Խոստովանական աղերսանքներով՝
Ի բարին հիշի՜ր մարդկային ազգից
Եվ նրանց, որոնք թշնամի են մեզ.
Տուր լիակատար քավություն, գթա՜ծ, ու ողորմություն:
Եվ իմ պատճառով, իմ հանդեպ տածած մեծ սիրուդ համար,
Մի՛ բարկացիր, տե՜ր, դու նրանց վրա՝
Իբրև սրբերին բամբասողների,
Այլ իբրև չարին նախատողների
Եվ արդարացի կշտամբողների՝
Ների՜ր դու նրանց հանցանքներն իրենց:

Եթե նրանց հետ քեզ ներկայանանք, ո՜վ արդարադատ,
Ոմանք մեր հանդեպ կարող են դուրս գալ պակաս հանցավոր
Եվ իրավացի, միգուցե, նաև մեզ բամբասելով,
Մինչդեռ քո հանդեպ իմ բազմօրինակ
Ուխտազանցությունն, ամենապարզն՜,
Անթիվ է, անբավ ու անկշռելի:

Բ

Արդ, տե՛ր, նայելով անարգիս՝ հիշի՛ր մեծությունը քո,
Եվ երբ քեզանից բարիքներ խնդրեմ ինձ ատողներին,
Նրանց համար էլ, որ քոնն են նույնպես,
Ըստ մեծությանդ, անճառելիներ հրաշագործի՛ր:
Ինձ խայթողներին մի՛ բնաջնջիր, այլ ուղղի՛ր միայն.
Հանելով խոտան բարքը երկրային՝
Արմատավորի՛ր առաքինություն իմ ու նրանց մեջ:
Մանավանդ չէ՞ որ դու լույս ես ու հույս,
Իսկ ես խավար եմ ու հիմարամիտ.
Դու՝ փառաբանված բարի իսկություն,
Ես՝ ամեն ինչով չար ու ապիկար.
Դու տնօրենն ես երկնի ու երկրի,
Ես իշխանություն իսկ չունեմ շնչիս ու հոգուս վրա.
Դու՝ բարձրյալ, առանց հոգս ու վշտերի,
Ես՝ տագնապահար ու տաժանավոր.
Դու՝ վեր երկրային բոլոր կրքերից,
Ես անարգ կավ եմ ու զարշելի հող.
Դու՝ հարամնա, ըստ մարգարեի,
Անհասանելի բարձունքիդ վրա,
Իսկ ես, ըստ նրա, կորստական եմ հավիտենապես.
Քո մեջ նենգություն ու խավար չկա,
Իսկ ես, որ ավանդն իմ չպահեցի, և՛ այս եմ, և՛ այն:
Դո՛ւրս բեր ինձ բանտից,
Արձակի՛ր բոլոր կապանքներն իմ այս,
Այս շղթաները պրկող՝ կտրատի՛ր,
Փրկի՛ր խեղդվելուց, վե՛րջ տուր տագնապիս,
Քանդի՛ր կապկպող երկաթներն այս ողջ,
Հա՛ն պաշարումից, տարակույսներիս վարմից ազատի՛ր,
Սփոփա՛նք տուր իմ տխրություններին, տանջանքիս անդորր,
Վիշտս փարատի՛ր, տվայտանքներիս խաղաղություն բեր,
Լացիս՝ ամոքում, հեծեծանքներիս՝ ապաքինություն,
Ողբ ու կականիս՝ դադար ու հանգիստ:

Տե՛ր ողորմության և պարգևատու ամեն քաղցրության,
Հզորիդ արյան գնով փրկվածիս
Անտես անելով իզուր մի՛ կորցրու.
Կանգնեցրո՛ւ ինձ, որ բազմավտանգ
Այս հիվանդությամբ ճարակված՝ մահվան ափին եմ հասել:

Գ

Ահա բարդվեցին ու կուտակվեցին
Կյանքիս տարիներն ընդունայն ու փուչ,
Քանզի այն օրից, երբ մորս արգանդի
Անդաստանից ես լույս աշխարհ եկա,
Ընձյուղված որպես մեղքի դժնիկ փուշ,
Եղա անպիտան.
Բայց դու մի՛ լինիր ինձ խոցող խայթոց,
Ինչպես երբեմն Հուդայի տոհմին
Եվ կամ Եփրեմի սերնդին եղար:
Երբ որ բարեսերմ ցորենի տեղ՝ միշտ
Հոգուս մեջ տնկած աճեցրի խայթող
Ընդարմացուցիչ ինքնաթույն խոտեր,
Ինչպե՞ս չկոչեմ անձն իմ գարշելի
Ու անիծաբեր անդաստան, խեղդված մեղքի փշերով:
Երբ արդարություն չսերմանեցի,
Օվսեի խոսքի համաձայն, ինչպե՞ս
Կարող եմ հնձել պտուղը կյանքի:
Թուլացավ ընկավ կուսական ստինքն անձիս մաքրության,
Ըստ մարգարեի, որ Իսրայելի մասին է ասել,
Բայց դու կարող ես վերականգնել, տե՛ր:
Վառված Հուդայի մոլեկան վարքով՝
Կամքիս մահիճը արձակ, ցոփությամբ
Բաց արի սեղեխ դների համար,
Բայց դու կարող ես նորից հավաքել՝
Վերադարձնելով նույն զգաստության:
Եթե մարմնական կցորդությունն այն մարգարեի հետ
Անարատ, անբիծ դարձրեց պոռնկին,
Հապա, փրկությո՛ւն, եթե հոգեպես դո՛ւ ինձ միանաս,
Պիտի կրկնակի ինձ մաքրագործես:
Եթե անկենդան արեգակն այս, որ
Հենց դո՛ւ ես որպես մի մատակարար ստեղծել երկրին,
Ճահճացեխերը ցամաքեցնում
Ու հասցնում է պտուղները խակ,

Հապա դու ինքդ, որ արարիչն ես
Ամեն գոյության ու Հոգին Աստծո,
Որքա՜ն ավելի կարող ես զազիր տիղմը չարիքի
Ու պիղծ մեղքերի մթերված թարախն իսկույն սպառել:
Ահա թե ինչու, խոսքիս ընթացքում,
Փութացի քեզնից՝ ինձ ատողներին նախ բարիք հայցել,
Որպեսզի մերժված վնասակարիս ու մահապարտիս
Հանկարծ հզորիդ ամենախնամ
Աչքից չձգես, օրհնյա՜լ գթություն.
Կենդանությո՛ւն տուր ամենամեղիս մարմնին ու հոգուն,
Որ կարողանամ մտքով լինել միշտ քո էության հետ;
Բարեգործներին բարիք խնդրելուն,
Բնության կարգով, հակամիտված է ամեն գոյություն,
Եվ ամեն հասակ այդ պատվերը քո
Ի վիճակի է, անշուշտ, կատարել,
Բայց նույն սիրով ու ջերմեռանդությամբ
Իրագործել և երկրորդն այն՝ արդեն
Նշանակում է նմանվել Աստծուդ.
Այդ պատճառով էլ գերադասեցի
Թշնամիներիս բարիք աղերսել,
Քան երախտավոր բարեկամներիս:

Դ

Մեկի փոխարեն կրկնակի՛ հիշիր նրանց, բարերա՛ր,
Որ ընդունեցին անարժանիս քո վսեմ անունով.
Շնորհի՛ր նրանց, տե՛ր ամենառատ ու անոխակալ,
Վարձքը արդարի ու մարգարեի.
Թեպետև ինքս լիովին զուրկ եմ արժանիքներից,
Սակայն նրանք, ըստ իրենց հավատի
Եվ հուսապատար ակնկալության,
Մեղավոր գերուս նայում են բարի, ուղղամիտ կամքով,
Կարծելով հոգուս պահարանում ես
Ծածկույթի՛ ներքո ունեմ լիառատ
Սուրբ մասունքներից քո կենսապարգև:
Արդ, պատժապարտիս, որն անկարող է
Թաքնվել մեծիդ տեսողությունից
Եվ խուսափել քո կշեռքից ուղիղ ու անխաբելի,
Մոտենալով քո անսահմանորեն քաղցր գթությամբ՝
Մաքրի՛ր, որպեսզի տիեզերական
Մեծ դատաստանին ներկայանալիս չխայտառակվեմ:

Ինչպես հաճում են սիրելիներդ
Քո անվան համար ինձ՝ անարժանիս,
Վայելուչ շուքով պատվել՝ նայելով
Մաքուր զգեստիս բարեձևության
Եվ երանելի հաշվել եղկելուս՝
Անզիտակ գաղտնի իմ արատներին,
Դու էլ, ձեռնահա՛ս, ամենապարգև,
Օրհնյալ, մարդասեր և ամենողորմ,
Թշվառականիս հեծության համար՝
Հաշտվի՛ր նրանց հետ և, ըստ հավատի,
Վերջին հատուցման օրն այն ահավոր ու ամենափորձ
Ընծայի՛ր նրանց, տո՛ւր որպես պարգև մեծությունդ անեղծ
Ու պսակը քո հավերժ անթառամ:

Ե

Ստրուկիս համար ու սովատանջիս՝
Երաշխիքն ես դու փառքի, փրկության,
Անսպառելի, անհատ գանձերի,
Եվ շնորհներդ այդ շրջանակելով երկնքին ի շահ՝
Խոսքիդ զորությամբ՝ ճոխանում ենք մենք:
Տե՛ղ սահմանիր, տե՛ր, ինձ համար խաղաղ ջրերի ափին.
Ամրապնդի՛ր ինձ անխախտ, անվրդով մի վստահությամբ.
Հաստատի՛ր, օրհնյա՛լ, իմ մեջ անկասկած,
Աներկբայելի հույսի ամրություն.
Պաշտպանի՛ր աջովդ ամենախնամ.
Սասանվածիս տո՛ւր անխռով անդորր,
Տարակուսյալիս՝ լույսի ապավեն,
Բազմաչարչարիս՝ մեծ երջանկություն,
Հուսահատվածիս՝ օգնություն կյանքի,
Լքվածիս՝ անեղծ օժանդակություն
Ու նահանջածիս՝ վերընթացություն անսայթաքելի:
Քանի որ դու ես տերն ամենայնի,
Եվ ամենայն ինչ քեզնից է միայն.
Քո ձեռքն է բաշխում այն բոլորն, ինչ որ
Հավաստի պետք է ամեն մի կյանքի.
Եվ քեզ վայել է փա՛ռք հավիտենից հավիտյանս. ամեն:

ԲԱՆ ՉԴ

Ի խորոց սրտի խոսք Աստծո հետ

Ա

Արքա՛ երկնավոր, թագավոր բարձրյալ,
Տէր ամենայնի և բոլորի հույս,
Հոգեղենների հաստիչ, ստեղծող բանականների,
Արարյալների սկզբնապատճառ
Եվ կազմավորիչ լինելիների,
Լույսի պարզնող, այգի շարժառիթ
Եվ վաղորդյանի նախապատրաստող,
Իրիկվա ցուցիչ, տարրիչ խավարի,
Արհեստ-արվեստի բարեհնարող
Եվ իմաստության գործադիր խթան,
Օրինյալ քավարան, հալիչ մեղքերի,
Ցավի հալածիչ, լուծիչ դառնության,
Հանգստի օրրան, նիրհի հնարող,
Քնի հարմարիչ, պարգևիչ ննջման,
Շնչի պահապան-հարակարգադիր
Եվ զգայության անխափանարար,
Ցնորքի ցրիչ, այլափոփոխող անուրջ-երազի,
Թախծի ամոքիչ, վանող զարհուրման,
Ծփման խաղաղիչ, խափանիչ խիթման,
Փարատող տագնապ-տարակուսանքի,
Խարդախման սարսափ, չարի խարազան,
Ախտի փախուցիչ, ընկղմիչ գայթման:

Բ

Պաշտպանի՛ր ինձ քո երկնաստեղծ ձեռքով
Եվ զորացրու աջովդ բարձրացած,
Ամփոփի՛ր թևով ամենակալիդ,
Ծածկի՛ր խնամքով քո աստվածային
Եվ ամրապնդի՛ր վերնայինների վերակացությամբ,
Պարսպի՛ր շուրջս քո անմահների գումարտակներով
Պարփակի՛ր ամուր բոլոր կողմերից
Հրեշտակների միաբանությամբ,

Ընդդիմամարտին վանի՛ր, վտարի՛ր
Զվարթուններից զորախմբերով,
Պաղատանքներով սուրբ Աստվածամոր
Հովանավորի՛ր ալեկոծյալիս,
Անդրանիկների բանակները ինձ կարգի՛ր պահապան:
Աչքերիս հետ բա՛ց տեսանելիքը նաև իմ մտքի,
Ոգուս պես նաև թեթևացրու՛
Ծանր կրքերիս հափրանքն այս տարտամ,
Փարատի՛ր անհետ լերդացած այս բութ
Հիմարությունն իմ զգայությունից,
Թոթափի՛ր պատճիս թանձրությունը բիրտ, միա՛ն բարեգործ:
Լույսը բացվելիս ողորմությունդ էլ թող ծագի վրաս,
Արևելի հետ՝ թող որ անձկացած սիրտս թափանցի
Եվ արդարության արեգակը քո,
Փառքիդ ճաճանչը ջահանա մտքիս խորհրդարանում,
Տյառնագրումը խաչիդ՝ համասփյուռ
Տարածվի շնչիս ու մարմնիս վրա:
Քեզ եմ ավանդում այսօր քո կերտած տաղավարը իմ,
Որ պահպանակն է մեջն եղած ոգուս,
Քանի որ դու ես Աստված անքնին,
Ամենքին հասու և ամեն ինչում բովանդակապես,
Օրհնաբանյա՛լդ հավիտյանս. ամեն:

ԲԱՆ ՁԵ

Ի խորոց սրտի խոսք Աստծո հետ

Ա

Արդ, քանզի զվարթ արթնությունը մեր նինջ ես համարում,
Իսկ լռությունը խոր թմրության մեջ՝
Առ քեզ ունեցած ուղիղ հավատքով՝
Աչքերի սթափ-անթարթ բացություն,
Լսելով աղերսն այս հեծեծագին՝
Քո իմաստությամբ ձեռնարկած երկիս տո՛ւր հաջողություն:
Զորացրո՛ւ, տե՛ր, ճգնավորական
Արի ու բարի այս գործի համար.

Օգնակա՛ն եղիր տկարության,
Թեթևացրո՛ւ սկիզբը ծանր այս աշխատանքի,
Դյուրընթա՛ց արա, մշտապես կարո՛ղ,
Առաջադրած ձեռակերտն իմ այս,
Արագացրո՛ւ ավարտը նրա,
Բերկրությամբ հասցրո՛ւ գործի վախճանին,
Շտապեցրո՛ւ իմ հանդիպումը նպատակիս հետ,
Ուղեկի՛ց եղիր ճամփիս ընթացքին,
Վսեմ թռիչքով դեպի օգտակարն արագ հասցրո՛ւ:
Աջ կողմս եղի՛ր ամենածանր վտանգիս պահին,
Անձկության դեպքում ձայնդ լսել տո՛ւր,
Կորստյան ժամին ձեռքովդ ազատի՛ր,
Մատովդ օգնի՛ր, երբ որ նեղն ընկնեմ,
Հարթի՛ր արգելքը դժնի խափանման,
Ամբակումի պես, հոգեղեն մեկի առաքմամբ փրկի՛ր,
Օժտի՛ր ինձ խոսքով, երբ որ ատյանում
Բազմության առաջ կանգնելիս լինեմ,
Իմաստությո՛ւն տուր քննության ժամին:
Կամքիդ ամպերով հովանի՛ եղիր ինձ հրաշապես.
Կենացդ փայտով հանդարտեցրու մրրիկը ծովիս,
Հրամանովդ սանձի՛ր պատկերներն այս երկրակենցաղ,
Քանզի եթե, տե՛ր, ողորմությունդ ցույց տալու լինես,
Լույծ կոհակները ապառաժից էլ կարծր կդառնան,
Իսկ եթե անտես անես ցամաքում,
Ամուր գետինը անկայուն դարձած,
Խարխլված, փլված՝ իսկույն կհոսի մեր ոտքի տակից:

Բ

Ընդունի՛ր, Հիսո՛ւս, ձեռնարկությունն այս
Իմ պաղատական՝ քեզ ի հաճություն,
Փոխի՛ր շփոթն ու տարակույսներն իմ
Ամենավարան՝ մեծ վստահության:
Ինչպես ջրաշեղջ ամենակործան աղետի դարում
Հարթավայրերում անհոգ, աներկյուղ
Ապրողները, քո ողորմությունից
Զրկված, մատնվեցին անհետ կորստյան,
Այնինչ բազմերեր հիմքին տատանվող
Փայտամած լաստին վստահածներն այն,
Ապավինելով գթածիդ անվան, փրկված ապրեցին,—
Ահա նրանց պես և ինձ՝ մշտերեր

Աղաչավորիս, մարդասիրաբար
Փրկելով հասցրո՛ւ խաղաղ հանգրվան,
Որպեսզի լքած պարտքերիս ծանր
Ստվարությունը այս ստորաքարշ,
Հետս բերելով վարձը հոգևոր քո շնորհների,
Քո առակավոր խոսքի համաձայն,
Գամ, տե՛ր, անբաժան քեզ միանալու
Հավիտենապես, օրհնյա՛լդ համակ:
Այս մաղթանքներին միացած նաև
Հոգեղենները ամենամաքուր՝
Մարտիրոսների հետ այն հողեղեն,
Որոնք փորձվեցին հրով ու ջրով
Եվ մեր փոխարեն՝ շունչն արձակելիս
Խնդրեցին մեծիդ ու մեզ հիշատակ թողին օգնության,—
Համաբանաբար մեզ ձայնակցելով՝
Մեզ հետ պիտ ասեն՝ թող լինի՛, լինի՛:

ԲԱՆ ՁԶ

Ի խորոց սրտի խոսք Աստծո հետ

Ա

Այսքան բազմակերպ շարակարգությամբ
Թախծալից ողբ ու հառաչանքներիս
Փոխարեն զթա՛ բոլորի հոգուն,
Թագավո՛ր գովյալ և երկայնամիտ.
Առավել նրանց, որոնք կորցրին
Կյանքի փրկության հույս ու ապավեն,
Որոնք անպատրաստ ննջեցին հավետ
Ձեթի պակասից մարած լապտերով:
Ահա հիշի՛ր այս, տե՛ր իմ գթության,
Եվ իրավացի՛ համարիր դու ինձ և ա՛յս խնդրանքով.
Քանզի ի փառս սքանչելի ու ահավոր մեծիդ՝
Մարդուս կազմվածքը բաղադրեցիր տարրերից ներհակ,
Որոնցից մեկը թանձր ու ծանր է, մյուսը՝ թեթև,
Մեկը՝ սառնաշունչ, մյուսն՝ հրային,

Որպեսզի մենք այդ հակամարտների
Դիմադրությունն իրար նկատմամբ
Անաչառ կերպով հավասար պահած՝
Ներդաշնակելով՝ արդար համարվենք:
Եվ առաքինի այս դատողությամբ,
Որքան էլ տարրով վերասլացիկ բարձր ճախրեինք,
Չպետք է մտքից հանեինք իսպառ
Խոնարհությունը հողին նայելու
Եվ ընդունեինք տքնության պսակ:
Բայց որովհետև վրիպեցինք այս ուխտի կանոնից,
Հողի տարերքով, անասունի պես,
Սահեցինք իջանք ու կպանք երկրին,
Եվ մեկը ախտով, մեկն անգթությամբ,
Մյուսը անսանձ որկրամոլությամբ՝
Ընդմիշտ անհագուրդ մի գազանի պես
Կառչած մնացինք բնությանը մեր:
Լինում է նաև, որ մեկնումեկը այս չորս տարրերից
Անզուսպ սլացքով, անսանձ ոստնումով տեղից դուրս պրծած՝
Ամբարտավանում է վայրենաբար.
Եթե այրվում ենք քո սիրո տապով՝
Բոցիդ նշխարով, որը մեր մեջ է,
Նրան առընթեր ցուրտը կենակից
Կասեցնելով այդ՝ արգելակում ու կանխում է բարին.
Եթե օդային-հրեշտակային
Տարերքով պարզվում, ձգվում ենք առ քեզ,
Ծանրությունը մեր թանձր ու հողային անդրանիկ նյութի
Ներքև քարշելով՝ խափանում է այդ:

Բ

Եվ այսպես, բոլոր կողմերից պարտված ու լքված իսպառ,
Իբրև ապիկար հաշմված՝ մերժվեցի ու վոնդվեցի,
Վատնված լինվին՝ մահվան գիրկն ընկա,
Որի պատճառով, պարգևից զրկված,
Ողորմության եմ հայացքս հառել
Եվ ամոթահար դեմքով՝ կրողս համայնինն իմ մեջ
Աղերսում եմ արդ բոլորի համար,
Որոնք թեև ողջ, բայց մեռած են քեզ,
Քանզի կարող ես, հնարներ ունես
Եվ ինձ պես մեռյալ կորուսյալներին փրկագործելու.

Ամեն, ամեն ինչ զորելի է քեզ,
Նամանավանդ որ քո այդ անտկար կարենալուդ հետ
Նաև կամելդ է քեզ ախորժելի:

Գ

Եթե միանան երկու բարգավաճ
Այդ կենսանորոգ շնորհները քո՝
Կարողանալդ կամենալուդ հետ,
Կանցնի և ամեն հուսահատություն
Ու փիատություն մեղավորներից,
Եվ կժամանի քո հրամանի՝
Հոգիներ բուժող լույսն ավետաբեր,
Տե՛ր ամենայնի, օրհնաբանյա՛լդ հավիտյանս, ամեն:

ԲԱՆ ՁԷ

Ի խորոց սրտի խոսք Աստծո հետ

Ա

Քանի որ, ահա, սակավամասնյա
Կտակամատյանն այս ողբերգության
Իր վախճանին է մոտեցել արդեն,
Այնպե՛ս արա, տե՛ր, որ ինքնանախատ
Ու կշտամբական այս խոսքերի հետ
Դադարեն ընդմիշտ և չար ու հոռի սովորույթներն իմ:
Չէ՛ որ քո դրած կանոնակարգով
Դատապարտյալիս հույս ավետեցիր
Ասելով՝ հայրս չի կամենում, որ
Այս փոքրիկներից գեթ մեկը կորչի.
Եվ դարձյալ՝ Հորս կամքն այն է, որ ես
Ինձ հանձնարարված բոլորին նայեմ, պահեմ անկորուստ:

Բ

Օրհնաբանված ես քո գթածությամբ
Եվ քո քաղցրությամբ բարեբանված միշտ,

Խոստովանված ես որպես հանդուրժող,
Ճանաչված ես քո խնամարկությամբ,
Ավետարանված՝ որպես փրկություն,
Ներբողված ես քո առատատրությամբ,
Քո պաշտպանությամբ բարեհռչակված,
Որպես փրկարար՝ պսակված փառքով,
Երկրպագված ես բարձրությամբ անբավ
Ու պաշտված անհաս քո անքննությամբ,
Գովաբանված ես որպես միշտ հաղթող
Ու վերաձայնված քո մեծ զորությամբ,
Խնկավորված ես որպես ողորմած,
Համբուրված ես քո հեզությամբ անճառ
Ու ճաշակված ես քո խոնարհությամբ.
Օրհնաբանված են քեզ հետ նաև քո ծնողն երկնավոր՝
Աստվածն ամենքի մխիթարության
Եվ քո սուրբ Հոգին ամենաբարի,
Որը կանոնեց չանտեսել երբեք
Թշնամու ընկած գրաստը անգամ
Եվ անբանությամբ սայթաքած մարդուն:
Երախտիքներդ իմ մեջ են, հզո՛ր,
Իսկ բարձունքներում տոնվում է մեծիդ
Առաքինությունն՝ անվերջ, անվախճան փառաբանությամբ,
Որին, ընդունված պաղատանքներով մարտիրոսների,
Թող որ միանա նաև ձայնը իմ այս աղերսական՝
Որպես հաճելի անուշաբուրում:
Եվ փրկանքով այս հաշտարար խոսքի՝
Քավի՛ր, բժշկի՛ր, ամենակարո՛ղ,
Առաջին մեղքերն ու վերքերն անտես՝
Մարմինն ու հոգին մահվան ենթարկող
Միջինների ու վերջինների հետ,
Ներքինները ու արտաքինները, հետք ու բծերով
Եվ հարվածների խարաններն անթիվ.
Մաքրած դեղերով քո ողորմության՝
Ջնջի՛ր, փարատի՛ր խածվածների այն
Բուշտ ու պուտերը զանազանագույն,
Որ ցույց են տալիս մեր այս բնության՝
Քեզ ախորժի հետ նաև գարշելին:

Գ

Եթե ծերության հասնելու լինեմ

Արժանավորս մահվան՝ բարձրյալիդ առաջնորդությամբ,
Մ՛ի լքիր անզոր տկարությունս
Եվ մի՛ անարգիր ալիքները իմ,
Կործանվածիս էլ մի՛ կորացրու,
Մի՛ նվաստացրու կքվածիս նորեն,
Խոնարհվածիս էլ մի՛ ստորացրու
Եվ առկայծողիս մի հանձնիր շնչին վայրագ հողմերի.
Մի՛ թող դողդոջիս ապավինազուրկ,
Սառածիս՝ անօգ, մերկ ու անհանդերձ:
Տագնապահարը թող որ չմնա անճար, անսփոփ,
Հարկը խարխլված՝ անխնամակալ,
Պատկերն հնացած՝ անշուք, անպատիվ,
Պարարտությունը թող չանհամանա,
Թող որ չանարգվի փառքը շնորհի,
Ու չարհամարհվի հնությունը հեզ:
Թող չալեկոծվի նավը իմ հոգու,
Երկարությունը հույսիս՝ չխզվի,
Ու չկտրվի շավղիս լարն իսպառ,
Միտքս չցնդի, ու չքայքայվի կազմվածքը գոյիս,
Թևերս ամբարձման թող որ չփետվեն,
Թող զվարթադեմ գեղեցկությունն իմ չտգեղանա,
Ու չանհետանա ճաճանչը փայլիս,
Պատուհանները աչքիս՝ չփակվեն,
Եվ ոչ էլ նրանց լույսը խափանվի,
Թող չընկնի պատկերն իմ այս բանական:
Աղաչում եմ քեզ ահա, բարեգո՛ւթ,
Ու պաղատում եմ բոլոր սրբերով.
Լսի՛ր ինձ կանխավ, որպեսզի հետո, արդեն ուշացած,
Աղաչանքներն իմ այս չմոռացվեն:
Առաջնորդեցիր ինձ ու փրկեցիր, ըստ սաղմոսողի,
Ազատի՛ր նաև, երգողի նման,
Այս չարակասկած տարակույսներից,
Որոնցից այնպե՛ս սարսափում եմ ես:
Թեպետև, իրավ, քեզնից հասարակ
Իմ կերակրի վարձին մինչևիսկ արժանի չեմ ես,
Բայց դու կարող ես, քո սովորությամբ,
Բարեգործել և ապերախտներին:
Քոնն են անպատում սքանչելիքներն ամեն բարիքի,
Եվ դու ես միայն ամենքին՝ անչար
Հանդուրժողությամբ հրաշագործում,
Հոր հետ, սուրբ Հոգովդ, օրհնյա՛լ հանապազ
Հավիտյաններից հավիտյանս, ամեն:

ԲԱՆ ՁԸ

Ի խորոց սրտի խոսք Աստծո հետ

Ա

Արդ, բեկված հոգով, վհատված մտքով, խորտակված սրտով՝
Ջուրը իմ կամքի և կաթիլները
Արտասուքներիս առջևդ եմ թափում,
Զամարաթացի մարգարեի պես,
Որ ջուրն առնելով՝ սկավառակից
Հեղեց քո առաջ, ո՜վ ամենատես,
Օրինակ տալով ժողովրդին, որ
Խոստովանությամբ, հնազանդությամբ
Ընկնեն կենարար գարշապարներդ։

Բ

Ընդունիր հյուսվածքն այս աղիողորմ հեծեծանքներիս
Եվ այս բանական նվերն հոտոտի՜ր
Որպես անարյուն զոհաբերություն.
Օրհնությամբ սրբի՜ր ու մաքրի՜ր ամեն
Տառը մատյանի այս ողբերգության.
Վավերագրի՜ր, հաստատի՜ր, կնքի՜ր
Այն որպես արժան հավիտենական՝
Ընտիր ու հաճո գործերի կարգում։
Թո՜ղ որ առջևդ լինի մշտապես
Ու լսելիքիդ հնչի շարունակ,
Խոսի շուրթերով քո ընտրյալների,
Հրեշտակներիդ լեզվով բարբառի.
Թո՜ղ տարածվի քո աթոռի հանդեպ
Եվ ընծա բերվի քո սուրբ սրահում,
Խնկի տաճարում անունդ կրող
Ու բուրի փառքիդ սեղանի վրա,
Պահպանվի հավետ քո գանձարանում
Եվ ամբարվի քո ստացվածքի մեջ։
Թո՜ղ որ հռչակված հասնի ազգերին,
Ժողովուրդներին քարոզվի ի լուր,
Տպվի դռներին բանականության

Եվ զգայության սեմերի վրա դրոշմվի ամուր։
Ու թեպետ որպես մի մահկանացու՝ պիտի վախճանվեմ,
Բայց այս մատյանի հարակայությամբ կմնամ անմահ։
Կամքովդ թող, տե՛ր, սա մնա անեղծ,
Պատժապարտիս դեմ բարձրացած որպես
Անաչառ դատող, անդուլ կշտամբիչ,
Անպատկառ բարիչ, անխիղճ նախատող,
Անգութ պարսավող, անհաշտ ծանակիչ,
Անողոք մատնիչ, անողորմ տանջող,
Անկաշառ դահիճ, անխնա հայտնիչ,
Անզգամ ու բիրտ հրապարակող
Եվ ամբաստանող մի աշխարհալուր.
Բարձրագոչ փողով անլուռ, անդադար ազդարարելով՝
Թող որ հանցանքներն իմ խոստովանի։

Գ

Այս գիրքն իմ ձայնով անձիս փոխարեն
Իբրև ես՝ պիտի միշտ աղաղակի,
Տարածի այն, ինչ ծածկված է եղել
Ինչ որ գաղտնի էր, պիտի հռչակի,
Կատարածներս կականի ողբով,
Մոռացվածները բերի ասպարեզ,
Ինչ որ եղել է անտեսանելի ու աներևույթ,
Մերկացնելով՝ դուրս հանի հանդես,
Բարուրանքներս պիտի տարփողի,
Հրապարակի՝ ինչ որ թաղված է եղել խորքերում,
Մեղքերս պատմի, թաքնվածները
Ցուցադրի բուն կերպարանքներով։
Սրանով պիտի խայծերն ի հայտ գան,
Որոգայթներն ու կարթերը բացվեն,
Երևան հանվեն անպատումները,
Չարիքների ողջ մնացորդները լիովին քամվեն։
Եվ իմ ցամաքած, զոս ոսկորների գանձապահեստում
Թող թագավորի քո շնորհների
Ու ողորմության շունչը, Քրիստո՛ս,
Որ կենդանանար զարնանամուտի սկզբնալույսին՝
Կենսանորոգման այն օրը պայծառ՝
Անմահ փրկության քո ցողով աճած
Ու բարունակած հոգևոր բարյաց ընձյուղները պերճ՝
Անթառամելի վերամբարձությամբ

Դալարեմ դարձյալ ու ծաղկեմ կրկին,
Համաձայն շնչով քո՝ գրված գրքի հուսադրության:
Եվ քեզ՝ փրկողիդ միակ և Հոգուդ, հորդ փառակից.
Միասնական քո տերության՝ անձառ սուրբ Երրորդության.
Գովեստով փա՜ռք ու երկրպագությո՜ւն հավիտյանս. ամեն:

ԲԱՆ ՂԹ

Ի խորոց սրտի խոսք Աստծո հետ

Ա

Դու Աստվա՜ծ և տեր, կյանք ու արարիչ,
Ողորմած, գթած, երկայնամիտ լույս,
Անոխ, մարդասեր, պարգևող, փրկիչ,
Օրհնյալ, ներբողյալ ու բարեբանյալ,
Դարան ամրության և ապաստարան ամենավստահ,
Աննենգ բարություն, անխավար ճաճանչ,
Մեղքերի քավիչ, վերքերի բժիշկ,
Անմատույցներին մոտիկ հպավոր,
Անօգներին ճար, անհույսներին ելք,
Դավանված որպես որդի Աստծո.
Եվ քեզ հետ քո Հոր, հզոր, ահավոր,
Ամենակալիդ Սուրբ Հոգուն, քեզ հետ երկրպագելի՝
Փա՜ռք ու պաշտամունք, գոհաբանությո՜ւն հավիտյանս, ամեն:

ԲԱՆ Ղ

Ի խորոց սրտի խոսք Աստծո հետ

Ա

Ո՜վ բարեբանված Աստված երկնավոր,
Միակ արարիչ, տեր ամենակալ,

Մեծություն ահեղ, օրհնյալ գթություն,
Ողորմածություն խոստովանելի,
Երկրպագելի բարերարություն,
Խնամարկություն պաշտելի, տոնված մարդասիրություն,
Խնկյալ պահապան, բարձրյալ անքնին,
Մոտիկ կամարար, անխեթ ապավեն,
Սրտի սփոփանք, վշտի փարատիչ,
Ցավի ամոքիչ, լքման սպառում,
Պարտքի վերացում, կարիքի դարման, կրքի կարգադիր,
Խոսքի հարմարող, լեզվի սանձարկու,
Շնչի պարփակող, հազագի հաստիչ,
Մտքի ամփոփիչ, կամքի կրթարան,
Հուզման կանխարգել, մրրկի հանդարտում
Եվ խաղաղություն վարանումների,
Որ ամենընթաց ինքնիշխանության
Թևերը բռնած՝ իմաստությամբ քո
Նվաճելով՝ միշտ ուղղում ես առ քեզ:

Բ

Ո՜վ երախտավոր միշտ գոհաբանված,
Որ քո հեզությամբ անհպարտական
Ու երկայնամիտ՝ անձառ հրաշքով
Սրբերի մեջ ես հաճությամբ հանգչում.
Թագավոր բոլոր արարածների,
Ըստ ամենայնի ճանաչված գթած,
Սկզբնահայրդ ու նախաշավիղ սիրո ընթացքի.
Կյանքի ճանապարհ,
Որ քեզ դիմողիս առաջնորդում ես
Քաղցրությամբ դեպի քո լույսը վերին.
Ո՜վ ձեռնկալու ամենավստահ,
Որ թույլ չես տալիս գայթողիս բնավ ի վայր կործանվել.
Հույսի կերպարանք,
Որ երևում ես որպես ճշմարիտ
Մի առհավատչյա աղաչողներին.
Հանգստացուցիչ ապավինություն,
Որ վտանգի ու դատապարտության չես մատնում երբեք.
Ո՜վ ազատություն շնորհապարգև,
Որ տալիս ես ճոխ՝ առանց փրկանքի փոխատվության.
Աննախանձ, շռայլ առատատրություն,
Որ ճոխացնում ես հողանյութս անարգ՝ անհասիդ փառքով.

Ո՜վ պայծառություն անբիծ, անստվեր,
Որ ճաճանչով քո վսեմ բարձրության
Պարածածկելով՝ ծաղկեցնում ես կրկին թշվառիս.
Քավիչ մեղքերի,
Որ փրկությունից մերժվածիս նախկին
Իր զվարթությամբ կենսանորոգած՝
Վայելչություն ես տալիս վերստին.
Ամենահնար դյուրահասուցիչ
Ամեն մի անբավ գերամբարձության.
Դեպի խոստացված վայելքներ տանող
Ամենավստահ ելարանն ես դու.
Երանություն ես անձկալի, որին զանելու համար
Կենդանի շունչս կտայի սիրով, ո՜վ անմահություն.
Անփոփոխ կամք ես՝ քավությամբ գերուս
Զորացնելու, ո՜վ ամենազով.
Կենաց դեղն ես դու անսխալելի,
Որ մեռյալներին, լիովին եղծված,
Կենագործում ես սքանչելապես.
Ամենաստեղծ աներկբայելի,
Որ հրակեզին, քամուն տվածին
Եվ գազաններից լափվածին անգամ
Վերստեղծում ես մի ակնթարթում՝
Նախկին կազմությամբ ողջ ու անթերի.
Դու անզուգական ապավենն ես այն,
Բոլորի համար համարձակելի,
Որով, հիրավի, իբրև աստծո՝ պետք է պարծենալ:

Գ

Զվարթ քաղցրությա՜մբ նայիր երկնքից
Հոգնաչարչարիս ամենակործան վտանգներին, տե՜ր
Եվ ազատի՜ր ինձ հեծեծանքներից այս դառնակսկիծ
Հանգստացրո՜ւ, տո՜ւր անդորրություն
Եվ վրաս խուժող գումարտակներն այս սատակիչների,
Լինեն դրանք թե՛ նենգ, չարահնար,
Դժնի զենքերով սպառազինված
Խոլ մարտիկների գնդեր դիվական,
Թե՛ քեզ ատելի աղծապիղծ մեղքեր զանազանակերպ
Թե՛ կորստական ու վատնիչ հետքեր ախտ ու ցավերի
Կտրի՜ր, հա՜ն, վանի՜ր, խափանի՜ր իսպառ,
Անսահմանորեն հալածի՜ր հեռու

Ու տարագրի՛ր կրկնապես, մատնած անդարձ կորստյան
Եվ կանգնեցրո՛ւ, հաստատիր որպես կյանքի նպատակ,
Ամուր մահարձան՝ նշանը խաչիդ՝
Ապավինածիս փրկությամբ ի քեզ:
Մեծ ահավորիդ անպարտ, անպատիր
Ու ամենահաղթ հրաշագործմամբ
Թո՛ղ քանդվեն բոլոր այս գաղտնածածուկ
Որոգայթները սատանայական,
Մերկանան չարի խարդավանքներն ու գայթերը չքվեն,
Հնարադրված թակարդներն ամբողջ լինեն խայտառակ,
Երևան հանվեն խայծերը կարթի,
Բացվեն նենգողի ծուղակներն անտես,
Վերանա վարմի ամեն ծածկ ու քող,
Որոմնաբույսերն այրվեն տապահար,
Բռնացողների դավերն ստանան անեծք ու նզովք,
Ծվատվի ցանցը խաբեբայական ի մահ որսողի,
Պարսվի պատրողի ամեն բարուրանք,
Զրպարտիչների զենքերը հատնեն,
Ընկնեն սրերը մահ տարածողի,
Խորտակված թաղվի սադրողի ամեն մեքենայություն,
Ու տագնապողի կապանքները պիրկ՝ քանդված արձակվեն:
Թող երեսպաշտի կեղծ կերպարանքն իր բուն տեսքն ստանա
Ջախջախվեն մոլի հարձակումները ստահակների,
Ցիրուցան լինեն ուտիճ-ցեցերի տարմերն անպատկառ
Պառակտված ցրվեն հրոսակները ավազակների,
Քայքայվեն խուժդուժ բարբարոսների հորդաները խոլ,
Քանդվեն ամրոցներն ստամբակների,
Կանխվեն լրբերի ամպրոպներն անզուսպ,
Փարատվի տարափն աղետաբերի,
Ցնդի եղյամը չարափառության:
Թող որ խորտակվեն ամբարտավանի եղջյուրները գոռ,
Բարձրաձողերը կեղծ դրոշների լինեն ջարդուբուրդ.
Փշրտվի հոխորտ գոռոզությունը բարձրահոնների,
Եվ շպրտվի խեռ ճակատողների ամեն դիմարշավ.
Թող Բելիարի՝ թե անմարմնական ու թե մարմնավոր
Զորագնդերի դաշնը քայքայվի,
Մի ժամվավ եկած՝ յոթով ետ փախչեն,
Հենց իրենք ընկնեն ինձ համար փորած վիհն անդնդախոր
Թող անցնեն անդարձ նեղչի ձմեռներն այս ձանձրատաղտուկ
Կտրվի կապը միաբանության
Հանապազաջան ավազակների.

Թող շողոքորթի համբույրը շողոմ
Ճակատիս միայն հարուցի նողկանք,
Խոշտանգիչների նետարձակումներն անհետ խափանվեն,
Սասանվի նավը խարդախողների,
Եվ ատամները կծոտողների արմատահանվեն:

Դ

Օրհնյալ փայտովդ կենարար, որին
Պրկվեցիր Աստվածդ անըմբռնելի,
Այն բևեռների սուրբ հիշատակով,
Որոնցով մահվան գործիքին գամվեց
Արարիչդ համայն երկնի ու երկրի,
Տերունական քո սրբազան արյամբ,
Որի շնորհիվ հսկա վիշապին որսացիր կարթով,
Լեղու դառնությամբ, որը ըմպելով՝
Կորուսչի թույնը արտաքս թափեցիր,
Քո սարսափելի չարչարանքների
Պատմության թովիչ ճառագրությամբ,
Որով, լրբությունն ըմբերանելով,
Ամաչեցրիր հակառակողին,
Անվամբ քո անհաս, անճառ, անմեկին,
Որից դողում են ու դատապարտվում
Սարսափահար ու սաստիկ սոսկումով
Ե՛վ տեսանելի, և՛ աներևույթ էակներն համայն,–
Ահա այս բոլոր շնորհներով քո
Խոստովանողս թող որ ստանա
Քավություն, բուժում և պաշտպանություն:
Իսկ այն մահաբեր դառնաթույն օձին
Եվ ով որ դրդեց նրան չարության իր տիեզերադավ
Թող լինեն դրանք սատակման պատճառ.
Դրանցով ինքը անբժշկելի
Տառապանքներով մատնվի կորստյան,
Բռնվի ու կապվի:
Թող որ արարչիդ ողորմությունը միշտ լինիինձ հետ
Եվ շունչս ու հոգիս միավորվեն քեզ հավետ անբաժան:

Ե

Արդ, աղոթահայց և աղերսաձայն
Մաղթանքները այս ով որ ընթերցի,

Ով որ պաղատի տիրասիրաբար,
Ծեր թե երեխա, կույս, երիտասարդ կամ թե աղախին.
Հավասարապես, անաչառորեն
Թող որ ստանա քեզնից, բարեգո՛ւթ,
Պարտքից սրբվելու մասն երանության,
Մաքրված նորից՝ հաստվի վերստին
Անարատությամբ, վերակերտվելով
Քո կերպարանքով անփոփոխելի:
Ահա տիրապես մեծազո՛ր, կարող,
Անիմանալի, անհաս, անպատում,
Նայի՛ր հաճությամբ այս արտասվահեծ
Ու կողկողագին հառաչանքներին,
Որ, ընծայվելով շուրթերից բոլոր,
Սուրբ Աստվածածնի բարեխոսությամբ
Ու խնդրանքներով համայն սրբերի,
Մատուցվում է քեզ՝
Ի սեր բարերար երկնավոր քո Հոր
Եվ քո Սուրբ Հոգու, նրան փառակից ու կենդանատու:
Քանզի ամենքին դու ես ստեղծել,
Եվ քեզանից է եղել ամեն բան,
Դու ես իշխում ու տիրում բոլորին.
Փա՛ռք քեզ բոլորից, մեկիդ էական
Ու անժամանակ Երրորդությունից:

ԲԱՆ ՂԱ

Ի խորոց սրտի խոսք Աստծո հետ

Ա

Տե՛ր, տե՛ր գթության և ողորմության,
Անուն մեծության, ձայն ահազնալուր,
Կոչում սաստկության, համբավ անպարփակ,
Դողազդու բարբառ, հնչում հիասքանչ,
Բարերարության և ամենողորմ
Քաղցրության անսուտ հուսադրություն,
Որից սարսափած սասանվում են ողջ
Արարածները իրենց բնությամբ:

Ահիդ պակուցիչ սպառնալիքից
Սերովբեները ճախրում են, թնում,
Քերովբեները ամփոփվում են լուռ,
Պարուրվում է պարն հրեշտակների,
Երկնային բոլոր պետությունները
Հիացմամբ սարսում, ցնծում են դողով՝
Նավակատիքի անափ բերկրությամբ.
Դները սոսկում, և ընկրկում են գնդերը չարի,
Չքվում են սմքած հոգիները մութ ու խավարասեր,
Սկսբնաչարի հրեշտակները
Գահավիժում են անդունդներն ի վայր:
Խաչիդ նշանով խափանվում են խոլ
Հարձակումները ընդդիմամարտի,
Փակվում են քինոտ ամաղակեցիք ստորին բանտում,
Անլուծանելի հանգուցումներով
Կապվում են խմբերն հակառակորդի,
Մահազենների գումարտակները
Բանտվում են անել զնդանների մեջ,
Դիվականները պրկվում են ահեղ
Հրամաններիդ արգելաններում,
Դասակցությունը դիմախոսների
Կարկամում է ու սսկվում պապանձված,
Աներևույթի բազմությունները
Պարավանդվում են կորստյան հյուծմամբ
Եվ անլուծելի շղթաների մեջ
Նեղվում են բոլոր առաքյալները սուտքրիստոսի:

Բ

Կեսգիշերային այս լռության մեջ
Նշանդ օրհնյալ՝ ձեռքիս մատներով
Քեզ եմ կարկառում, ո՛վ ամենատես,
Որ անգիտության խավարով երբեք չես աղոտանում
Այլ բնակվում ես ու հանգչում ես միշտ
Անմատույց լույսի ջինջ ոլորտներում:
Գոհաբանությամբ աղաչում եմ քեզ՝
Ա՛ռ վշտահարիս հզոր թևերիդ պաշտպանության տակ,
Փրկի՛ր ներխուժող խուռնամբոխ պղտոր այս ցնորքներից,
Մաքրի՛ր լիովին զգայարանը սրտիս տեսության,
Կենացդ փայտով ամրապնդի՛ր ինձ
Այս տխրաթախիծ անուրջների դեմ,

Արյամբդ ցողի՛ր իմ կացարանի շուրջն ամբողջությամբ,
Կողիդ կենարար սուրբ կաթիլներով
Սրսկի՛ր ճամփան իմ ելումուտի,
Քառաթևդ թող լինի մշտապես երդիս պահապան,
Վեր հառած աչքիս տեսության հանդեպ
Թող որ պատկերվի խորհուրդը միայն
Ամենափրկիչ տառապանքներիդ,
Չարչարանքների քո գործիքը թող
Սեմիս ճակատին դրոշմվի ամուր,
Հավատքը հույսիս՝ կախվի հանապազ ծառիցդ օրհնության:
Սանձի՛ր սրանցով, տե՛ր, հոգեսպանին.
Թող որ մուտք գործի պաշտպանը լույսի ինձ մոտ անխափան.
Թեթևացրո՛ւ բեռը պարտքերիս՝
Անլուր ցավերիս ծանրությամբ հանդերձ:
Եվ ահա մահճում, ամփոփված մտքիս լռարանի մեջ,
Մտաբերելով պտուղները դառն հուսահատության՝
Խոստովանում եմ ամենագետիդ
Անօրեն ու չար գործերս բոլոր:

Գ

Հանգստացրո՛ւ հոգնատանջիս, տե՛ր,
Այսքա՛ն բազմածուփ տառապանքներից,
Ցրի՛ր կործանվող հոգուս տագնապներն ամենավարան,
Դառնությունները վշտերով հանդերձ,
Հառաչանքները ցավագնած սրտիս,
Թշվառություններն իրենց անձկությամբ,
Խորտակումներիս ողբը դառնահեծ,
Վհատությունն իր վարանումներով,
Տատամսումներն այս իրենց թմրությամբ,
Արբեցությունն իր հիմարության հետ,
Տարակույսներն այս խենթ ու խելագար,
Միրո սառումն ու տարփական ախտի հրայրքներն անշեջ:
Օգնակա՛ն եղիր տկարիս, տարտամ ու բազմատխուր,
Բարեգործ աջով քո շնորհաձիր,
Նորոգող ձեռքով, մատով կենսաբաշխ,
Մշտափայլ փառքով, հարակայությամբ անապակ, անեղծ,
Զվարթ երեսով, այնքա՛ն պաշտելի էիդ իսկությամբ
Եվ քո բարձրությամբ երկրպագելի:
Կտրի՛ր չարաչար հեծեծանքներն այս կործանիչ խեղդման,
Խափանի՛ր չարի հնարքները նոր

Եվ բանսարկուի խարդավանքը հին,
Ի մահ ձգողի դրդումներն օտար,
Հանապազաջան եղեռնագործի
Մտապատկերներն անարգ, անվայել,
Դժնդակ դևի որոգայթները ցնորապատիր,
Թովիչ կախարդի բոցաշնչությունն աղվական ու մեղկ:
Պահի՛ր անվրդով այս մահանման հանգստավայրում՝
Թաքուն մտքերից, սխալմունքներից նոր ու անսովոր,
Գայթումներից մեծ, այլև փոքրագույն սայթաքումներից,
Ձանձրություններից չար ու պատրական:
Վանի՛ր հանցավոր ծառայիս խելք ու զգայությունից՝
Մտքերն անպատեհ, կրքերն ախտաբույծ, վարքը բասրական,
Դեպքերն անպատկառ, հետքերը խոտոր,
Պատրանքներն ունայն ու ձաղածանակ,
Խոկումներն անարգ, բարբաջանքները արհամարհելի:
Ապավինածիս բարձրյալիդ պահի՛ր
Անխաթար հոգով, մարմնով անարատ՝
Հողմերի շնչից, ալեբախումից հորդ հեղեղների,
Փոթորիկների լլկանքից դժխեմ,
Խոլ մրրիկների պոռթկումից վայրագ
Ու գազանների հարձակումներից:
Աչքս փակելիս սրտիս նայվածքը թող չմթագնի,
Այլ զվարթանա, պայծառ տեսք առնի ու վայելչանա,
Փայլի քեզ հետ, տե՛ր Հիսուս Քրիստոս,
Անշիջանելի լուսավոր վառմամբ:
Խոսքովդ մաքրի՛ր իմ ննջատեղին՝
Նենգություններից, մտազբաղումից երկրասիրական,
Մեծիդ ատելի հիշատակներից,
Մտորումներից, վերնամարտ ու վես,
Հանցապարտական խենթություններից,
Տիրադավումից երախտամոռաց
Եվ աստվածընդդեմ մոլություններից հերձվածողական:
Ինձ խնամակա՛լ եղիր գնդերով վերնայիններիդ,
Պետություններով և իշխանությամբ,
Սուրբ աստվածության մաքուր, զորավոր
Ու անպարտելի պաշտոնյաներով.
Առաքյալները ավետարանով թող ինձ պաշտպանեն,
Մարգարեները՝ կտակարանով,
Երջանիկները՝ մաղթանքով իրենց,
Որ մատուցեցին վախճանի ժամին:
Որպեսզի նիրհեմ երկյուղով ու քեզ հաճո տրտմությամբ

Եվ ուրախությամբ, քո շնորհներով, արթնանամ կրկին.
Թե վիատությամբ ննջելու լինեմ,
Թող հառնեմ դարձյալ հոգու բերկրությամբ.
Եթե մեղքերով մտնեմ անկողին,
Թող մաքուր խղճով, անբիծ, անաղարտ վեր կենամ նորեն:

Դ

Լսի՛ր դառնահեծ ու հառաչաձայն
Խնդրանքներն իմ այս, միա՛կ բազմագութ,
Սուրբ Աստվածածնիդ և բոլոր ընտիր
Արդարների ու նահատակների բարեխոսությամբ:
Բոլորի կողմից, անմահական սուրբ
Հրեշտակների դասի միջոցով,
Իմ գոչմամբ փառք եմ վերառաքում քեզ՝
Ի գովեստ քո Հոր և մեր Աստծո,
Սուրբ Հոգուդ, համայնն հաստող, նորոգող՝
Հավիտյաններից հավիտյանս, ամեն:

ԲԱՆ ՂԲ

Ի խորոց սրտի խոսք Աստծո հետ

Ա

Աստվա՛ծ բարերար և ամենակալ, հավիտենական,
Արարիչ լույսի, հաստիչ գիշերվա,
Դու կյանք մահվան մեջ և լույս խավարում,
Սպասողի հույս և համբերություն վարանածների,
Որ ամենարվեստ քո իմաստությամբ
Ստվերը մահվան այգի ես փոխում,
Աննվազ ծագում, անմուտ արեգակ,
Քանզի անզոր է մութը գիշերվա
Ծածկելու փառքը մեծիդ տերության,
Որին ծնրադիր երկրպագում են էակները ողջ՝
Երկնավորներն ու երկրավորները,
Բնակիչները սանդարամետյան:

Ունկնդրում ես միշտ դու կապյալների հեծեծանքներին
Եվ խոնարհների աղոթքին լսում,
Ընդունում նրանց խնդրանքներն առ քեզ:
Աստվա՛ծ իմ, կյա՛նք իմ, թագավոր ու տեր,
Հո՛ւյս իմ, ապավեն և վստահություն,
Հիսո՛ւս Քրիստոս, Աստվա՛ծդ համայնի,
Սուրբ, որ հանգչում ես սրբերի հոգում,
Վշտաբեկների մխիթարություն,
Քավարան բոլոր մեղանչածների,
Որ ամենայն ինչ գիտես դեռ նրանց լինելուց առաջ.
Հղի՛ր պահապան զորությունն աջիդ,
Փրկի՛ր գիշերվա երկյուղից խավար,
Փրկի՛ր չար դևից,
Որ հիշատակը քո սոսկալի ու սրբազան անվան
Համբուրելով միշտ շուրթերով հոգու,
Շնչիս անձկությամբ,
Ապրեմ՝ պահպանված բոլոր նրանց հետ,
Որոնք կանչում են քեզ ամբողջ սրտով:

Բ

Արա՛դ, դրոշմից քո խաչի նշանի,
Որ աստվածային արյամբդ ներկելով դու նորոգեցիր,
Մկրտեցիր մեզ որդեգրության շնորհով նրա
Եվ հորինեցիր քո նմանությամբ՝ պատկերիդ փառքով,—
Այդ պարգևներից աստվածային թող դևը ամաչի,
Ի դերև ելնեն խարդավանքները նենգ ու դժնախոհ,
Խափանվի ամեն վարմ ու որոգայթ,
Մարտնչողները պարտված կործանվեն,
Խորտակվեն բոլոր զենքերը սուրսայր,
Մշուշը ցնդի, մութը փարատվի,
Եվ մառախուղը չքանա անհետ:
Թող որ բազուկդ հովանի դառնա և աջդ կնքի,
Քանզի գթած ես, տե՛ր, և ողորմած,
Անվամբդ են կոչվում ծառաները քո:
Եվ քեզ, Սուրբ Հոգովդ, բարձրյալ Հորդ հետ,
Իշխանությո՛ւն, փա՛ռք, հավիտյաններից հավիտյանս, ամեն:

ԲԱՆ ՂԳ

Ի խորոց սրտի խոսք Աստծո հետ

Ա

Արեգա՛կ արդար, օրհնյա՛լ ճառագայթ,
Լույսի կերպարանք, փափագ անձկալի,
Անքնին բարձրյալ, անպատում զորեղ,
Բարու բերկրություն, հույսի տեսություն,
Գովյալ երկնավոր, թագավոր փառքի,
Քրիստոս արարիչ, խոստովանված կյանք,
Թերություններն ու վրիպումներն այս
Բազմախալ իմ ողբամատյանի
Ամենազոր քո խոսքով լրացրած՝
Մատուցի՛ր որպես հաճելի աղերս երկնավոր քո հոր:
Դու, որ առնելով իմ տեսքն՝ ինձ համար
Անեծքի ծանր փորձություններին
Քեզ ենթարկեցիր, կենա՛ց օրհնություն,
Բարեխնամող տեսո՛ւչ համայնի՝
Թե՛ երկնքում և թե՛ երկրի վրա,
Եթե հանձն առար ինձ համար մեռնել, Աստվա՛ծ բոլորի,
Որքա՛ն առավել և այժմ պիտի հաճես կարեկցել
Տաժանավորիս տվայտանքներին,
Մեզնից ստացած ազգակից մարմնով՝
Մեղապարտիս տեղ աղոթելով միշտ հորդ փառակից:

Բ

Թող շնորհիվ քո պատվական արյան,
Որ մատուցվում է միշտ ի հաճություն առաքչիդ կամքին,
Դատապարտյալիս պատիժներն համակ ջնջված վերանան,
Պարտքերը զիջվեն, ամոթը ցրվի,
Անարգանքները տրվեն մոռացման,
Դատավճիռը փոխվի ի բարին,
Որդերը սատկեն, լացը վերանա,
Ատամնակրճտումն իսպառ դադարի,
Ողբերն սպառվեն, արցունքներն հատնեն,
Սուգը փարատվի, խավարն հալածվի,

Մարի, խափանվի հուրն այս սաստկաբոց,
Եվ բնաջնջվեն տանջարանները զանազանակերպ:

Գ

Թող որ ամենքին կյանք կամեցողիդ
Ու պարգևողիդ գթությունը գա,
Լույսդ ճառագի, փրկությունդ փութա,
Օգնությունդ հասնի, այցդ ժամանի,
Ողորմությանդ ցողն շտապելով՝
Ոռոգի պապակ անդաստաններն այս
Թշվառությամբ խոր մահվան վիհն ընկած զոս ոսկորներիս,
Եվ կենարարիդ սրբազան արյան բաժակն երկնավոր,
Որ միշտ անսպառ պատարագվում է
Որպես հիշատակ ննջեցյալների
Հոգու փրկության ու կենդանության,
Ծաղկեցնի ու պտղաբեր դարձնի դաշտն իմ մարմնեղեն՝
Խնամարկելով լույս օրիդ համար,
Որպեսզի նրա մեղքերով իսպառ մահացած հոգիս
Քո շնորհներով, քո մեջ զորացած, նորոգվի քեզնով,
Եվ ես, ազատված մեղքերից, անմահ մի կենդանությամբ՝
Հարության ժամին արդարների հետ
Արժանի դառնամ Հորդ օրհնության,
Որի հետ քեզ փա՜ռք, իսկ քո Սուրբ Հոգուն
Բարեբանությո՜ւն՝ անլուռ գոհությամբ
Այժմ, հանապազ և հավիտենից հավիտյանս. ամեն:

www.ingramcontent.com/pod-product-compliance
Lightning Source LLC
Chambersburg PA
CBHW020434030726
47495CB00006B/1798
* 9 7 8 1 6 0 4 4 4 8 2 7 6 *